Life is so good

George Dawson
Richard Glaubman

Life is so good

Je suis né au Texas il y a 102 ans…

Traduit de l'anglais (États-Unis)
par Bernard Blanc

Petite Bibliothèque Payot / Voyageurs

Titre original :
LIFE IS SO GOOD
(Random House, New York)

Ce livre est dédié à mon professeur,
Carl Henry, et à mon fils, George Jr.

George DAWSON.

Ce livre est dédié à ma femme, Jody,
et à mes enfants, Jessy et Casey.

Richard GLAUBMAN.

CHAPITRE PREMIER

Bien décidé à profiter de chaque seconde de ce moment, je pris le temps d'étudier les bonbons dans leurs différentes boîtes en bois.

Derrière le comptoir, c'était un Blanc. Comme je sentais qu'il ne n'aimait pas, je lui fis voir le *cent* que je tenais entre mes doigts.

– Ne te presse pas, fils, me dit mon père avec un sourire. Tu as bossé comme un homme, cette année.

Posant sa main sur mon épaule, il expliqua à l'employé :

– Mon garçon n'a que dix ans, mais il a écrasé autant de cannes que moi.

Dès l'âge de quatre ans, j'avais toujours travaillé pour aider ma famille.

Je ne sais pas si cela venait des paroles de mon père ou du plaisir anticipé de ce bonbon, mais je me sentis si heureux, tout à coup, que j'eus très envie de faire pipi. Je pensais à ces sucreries depuis que papa m'avait réveillé avant le lever du jour et m'avait dit :

– Attelle le chariot. J'emporte du sirop de canne en ville et tu m'accompagnes.

Le fourneau ronflait et maman y avait mis à réchauffer une casserole de bouillie de farine de maïs. On mangea en silence pour ne pas réveiller les petits qui dormaient à l'autre bout de la pièce.

J'étais ravi, car c'était très inhabituel pour moi de passer une journée seul avec mon père. On n'avait jamais beaucoup de temps pour parler tous les deux et l'idée d'être avec lui me plaisait bien.

Deux tonneaux de sirop de canne étaient attachés à l'arrière de notre chariot. On s'assit à l'avant. Papa fit claquer sa langue et le mulet se mit en route. J'étais heureux parce qu'il m'emmenait avec lui et qu'on allait rester ensemble toute cette journée. L'ennui, c'était que je ne savais pas comment exprimer cela avec des mots. Et donc, protégé du soleil par mon chapeau de paille, je me contentais de le regarder.

Il était solide, voilà ce que je dirais. Il prenait soin de nous. À la maison, on avait des pommes de terre et des carottes conservées dans la paille, et du porc salé qui pendait aux chevrons. On n'avait pas de soucis. Papa subvenait bien aux besoins de la famille. Un jour, je serais exactement comme lui.

Au bout de deux heures de route, mon père me poussa du coude. Il me tendit les rênes et défit les ficelles d'un sac de toile. Je pris un morceau de pain de maïs et j'ajoutai un gros bout de lard dessus. Lorsque je commençai à manger, il se mit à parler.

– Avec ce sirop de canne, on aura réglé toutes nos dettes, et il nous en restera encore un peu à vendre. On va acheter des graines de coton et quelques poules naines. Nos arbres donneront des fruits l'année prochaine. Personne n'a la fièvre et nous sommes tous en parfaite santé. La vie est belle. (Et, avec un sourire, il ajouta :) Je crois même que ça va s'améliorer.

J'aimais bien quand papa me parlait comme à un homme.

La brume matinale s'était levée depuis longtemps. Le chariot faisait beaucoup de poussière qui s'étalait autour de nous comme une belle et douce couverture.

C'était une bonne chose pour notre mulet, car elle chassait les mouches qui le harcelaient. On n'échangea plus un mot pendant l'heure suivante, jusqu'à la lisière de la forêt et la dernière montée avant Marshall.

À cette époque, je pensais que Marshall était peut-être le plus grand et le plus bel endroit du monde. La quincaillerie avait d'immenses fenêtres par lesquelles j'aimais bien regarder. Je n'y étais jamais entré, car je savais qu'ils n'aimaient pas les Noirs sans argent. J'avais un faible pour l'épicerie-bazar, mais j'aimais bien aussi longer l'écurie de louage. Une fois, un homme m'avait donné deux pièces pour bouchonner son cheval et le garder tout l'après-midi. On était en 1908, et je n'avais encore jamais vu de voiture. J'en avais entendu parler, mais je ne connaissais personne qui en possédait une. Papa disait qu'elles avaient des problèmes à la saison des pluies, quand les routes étaient envahies par la boue. En plus, elles effrayaient les chevaux. J'observais surtout les Blancs des gros ranches qui se promenaient sur les trottoirs en planches.

Le café et le coiffeur étaient réservés aux Blancs, mais j'étais copain avec un garçon qui travaillait au café. Et avec d'autres qui ciraient les chaussures chez le coiffeur. J'aimais bien aussi regarder par leurs vitrines.

Nous n'avions pas de raison d'aller à la poste, mais je m'imaginais qu'un jour on m'annoncerait qu'une lettre m'y attendait. Je passerais devant tous les gens assis sur la place, sous le grand chêne. Une fois à l'intérieur, je dirais :

– Je suis George Dawson. Je suis venu chercher ma lettre.

J'ignorais quand cela se produirait, mais ce n'était peut-être pas un simple rêve. Marshall était une ville très animée et, après tout, des choses formidables pouvaient y arriver. C'était le siège du comté et cela avait forcément son importance. Du moins, je le croyais en ce temps-là.

Mais là, en cet instant, dans l'épicerie-bazar, quand mon père déclara que j'étais capable de faire le travail d'un homme, tout me sembla possible. Je me souviens très précisément de ce moment. Le Blanc qui fronçait les sourcils, mon père qui me souriait, et ces boîtes de bonbons où il me fallait choisir. Je me souviens aussi de ce que j'entendis ce jour-là.

Alors que je me décidais pour une pastille de menthe, il y eut soudain un brouhaha dans la rue. Mon père et moi, on regarda dans la même direction. Il faisait sombre et frais dans le magasin, et la violente lumière de l'extérieur nous empêcha d'y voir correctement. Des gens couraient, des insultes fusaient et tout le monde criait. Papa reposa sur le comptoir une lampe à pétrole qu'il était en train d'examiner et il se précipita vers la porte. Je le suivis. Derrière moi, le vendeur nous imita.

D'abord, sur le trottoir en planches, en plein soleil, je ne distinguai aucun visage. Mais je reconnus la voix de Pete avant même de l'apercevoir.

– Ce n'est pas moi ! Je ne l'ai pas touchée ! hurlait Pete. Mon Dieu, laissez-moi partir !

J'aurais voulu ne pas être là, mais c'était trop tard, nous étions coincés contre la balustrade. Pour la première fois de mon existence, je voyais des Blancs et des Noirs au coude à coude dans une foule. Et cela me fit peur. Le vendeur blanc, à côté de moi, n'avait plus l'air de mauvaise humeur. Au contraire, il souriait maintenant. Et il y avait de la haine dans ses yeux. De l'autre côté de la rue, devant la boutique du coiffeur, trois Noirs semblaient paralysés. Des Blancs les entouraient, le visage rubicond, tordu par la colère. Ils vociféraient. Je n'avais rien fait, mais j'avais l'impression que c'était après moi qu'ils en avaient.

– Tuez le nègre ! Tuez le nègre ! Ils n'ont pas le droit de coucher avec nos femmes !

Six hommes avaient saisi Pete par les bras. Les bouts de ses bottes traînaient dans la poussière.

Lui, le visage tourné vers le ciel, il jurait :

– Je suis innocent !

Je connaissais Pete et je savais que c'était vrai. Je me mis à crier moi aussi :

– Pete, je leur dirai que...

Papa colla sa main sur mes lèvres. De son autre bras, il m'entoura la poitrine et il me serra si fort que je recrachai tout l'air que j'avais dans les poumons. Je lus un avertissement dans ses yeux. Il me relâcha doucement sans prononcer un mot. Pourtant Pete ne mentait pas. La cuisinière des Riley avait entendu toute l'histoire. Alors qu'elle travaillait à ses fourneaux, elle avait observé Betty Jo et son père et assisté à leur altercation. Elle était là, mais ils ne s'en rendaient pas compte. Pour eux, ce n'était pas un être humain.

Ce qu'elle avait appris l'avait effrayée. J'étais présent le jour où elle en avait discuté avec ma mère. Betty Jo s'était attiré des ennuis. Les gens savaient qu'elle avait une aventure avec un fils Jackson et qu'elle passait pas mal de temps avec lui. Lorsque son père découvrit qu'elle était enceinte, Betty comprit qu'elle allait recevoir une sacrée correction. Mr. Riley avait mauvais caractère et cédait facilement à la colère.

– Qui c'est qui t'a mise enceinte ? hurla-t-il.

Betty Jo regarda la ceinture qu'il tenait à la main. Elle pleurait, mais elle ne pouvait rien dire. Elle était terrorisée. Elle craignait d'avouer le nom de son petit ami parce que son père était bien capable de le tuer.

– Eh bien, si t'as fait ça parce que t'en avais envie, tu vas goûter de ma ceinture et ça va te remettre dans le droit chemin !

Ses pleurs redoublèrent.

– Oh, oui ! une sacrée rouste... À moins, peut-être, que ça ne soit pas de ta faute ?

Elle se calma un peu et, voyant là un moyen d'échapper à une raclée, elle écouta attentivement les paroles de son père.

– C'est ce qui s'est passé ? dit-il lentement.

Effrayée comme elle l'était, Betty comprit que la réponse la plus sage était oui. Mais comme elle ne voulait pas dire un vrai mensonge, elle se contenta de hocher la tête.

– Bon sang ! C'est ce Jackson, de l'autre côté de la colline ?

Betty Jo aimait ce garçon, ou du moins elle le croyait. Elle fit non de la tête.

Son père la considéra d'un œil mauvais. La colère revint sur son visage et il reprit :

– Alors c'est le gars qu'on a engagé ? Ce Pete ? Ce bon à rien de nègre, ce paresseux ! Il t'a violée ? Il t'a fait ça ?

À chaque question elle se contenta d'acquiescer d'un léger mouvement de tête. Elle pleurait toujours. Son père lâcha sa ceinture et franchit la porte comme un ouragan en hurlant :

– Il y a un nègre qui va payer pour ça !

Pete avait dix-sept ans et il était employé à la ferme Riley. Il ramassait le coton, coupait les cannes à sucre. Ce genre de boulot. C'était un bon travailleur. Et il n'était pas idiot au point de lever les yeux sur une femme blanche.

Je le connaissais depuis qu'on était petits. Il était plus âgé que moi, mais il avait toujours été gentil. C'était lui qui avait sauvé la vie de Jimmy Blake en le sortant du trou d'eau où on se baignait. Jimmy s'était assommé sur un coin du radeau alors qu'il faisait l'intéressant devant nous, les plus jeunes. Tout le monde avait eu peur de nager si loin pour le repêcher, mais Pete, lui, n'avait pas hésité. Il avait plongé et il l'avait tiré de là. Pete, il aurait fait n'importe quoi pour les autres.

Je n'avais pas de jouets, mais je gardais précieusement une balle de base-ball qu'il m'avait offerte un an plus tôt. Un dimanche après-midi d'été, on était allés dans le pré. Une équipe de Tyler devait affronter les garçons de Marshall. On n'avait pas un vrai stade, mais on avait fauché le pâturage et installé une table pour une grande fête dominicale où on se retrouverait tous après le match. Pete était le joueur volant. Il était bon. Si vous vouliez de la vitesse, vous n'aviez qu'à suivre ses courses à la base.

Je fus très fier de lui lorsque notre équipe lui donna la balle avec laquelle elle avait joué. Il me l'offrit à son tour en me disant :

– Entraîne-toi avec ça, George. Toi aussi, un jour, tu seras un grand batteur.

J'étais aux anges, mais je fus à peine capable de murmurer un remerciement lorsque maman me poussa du coude. Pete était mon héros. Les Noirs ne pouvaient pas jouer dans les équipes professionnelles, mais dans le cas contraire je savais que Pete y aurait eu sa place.

Oui, quelqu'un avait péché et Pete allait payer pour ça. Je regardai au bout de la rue. Ils l'entraînaient vers la poste. Le shérif Tate descendit du trottoir en planches, devant la foule. Le shérif était un homme imposant. On racontait qu'à la suite d'un pari il avait porté un tonneau de mélasse sur son dos entre l'épicerie-bazar et le saloon. Un jour que le rodéo avait dégénéré et que la populace avait menacé un membre du jury, le shérif avait pris les choses en main : il avait assommé six gars à lui tout seul et la foule s'était calmée. Je savais qu'aujourd'hui il pouvait faire cesser tout ça s'il le voulait. Des gens descendaient du trottoir et menaçaient Pete d'un sort abominable.

– Protégeons nos femmes !

– Ce garçon doit être puni ! Ça montrera à tous ces nègres qu'ils ne peuvent pas s'en tirer comme ça !

Pete ruait et se débattait, mais les hommes continuaient à le traîner. Le shérif fit quelques pas dans la rue et s'arrêta. Il donna un coup de pied dans la terre et se planta solidement sur ses jambes. Il avait de lourdes bottes brillantes sur lesquelles la poussière glissait. Son pantalon, rentré dans ses chaussures, avait une bande sur les côtés. Un énorme pistolet pendait à sa ceinture. Il le sortit de son étui et croisa les bras, l'arme contre sa poitrine.

Il se retourna et considéra le trottoir en planches. Il était devant un groupe de Noirs coincés par la foule. Il prit un air menaçant, et ce message silencieux me donna la chair de poule alors qu'il faisait très chaud. J'avais entendu dire que le shérif chevauchait la nuit avec le Klan lorsque ces gens-là faisaient des virées dans les quartiers noirs de la ville ou qu'ils visitaient nos fermes. Ils brûlaient une croix ou ils démolissaient des fenêtres à coups de fusil. C'était ce qu'on racontait à son propos, et à présent je savais que c'était la vérité.

Derrière nous, un homme essayait de sortir de l'épicerie-bazar. Le shérif s'avança dans notre direction et agita son pistolet. On s'écarta donc pour laisser passer le gars. Je vis le gros rouleau de corde sur son épaule. J'avais envie de pleurer, mais je me retins. Il fit quelques pas dans la rue et deux autres hommes se joignirent à lui. Je les connaissais :

c'étaient des fermiers qu'on croisait parfois quand on livrait notre coton à la fabrique. Ils avaient l'air de cultivateurs ordinaires avec leurs salopettes et leurs bottes. Sauf qu'aujourd'hui la haine métamorphosait leurs visages.

Quand ils s'approchèrent de Pete, la foule s'agita, exaltée. Pete n'avait pas cessé de se débattre ni de hurler, mais à la vue de la corde ceux qui le retenaient donnèrent l'impression de redoubler de force. Le vieux chêne à côté de la poste – l'arbre des Confédérés, comme on l'appelait – servirait de potence.

D'autres hommes offrirent spontanément leur aide. L'un d'eux essaya de faire passer la corde pardessus une grosse branche, mais il fut un peu court. Il fit plusieurs tentatives sans plus de succès. On le hua, comme à un concours de la foire du comté. Finalement, quelqu'un eut l'idée d'attacher un fer à cheval à une des extrémités de la corde, et ce coup-ci cela marcha. Le fer toucha le sol dans un petit nuage de poussière. Des acclamations et des rires s'ensuivirent. On aurait dit que les spectateurs participaient à un pique-nique.

Je baissai les yeux et me mis à observer les planches du trottoir. J'étudiai les rainures et les sillons creusés par le temps. Je m'intéressai tout particulièrement à une éraflure en forme de demi-lune. Je l'aurais bien regardée pour l'éternité, mais je ne pus m'empêcher de relever la tête. Maintenant, on aurait dit que les secondes s'étaient mises à défiler plus vite. Quelqu'un avait amené un chariot sous le chêne, à la hauteur de la corde. Le cheval hennissait doucement et il était nerveux. Deux hommes le caressaient pour essayer de le calmer.

Pete approchait. Il regardait la corde et le chariot. Ses cris et ses protestations devenaient des supplications.

– Je jure devant Dieu que ce n'est pas moi ! Ayez pitié, je suis innocent ! Je n'ai pas touché cette fille !

Son regard, soudain, devint sauvage alors que d'autres hommes se rassemblaient autour de lui. S'il restait debout, c'était surtout parce que les Blancs le retenaient. Il titubait comme s'il allait s'évanouir, le sang lui mon-tait au visage, mais il voyait clairement ce qui allait lui arriver.

Ses bras étaient plaqués dans son dos, et quelqu'un lui avait attaché les poignets. L'un des Blancs, sur le chariot, cria :

– Faites-le grimper ici !

Au moment où ils tentèrent de le saisir par les jambes, Pete recommença à donner de violents coups de pied. Il toucha un des hommes sous le menton. Le fermier – c'était plutôt un distillateur clandestin – se nommait Norris. Il s'écroula, la bouche en sang. Sa salopette était toute tachée.

– Bon Dieu !

Il cracha une dent et une salive rougeâtre, et hurla :

– Ce nègre m'a frappé !

Quelques hommes s'approchèrent pour l'aider, mais Norris les repoussa d'un geste de la main et se remit debout tout seul. La foule s'était tue et on entendit ses bottes racler la terre dure tandis qu'il se relevait. Il s'avança vers Pete d'un pas mal assuré, encore sonné par le coup qu'il venait de recevoir. Il tanguait légèrement et tremblait de colère. Pete s'était calmé et ne disait plus rien.

Plusieurs hommes le tenaient toujours fermement par-derrière et il ne pouvait plus bouger du tout. Il savait qu'il allait mourir, et pourtant la peur avait quitté son visage. Ce n'était encore qu'un adolescent, mais il faisait bien quinze centimètres de plus que Norris. Il se contenta de le regarder de haut, les yeux dans les yeux. Comme les Noirs étaient censés fixer le sol lorsqu'un Blanc s'adressait à eux, l'attitude de Pete sembla décupler la fureur de Norris.

Ce dernier était un homme trapu, fort et large d'épaules. Il planta son poing si violemment dans l'estomac de Pete qu'on entendit jusqu'à l'autre bout de la place la poitrine du garçon se vider de son air. Même les deux fermiers qui le tenaient reculèrent sous le choc. Ils s'assurèrent sur leurs jambes pour l'assaut suivant, alors que Pete s'affaissait sur lui-même. Je ne voulais pas regarder, mais quelque chose me forçait à suivre ce qui se passait.

Le coup de feu me fit sursauter. Je vis la fumée s'élever au-dessus de la foule et je vis aussi d'où elle venait. Le shérif ne prononça pas un mot. Il se contenta d'avancer lentement vers Norris tout en remettant son revolver dans son holster. Mon cœur bondit dans ma poitrine. C'était exactement comme nous disait le révérend : tout avait été ténèbres, et maintenant la lumière venait.

Toute la colère de Norris sembla disparaître. Je me tournai et levai la tête vers mon père. Ses lèvres étaient serrées, mais il y avait une interrogation dans son regard. Et surtout, j'observai Pete. À présent, il suivait les mouvements du shérif et je lisais un espoir dans ses yeux.

Une éternité s'écoula, me sembla-t-il, avant que Tate ne vienne se placer devant Norris. Sa voix n'était qu'un chuchotement, mais elle porta loin et la foule l'entendit.

– Norris, c'est pas toi, la vedette, là.

Dans la région les gens parlaient de « petits Blancs ». Papa et maman ne nous permettaient pas d'employer cette expression, mais il me sembla que c'était ce que le shérif venait de faire avec Norris – il s'était adressé à lui comme s'il n'était qu'un chien qui ferait mieux de retourner à sa niche. Beaucoup de Blancs achetaient de l'alcool de contrebande à

Norris, mais tout le monde estimait que c'était un paresseux et un pauvre type.

Pete fixait le shérif, mais celui-ci ne faisait pas attention à lui. Il adressa un signe de tête à la demi-douzaine d'hommes rassemblés devant le chariot et s'en retourna vers la foule. C'était comme s'il leur avait donné sa bénédiction.

Pete avait encaissé le pire de ce que Norris avait à lui offrir, mais Tate venait de lui administrer le coup de grâce. Ses jambes cédèrent sous lui. Il se mit à gémir tandis qu'on le traînait sur les quelques mètres qui les séparaient de l'arrière du chariot.

– Je n'ai rien fait ! hurla-t-il d'une voix où résonnait le désespoir.

J'enfouis mon visage contre la poitrine de mon père. Lorsque j'entendis le fouet claquer et le chariot faire une embardée, je me retournai. Le cou de Pete s'était brisé instantanément. Sa tête avait pris un angle étrange. Ses yeux toujours ouverts donnaient l'impression d'observer la foule.

Tandis qu'il se balançait à sa branche, les gens se taisaient et essayaient d'éviter ce regard accusateur. Personne ne bougea avant que le corps de Pete ne s'immobilise. Ensuite, la foule se dispersa en silence.

Quand nous quittâmes Marshall, je ne pus m'empêcher de me retourner sur mon siège. Pete paraissait me regarder et je sus alors qu'il m'accompagnerait jusqu'à la fin de mes jours. Pete resta pendu jusqu'au lendemain matin. Lorsqu'ils lynchaient quelqu'un, ils nous obligeaient à laisser le cadavre exposé un moment – histoire d'effrayer les Noirs.

Papa avait une expression que je ne lui avais jamais vue, mais il resta silencieux. Quand je levai les yeux de nouveau, je me rendis compte que nous étions déjà à la hauteur du Miller's Swamp. Nous avions parcouru la moitié du chemin, et pendant tout ce temps je n'avais pas voulu voir le monde qui m'entourait. Pourtant, jusqu'à aujourd'hui, j'avais toujours surveillé ce marécage dans l'espoir de repérer un rat musqué ou un mocassin d'eau. Mais là, je m'en fichais. Et je me promis que ça ne m'intéresserait plus jamais.

Les pensées se bousculaient dans ma tête. Nous vivions à environ cinq kilomètres des Johnson, une famille de Blancs, et depuis l'âge de huit ans je nourrissais les cochons chez les McCready et les Barker. Ils m'avaient toujours payé ce qu'ils m'avaient promis ou, le plus souvent, ils m'avaient donné un gros morceau de bœuf ou de porc salé en échange de mon travail. Mais après ce que je venais de voir je décidai que la vie avait changé. Je devais bien ça à Pete.

– Je ne travaillerai jamais plus pour les Blancs ! dis-je avec colère. Et je ne leur parlerai plus non plus.

Mon père, qui semblait perdu dans ses propres réflexions, leva brusquement la tête et me regarda.

– C'est mal, ce qu'ils ont fait, poursuivis-je. Ces Blancs sont des gens méchants et mauvais.

Papa déglutit avec difficulté et tira sur les rênes. Le chariot s'arrêta. Il se tourna vers moi et répondit :

– Non, mon fils. Tu continueras à travailler pour les Blancs et à leur parler.

– Et Pete ? protestai-je. Il était innocent et ils l'ont tué !

– Oui, je sais qu'ils n'avaient aucune raison de faire ça, mais...

Pour la première fois de mon existence je coupai la parole à mon père.

– Mais ils l'ont fait !

– Ses souffrances sont terminées, mon garçon. Tout est fini pour Pete. Tu n'as plus à t'inquiéter pour lui.

– Ils lui ont volé sa vie ! Pete était encore jeune. Il aurait dû grandir et devenir un homme.

– C'est comme ça, dit papa. Le temps de Pete était venu. On n'y peut rien.

N'empêche que j'étais toujours en colère. J'avais du mal à respirer. Papa me regarda et ajouta :

– Certains de ces Blancs étaient mauvais, c'est vrai, et certains étaient juste terrorisés. Ça n'a pas d'importance. Tu n'as pas le droit de juger un autre être humain. N'oublie jamais ça.

Mon père avait parlé. Je n'avais rien à répondre à cela. Je ne le savais pas à ce moment-là, mais ses paroles ont donné à ma vie une direction que j'ai toujours suivie jusqu'à aujourd'hui.

Un an auparavant, j'avais reçu un coup de pied du mulet. J'avais eu très mal et j'avais été incapable de travailler pendant trois jours, mais je n'avais pas pleuré. J'avais encaissé comme un homme. Cette histoire, aujourd'hui, était autrement douloureuse. Je me mis à sangloter et papa me prit dans ses bras. Il me serra contre sa poitrine. Alors quelque chose se brisa au plus profond de moi. Je n'aurais jamais imaginé que notre corps pouvait produire autant de larmes. Je pleurais pour moi. Je pleurais pour Pete. Pour mes frères et mes sœurs, et pour papa et maman. Pour toute la souffrance qui existait en ce monde.

Des larmes coulaient aussi sur le visage de mon père. Il me tenait contre lui. Lorsqu'on se calma enfin, il murmura :

– Ce matin, j'ai dit que tu avais travaillé comme un homme. Mais tu étais encore un enfant. Maintenant, tu apprends à devenir un adulte.

Une fois à la maison, je découvris que ma pastille de menthe était toujours dans ma poche. Je grattai les peluches et la terre qui y étaient collées et je la donnai à une de mes petites sœurs. Je n'en avais plus envie. Et presque un siècle plus tard je n'aime toujours pas la menthe.

Environ six mois après ce lynchage, Betty Jo eut son bébé. Un garçon, un petit garçon blanc. Personne ne fit aucun commentaire. En fait, je pense qu'à ce moment-là la plupart des gens – les Blancs en tout cas – avaient déjà tout oublié. Mais moi, non. D'après maman, s'il y avait une équipe de base-ball là où se trouvait Pete désormais, les Noirs pouvaient jouer chez les professionnels.

Aujourd'hui, j'ai cent deux ans. Mais je me souviens du jour où ils l'ont tué. Même si cela s'est passé il y a plus de quatre-vingt-dix ans, je revois cette horreur comme si c'était hier. Je ne pourrais pas me libérer de mes souvenirs, même si je le voulais. Oui, j'ai vu toutes ces choses en un siècle, des bonnes et des mauvaises. Ma mémoire fonctionne bien. Je peux vous raconter tout ce que vous voulez savoir.

CHAPITRE II

Je pris une poignée de coton dans la balle. Je l'arrachai à la main, juste pour le pur plaisir de déchirer quelque chose. Grand-mère me regarda.

– Mon enfant, dit-elle, il y a une méthode pour carder ce coton. Si nous voulons avoir des vêtements pour cet hiver, tu as intérêt à m'écouter.

Elle m'expliqua comment faire sans casser les fils et elle me donna un peigne pour travailler. Je n'avais que quatre ans quand j'ai commencé, mais j'étais l'aîné et la famille avait besoin de mon aide. Outre les patates douces, la canne à sucre et les pommes de terre, nous cultivions du coton sur vingt hectares. Dans l'East Texas, les sols étaient pauvres et les pluies rares. Mais dans la pièce du fond de notre cabane, on avait toujours du coton. Carder le coton pendant des heures était fatigant, et comme j'étais petit j'étais vite épuisé. À ce moment-là, grand-mère Charity me racontait ses histoires pour me donner le courage de continuer.

– George, je sais que tu n'en peux plus. Mais le président Lincoln ne nous a pas affranchis pour qu'on devienne paresseux et mauvais. Il l'a fait pour qu'on travaille dur et qu'on s'améliore.

Sa mère, mon arrière-grand-mère Sylvie, vivait aussi avec nous. Comme on n'avait pas de rouet, on utilisait un fuseau mobile pour fabriquer des fils à partir des fleurs de coton nettoyées. Sylvie était née en 1812, et donc, bien sûr, elle aussi avait été esclave. En général elle nous écoutait sans rien dire, mais parfois elle précisait certains détails que sa fille Charity passait sous silence. J'adorais quand cette dernière me parlait du jour où elle avait été libérée.

– Maître Lester nous a convoqués dans la grande maison. Et même les employés agricoles devaient venir. En temps normal, pour éviter de perdre des heures de travail, ils ne se déplaçaient pas ; le Blanc préférait leur envoyer un messager. On a donc compris qu'il se passait quelque chose. Maître Lester ne paraissait pas très heureux.

Grand-mère Sylvie éclata de rire :

– Ah ça non ! Il avait l'air tout simplement misérable !

– Il n'était jamais resté si longtemps comme ça en face de nous, reprit Charity. Maître Lester avait une voix puissante. Eh bien, j'étais devant, et pourtant, ce jour-là, j'ai été obligée de tendre l'oreille ! Sa voix avait soudain perdu toute sa force. Et il n'a pas levé une seule fois les yeux de ce papier qu'il lisait. « Les confédérés, nous dit-il, ont perdu la guerre. Robert E. Lee a accepté les conditions de la défaite à Appomattox. » Ce qui est drôle, d'une certaine façon, c'est que je me suis sentie un peu triste quand il a annoncé que nous avions perdu.

– On n'avait rien à perdre, ma fille, grogna Sylvie. Ce n'était pas notre guerre.

– Oui, je sais. Mais je n'ai pas éprouvé grand-chose, avoua Charity, jusqu'à ce que maître Lester ajoute : « Selon les termes de notre défaite, comme prévu par le président Lincoln, l'esclavage est aboli. »

– J'espérais qu'un jour Charity serait libre, murmura Sylvie, mais je n'avais pas imaginé connaître ça de mon vivant. Et pourtant ça y était. Les mots que l'on attendait venaient d'être prononcés. J'avais pensé qu'il y aurait des exclamations et des hurlements, mais nous sommes restés calmes et silencieux.

– C'est vrai, dit Charity, mais tout le monde avait le sourire aux lèvres, même les petits. C'était comme si l'air autour de nous avait changé. Et quand maître Lester a continué son discours, il s'adressait à des hommes et des femmes libres. « Vous pouvez demeurer ici ou vous en aller à votre guise, a-t-il dit. Si vous décidez de rester ici et de travailler pour moi, vous aurez un salaire. » (Charity hocha la tête.) Nous avons attendu qu'il regagne à pied sa grande maison avant de prononcer un seul mot. Puis il y a eu un bourdonnement de conversations, ça oui ! John, un des ouvriers agricoles, a dit : « Moi, je file vers le nord. Il paraît que c'est mieux en Ohio. » Ezra, qui était employée dans la grande maison, a répondu : « Tu ne sais même pas où est cet Ohio dont tu parles ! Comment tu vas faire pour aller là-bas ? » Et Mac s'est exclamé : « Eh bien, si John y va, moi aussi ! »

– Et ça a continué et continué comme ça un bon moment, intervint Sylvie.

Charity éclata de rire :

– Pardi ! On s'est éloignés par petits groupes. Toute la nuit, des grands feux ont flambé devant nos cabanes. Les gens parlaient de leur nouvelle liberté et de ce qu'ils allaient faire.

– C'est vrai, dit Sylvie. Mais pour Charity et moi, c'était déjà tout décidé. On attendrait le retour de mon homme. Il s'était enfui deux ans plus tôt et il avait rejoint l'armée de l'Union pour se battre pour la liberté. Les nouvelles n'allaient pas vite, mais j'étais prête à patienter. J'avais gardé espoir.

J'écoutais avec beaucoup d'attention. Cette histoire avait été racontée et racontée encore, mais elle se bonifiait au fil des jours. Et à chaque fois que je l'entendais j'avais de nouvelles questions.

– Qu'est-ce que vous avez fait pendant tout ce temps ? demandai-je.

Les deux vieilles femmes me serrèrent contre elles en riant. Charity me prit dans ses bras. Sylvie posa ses mains sur mes épaules et répondit :

– Il n'y avait pas trente-six solutions, mon garçon. On a travaillé.

– Mais c'était déjà ce que vous faisiez avant d'être libres, murmurai-je, perplexe.

– C'est vrai, dit Charity, mais la liberté nous redonnait courage. Et c'est ça qui nous a permis de tenir le coup. On trimait du lever du soleil à la nuit, et ensuite on entretenait nos propres carrés de légumes à la lueur de la lune. Deux ans plus tard, on a appris que mon homme était mort dans une bataille. À cette époque, les Noirs étaient toujours par monts et par vaux dans le Sud. Un jour, un ouvrier agricole qui venait juste d'arriver, Tom Dawson, nous a expliqué, pendant qu'on coupait les cannes à sucre :

« Ton père, il a été aussi un père pour moi. J'étais jeune et si naïf alors ! Je m'étais échappé de ma plantation, mais je ne savais pas me battre. On était dans la même unité. Une unité de Noirs. J'étais juste devant Reggie quand on nous a donné nos uniformes. Il a posé sa main sur mon épaule et il m'a dit : " Fils, ne t'inquiète pas. Reste à côté de moi et je veillerai sur toi. " On marchait ensemble. Lorsqu'on était de garde, on prenait des tours. L'un dormait pendant que l'autre veillait. La nourriture était rare, mais quand on en avait on la partageait toujours. On a participé à des combats féroces, mais dans ces moments-là je ne me suis jamais senti seul.

« On servait sous les ordres de généraux blancs, mais on était vraiment livrés à nous-mêmes. La plupart d'entre nous n'avaient même pas de fusil. Il fallait les récupérer pendant la bataille sur les rebelles tués. En tout cas, c'était comme ça pour nous. On n'avait pas d'armes, sauf peut-être un couteau ou un gros bâton. Le général utilisait surtout notre unité de Noirs pour attirer l'ennemi. Mais ces rebelles étaient malins et ils ne faisaient rien. Ils ne bougeaient pas. Ils restaient planqués derrière leurs fortifications de bois et de terre. Nos généraux eux-mêmes ne croyaient pas que les Noirs étaient capables d'être de vrais soldats. Peu d'entre nous avaient des fusils et pourtant ils nous envoyaient nous battre en terrain découvert. On se faisait faucher, et malgré tout on continuait à avancer, vague après vague. Ça m'a rendu malade rien que de voir ça, mais ton père, il m'a mis à l'abri. On s'est allongés derrière les cadavres d'une mule et de quelques soldats. On est restés là des heures, et puis d'autres hommes sont arrivés. On a avancé et on a vu que certains d'entre nous avaient réussi à franchir les fortifications, parfois en grimpant sur les corps de nos camarades. Ceux qui étaient passés de l'autre côté allaient peut-être tuer quelques rebelles, mais eux aussi ils étaient sûrs de mourir. Le seul point positif dans tout ça, c'est qu'après cette bataille plus personne ne pouvait dire que les Noirs n'étaient pas de bons combattants !

« J'ai toujours accompagné ton père, et j'étais à côté de lui quand il a pris une balle dans la poitrine. Je l'ai transporté dans un petit ravin. Il avait du mal à respirer, je lui donnais de l'eau et je le suppliais de ne pas mourir. À un moment, il a hoché la tête et j'ai dû me pencher sur lui pour l'entendre, car sa voix était déjà très faible : " Plantation de maître Lester, Mississippi. Va là-bas et dis à ma femme Sylvie et à ma fille Charity que je suis mort en combattant pour la liberté. " La bataille a duré toute la journée, et quand la nuit est venue on a enfoncé leur ligne et pris leur fortification. On n'en a pas tué beaucoup parce qu'on n'avait presque pas d'armes, mais on les a mis en fuite. J'ai entendu un de nos généraux dire qu'il n'avait jamais vu une unité, blanche ou noire, se battre avec une telle férocité.

« À la fin de la guerre, je suis descendu à pied du Delaware jusqu'au Mississippi. J'ai eu l'impression que ce voyage ne finirait jamais. Bien sûr, il a fallu que je m'arrête de temps en temps et que je travaille dans les champs pour me nourrir. Mais j'avais fait une promesse et je l'ai tenue. »

Sylvie intervint :

– Mon garçon, n'oublie jamais que ton arrière-grand-père est mort pour que nous soyons enfin libres.

– C'est exact, ajouta Charity. On a appris quel était vraiment le prix de la liberté. Quand on a su la nouvelle pour papa, ça nous a fait trop mal de rester. On a emballé tout ce qu'on possédait dans nos couvertures, on a mis sur le dessus une casserole et une poêle à frire, et on est parties le lendemain matin. Ça ne t'impressionne peut-être pas beaucoup, George, parce que tu es habitué à la liberté, mais après la guerre on voyait des tas de Noirs voyager dans la région, juste comme ça. On avait mal à l'intérieur, mais on était prêtes à vérifier si on était vraiment libres. (Sylvie éclata de rire.) J'imagine qu'on pourrait dire qu'on a raté le premier test !

Chaque fois que j'entendais cette histoire, ça me remontait le moral et ça redonnait de la force à mes bras. Sans nous en rendre compte, grand-mère Charity et moi avions traité une grosse quantité de coton, tandis que mon arrière-grand-mère mettait le fil en pelote. Elle le faisait passer entre ses doigts pendant que le fuseau, un gros, tournait sur le sol.

– C’est vrai, reprit Charity. On vivait dans une simple cabane, mais ça avait été notre maison toute notre vie. On a eu du mal à partir. On a voulu la voir une dernière fois pour la garder dans nos souvenirs. C’était déjà le milieu de la matinée quand on est arrivées chez le contremaître avec notre baluchon pour lui annoncer qu’on s’en allait. Il a vu nos affaires mais il s’est contenté de répondre : « Vous êtes en retard. Vous êtes censées être à la grande maison dès l’aube. » On a rigolé et j’ai répliqué : « Ce n’est pas grave, on file vers le nord. » Quand le contremaître nous a souri, j’ai compris qu’on avait un problème. « Bon, a-t-il dit, maintenant, pourquoi on n’irait pas mettre un peu d’ordre dans nos livres de comptes avant que vous nous quittiez ? » Avant, le magasin servait de dortoir. Mais avec l’abolition de l’esclavage il y avait moins d’employés et celui-ci était devenu inutile. Il servait désormais à stocker la farine, les haricots, la viande séchée, ce dont le corps avait besoin pour se nourrir, mais pas grand-chose d’autre. Maître Lester était le propriétaire, mais c’était un Blanc, Jake Henson, qui le gérait et qui tenait les livres. À cette heure-là, il n’y avait personne à part lui et nous. Chaque fois qu’on achetait quelque chose, c’était retiré de notre paye. Mais comme on ne savait ni lire ni écrire les chiffres, il aurait pu tout aussi bien nous escroquer.

– Il l’a fait, ma fille ! s’exclama Sylvie. Il n’y a pas de « il aurait pu » qui tienne, et tu le sais.

Charity se mit à rire et poursuivit :

– Bon, toujours est-il qu’on est entrées là pour regarder ces livres. On avait une page chacune. Ce n’était pas terrible. Mr. Henson nous a annoncé qu’on devait encore de l’argent à maître Lester. C’est en tout cas ce qu’il prétendait. (Sylvie sourit.) Quand je lui ai demandé combien, il s’est mis à gribouiller des choses avec son crayon, puis il a répondu : « Sylvie, ta dette est de quatre-vingt-sept dollars, et toi, Charity, tu en es à cent cinq dollars au profit de maître Lester. » Bien sûr, on avait moins de cinq dollars dans nos poches. Henson le savait sans qu'on ait besoin de le lui dire. Il a rigolé : « Vous pourrez quitter la plantation de maître Lester quand vous aurez réglé vos dettes. »

– Et qu'est-ce que vous avez fait alors, grand-mère ? demandai-je.

– Qu'est-ce qu'on aurait pu faire ? Maître Lester avait des chiens et des fusils. On est rentrées à pied à la cabane, on a déroulé nos couvertures et on est retournées au travail comme avant.

– Sauf, précisa Sylvie, qu'on nous a retenu une demi-journée de salaire !

Charity sourit.

– C'est tout à fait exact, dit-elle. On se disait que les Blancs gagnaient toujours.

J'avais si souvent entendu cette histoire que je la connaissais par cœur. Mais je demandai :

– Et ensuite, grand-mère ?

– Mon enfant, on a trimé encore plus dur et on a acheté moins de nourriture. On attrapait des poissons-chats dans le fleuve, on plantait des pommes de terre et d'autres tubercules. Ça nous a permis de tenir. Mais c'est surtout Tom Dawson qui nous a sauvées. C'était un ouvrier agricole, mais il savait compter et bientôt il a commencé à nous aider à rembourser notre dette en ajoutant un peu de son propre argent. Mr. Henson n'aimait pas ça, surtout que Tom venait vérifier les livres avec nous, chaque mois.

– On pourrait dire que Tom s'était pris de beaucoup d'affection pour Charity, ajouta Sylvie.

Charity éclata de rire.

– Oui, j'imagine qu'on pourrait dire ça ! J'était encore adolescente quand il est arrivé. Deux ans après, on s'est mariés. George, ton grand-père Tom était un homme bien. Il travaillait dur. Et tous ensemble on a réussi à payer notre dette. C'était en 1875. C'est à ce moment-là que notre liberté est devenue réelle, dix ans après la fin de la guerre.

– Et on a gagné chaque *cent* ! dit Sylvie. Je me souviens encore du jour où on a apporté notre dernier paiement à Mr. Henson. On l'a regardé écrire : « Reste : zéro. »

– Quand on a déchiré ces pages en petits morceaux, reprit Charity, il s'est vraiment renfrogné ! Il fallait voir ça ! On dansait et on riait dans son magasin. Lui, il avait l'air furieux, comme chaque fois que quelqu'un partait. « Je suppose que vous nous quittez. Après tout ce que maître Lester a fait pour vous ! – On suppose... » on lui a répondu en se retenant d'éclater de rire. Je lui ai dit : « Tout ce qu'il a fait, ça a été de nous donner un bout de jambon à chaque Noël et tous les mois un salaire beaucoup trop bas. On part et on se débrouillera mieux toutes seules. – Vous verrez, a grommelé Hanson, ça ne sera pas aussi facile que vous croyez. » Et je dois reconnaître qu'il avait raison. Partir, ce fut encore le plus simple. Heureusement qu'on ne savait pas à ce moment-là à quel point la vie qui nous attendait serait dure.

– On était enfin libres, dit Sylvie, mais on n'avait aucun plan. Simplement, on s'imaginait que n'importe quel autre endroit devait être mieux que le Mississippi. À cette époque, dix ans après la guerre, les gens commençaient à dire que la vie, là-haut dans le Nord, n'était pas si bonne que ça, et que c'était juste plus loin et plus froid. Ton père, Harrison, n'avait que trois ans. Et donc on a entassé dans nos couvertures un peu de farine, du bacon et quelques pommes de terre, et on s'est mis en marche vers l'ouest, vers le Texas. On avait entendu dire qu'il y avait du travail dans les scieries. On ne le savait pas à ce moment-là, mais on a parcouru à pied dans les deux ou trois cents kilomètres. On s'est installés à l'extérieur de Marshall parce qu'ils engageaient des ouvriers à la nouvelle scierie. Ton grand-père a commencé à scier du bois. C'était dur et dangereux, et ça ne payait pas beaucoup. Mais notre voyage était terminé. Juste le voyage, pas nos ennuis... (Sylvie riait.) Comme on était des esclaves affranchis, on nous a donné vingt hectares de terre et une mule. C'était un début. Oui, le travail était difficile et le salaire ridicule. On économisait autant qu'on pouvait dans l'espoir d'améliorer notre sort. Quand ton grand-père est mort, une vingtaine d'années plus tard, on ne possédait pas grand-chose de plus. Mais avec tout ce qu'on avait mis de côté, j'ai acheté vingt hectares supplémentaires à un dollar l'hectare, et on pouvait payer en plusieurs fois. Harrison, ton père, et sa nouvelle femme habitaient avec nous.

CHAPITRE III

L'histoire des Dawson ? C'est mon histoire. Aujourd'hui mes deux grand-mères ne sont plus là avec moi, mais je la connais par cœur. Et je vais vous raconter la suite.

On n'avait pas d'argent pour acheter du bois, mais mon père rapportait de gros morceaux qu'il récupérait à la scierie. Avec notre mulet, ça ne nous coûtait rien. Notre cabane avait trois petites pièces et des toilettes sur l'arrière. Une cuisine, une chambre et un endroit où stocker le coton et tisser les vêtements. C'est là que je suis né, en 1898. L'aîné de cinq enfants.

On ne possédait presque rien, mais on était ensemble et il n'y avait personne pour nous dire qu'on était pauvres. Je ne me suis jamais senti seul. Si loin que remontent mes souvenirs, même en ces petits matins glacés où le feu était éteint je me réveillais sous une couverture, avec mes frères ou mes sœurs près de moi. C'était chaud et douillet.

Comme j'étais l'aîné je devais me lever le premier, mais j'aimais ça. L'hiver, le sol de terre battue était gelé. Je me réfugiais près du poêle. Maman me serrait dans ses bras. Quand j'étais réchauffé, elle me secouait l'épaule et me disait :

– Tu vas rester là à regarder ce feu toute la journée ou on va se préparer un petit déjeuner ?

Elle avait raison. Quand la cabane était encore sombre, j'adorais contempler le feu. Il me réchauffait autant à l'intérieur qu'à l'extérieur. Mais je riais quand elle me tendait le seau. Le puits était dehors, derrière la maison.

Pour moi, l'hiver était la saison la plus belle, parce qu'il faisait encore nuit quand je sortais chercher l'eau. Lorsque le ciel était clair, on voyait les étoiles, et parfois la lune était encore haute sur l'horizon. Papa était dans la grange, ou il était peut-être déjà parti aux champs. Le puits n'était pas très loin, mais je devais rester un instant à côté de la maison pour que mes yeux s'habituent à l'obscurité. Puis, comme les coyotes chassaient volontiers au petit matin, j'allais faire un tour au poulailler. Et j'évitais les piles de bois, parce que quand les nuits étaient froides les serpents à sonnettes s'y réfugiaient pour dormir.

Je savais qu'il fallait faire attention aux serpents. Grand-mère m'avait raconté l'histoire d'un employé agricole qui s'était fait mordre. Elle avait écarté les mains pour me montrer à quel point la jambe de l'homme avait enflé pendant la nuit. On avait dû la lui couper, mais il était mort quand même. Je voyais bien qu'elle n'aimait pas ces bêtes-là.

Je lui avais promis de faire attention. Et pourtant je n'avais pas peur. J'ai découvert ça un jour où j'en ai vu un qui ne s'est pas enfui. Je suis resté là un moment à le regarder. En fait, j'aimais bien observer ces bons vieux serpents. Tant que je m'occupais de mes affaires ils ne m'embêtaient pas. Bien sûr, je n'ai jamais rien dit à grand-mère.

Quand les gens tombent sur un serpent à sonnettes, ils essaient de le tuer – s'ils ont un fusil. Ils prétendent que ça a le goût du poulet. Mais je vous assure, pour certaines personnes tout a le goût du poulet. En revanche, je n'ai jamais entendu dire que le poulet avait le goût du serpent à sonnettes. Allez comprendre ça.

Les matins où il faisait encore nuit, je ne voyais pas le fond du puits. Je posais le seau de la cuisine par terre et je lançais dans l'eau celui qui était là, attaché à une corde. Dans l'obscurité, le bruit était toujours plus fort. Je ne sais pas pourquoi, mais c'était ainsi.

On s'occupa de ce puits avant même de construire la cabane. Et tout le monde s'attela à la tâche. Quand papa était dedans à creuser, maman ou une de mes grand-mères remontait la terre dans un seau. Elles travaillaient à tour de rôle. Et lorsque papa était épuisé, maman le remplaçait en bas.

Au début, descendre à l'intérieur était facile, bien sûr, mais quand il fut presque fini, ce fut un sacré boulot d'aider quelqu'un à remonter. Il avait huit mètres de profondeur. On a eu quelques étés difficiles, mais il n'a été à sec que deux fois, si je me souviens bien. Alors, il fallait aller chercher l'eau au ruisseau.

Quand j'étais petit, le seau cognait contre ma jambe et son poids me faisait pencher d'un côté. De temps en temps, je devais m'arrêter en chemin pour me reposer. Mais je m'en suis toujours chargé tout seul. De toute façon, il n'y avait personne pour me donner un coup de main. Maman me prenait le seau en souriant, puis elle me disait :

– Maintenant, retourne aider ton père. Le petit déjeuner ne sera pas prêt avant le lever du jour.

J'avais déjà faim à ce moment-là, mais papa avait besoin de moi. Dès l'âge de quatre ans, je ramassais les œufs et je savais quand les ratons laveurs et les coyotes étaient passés par là. On prétend aujourd'hui que ces animaux sont mignons, mais pour nous, à l'époque, c'étaient des concurrents qui nous volaient notre nourriture.

Je travaillais dur et j'avais l'impression d'être toujours affamé. Environ une fois par semaine, quand la nourriture se faisait rare, mes parents m'envoyaient à la ferme des Coal. Mon seau à la main, je traversais les champs pour aller chercher du lait. Grand-mère n'oubliait jamais de me prévenir :

– Garde un œil sur les serpents quand tu es dans les champs.

Avant toute chose, Mama Coal me donnait quelque chose à manger. Je n'avais jamais besoin de demander – mais je ne refusais jamais non plus. Ça pouvait être une pomme, ou un biscuit, ou un morceau de porc salé. Très souvent, il y avait aussi un verre de lait. Mes parents m'avaient appris à être respectueux avec les gens. Même quand ma mère n'était pas là, je veillais à dire :

– Merci, Mama Coal.

On les appelait toujours Mama et Papa Coal. Je n'ai jamais connu leurs prénoms.

Ils avaient trois enfants. Johnny avait à peu près mon âge, Aden était un peu plus âgé que moi et Jimmy un peu plus jeune. Du coup, je pouvais jouer avec tous les trois. Ils étaient blancs, mais comme on était petits ça n'avait pas d'importance et je n'y ai jamais beaucoup pensé.

Leur grange était bien plus grande que la nôtre. Elle avait un vaste grenier avec une ouverture d'où on croyait apercevoir l'extrémité du monde. En fait, la grange avait une hauteur de deux étages, car l'arrière était posé au sommet d'une petite colline et le devant en bas de la pente. Parfois, lorsqu'un faucon passait, on avait l'impression de pouvoir le fixer droit dans les yeux.

Quand il y avait du vent et que les nuages filaient dans le ciel, la Terre semblait tournoyer. Ça donnait mal au cœur si on regardait en bas. Aden, qui avait neuf ans et qui allait à l'école, disait que ça faisait cet effet-là parce que la Terre était une boule ronde et qu'elle tournait sur elle-même. Aden était le seul à fréquenter l'école pour le moment, et parfois Johnny en avait marre des vantardises de son frère.

– Si on est sur une boule, disait-il, comment ça se fait que les gens d'en dessous ne tombent pas ?

Ce genre de question mettait Aden en colère, et il devenait tout rouge.

– Je ne sais pas comment ils peuvent rester accrochés, répondait-il, mais Mr. Spencer dit que la Chine est de l'autre côté et que les Chinois se débrouillent pour vivre. Tu devrais être heureux de te trouver sur le dessus !

Et on l'était, parce qu'à l'évidence ces gens-là devaient se donner beaucoup de mal juste pour tenir debout ! Aden ajoutait que tout ça était écrit dans un livre. Son instituteur l'avait, à l'école. Bon, si c'était dans un livre, même Johnny n'avait plus rien à dire. À cette époque, déjà, je savais qu'un jour je voudrais aller à l'école moi aussi pour apprendre à lire tout seul ces choses-là.

Devant la grange, il y avait une montagne de foin. Une corde, fixée à la poutre principale, avait toujours été là à nous attendre, mais nous n'en parlions jamais. Aden fut le premier à relever le défi. Un jour que nous étions assis au grenier, il se dressa et annonça simplement :

– J'y vais, maintenant.

La corde était enroulée à un taquet. Personne ne dit un mot lorsqu'il la déroula. Je ne sais pas pourquoi, mais à ce moment-là, on se leva tous. Lorsque la corde fut libre et qu'il la tint entre ses mains, il se retourna et nous regarda. On se contenta de l'observer en silence. Même Jimmy sentait qu'il se passait quelque chose. Son visage eut soudain une expression soucieuse et il me prit la main.

Et Aden s'élança, l'air de rien, comme s'il sautait juste de la véranda. Tous les trois, on s'avança jusqu'au bord pour mieux voir. Je pensais qu'il flotterait dans le ciel comme un ange. Mais ce ne fut pas aussi beau. Il fit de larges cercles à la façon d'un vautour. Quand les cercles se rétrécirent, il lâcha la corde. On entendit un grand cri, et l'instant d'après il disparut dans le foin.

À compter de ce jour Aden fut différent. Nous autres, on avait terriblement envie de l'imiter, mais on n'osait même pas en parler. Le lendemain, alors que j'étais à table avec mes parents, je leur racontai l'exploit d'Aden.

– J'aimerais bien essayer aussi, dis-je.

– Mais non ! s'exclama ma mère. N'y pense même pas ! On ne t'a pas élevé pour que tu fasses le fou. On a besoin de toi, ici à la ferme, et en un seul morceau. (Elle donna un petit coup de coude à mon père et ajouta :) Eh bien, mets-lui un peu de plomb dans la cervelle !

Papa éclata de rire.

– Ta mère a raison. Ça n'a aucun sens, ces choses-là. (Maman l'approuva d'un signe de tête. Mais papa poursuivit :) Bien sûr, il y a parfois des moments dans la vie où on est obligé de faire ce qu'on doit faire... Il me semble que c'est ce qui est arrivé à Aden.

– Merci beaucoup ! s'exclama maman. Tu crois que ce genre de commentaire aidera ce garçon !

Papa sourit.

– Ça, je n'en sais rien, mais c'est inutile de s'inquiéter pour quelque chose qui ne se produira peut-être jamais. Pourtant, je crois que tous les garçons ont pensé au moins une fois à sauter du grenier d'une grange !

Je vis maman froncer les sourcils. La plupart du temps, mes parents s'entendaient bien, et j'estimai donc qu'il valait mieux changer de sujet. Il fallait cependant que je me renseigne sur une dernière petite chose.

– Bon, si je ne peux pas sauter de là-haut maintenant, comment saurai-je que le moment est venu ?

Papa m'adressa un signe de tête.

– Si ça arrive, quelque chose te le dira. Et si tu es attentif, tu l'entendras.

En général, sauf quand Aden se sentait obligé de faire l'intéressant, on jouait aux cow-boys et aux Indiens dans la grange. Comme ils étaient les plus grands, Aden et Johnny voulaient toujours être les colons blancs. Jim et moi, on était les Indiens, et donc les attaquants. On avait tous des bâtons en guise de fusils. Vu que j'étais un Indien, je devais perdre de toute façon. Pourtant, je n'ai jamais très bien compris leurs histoires, car la plupart du temps l'un ou l'autre refusait d'être mort, alors qu'il était clair comme le jour qu'il l'était. Bien sûr, à ce moment-là, plus personne ne voulait jouer.

Chaque fois que j'étais à la ferme des Coal, leur chien, Roof, nous suivait partout. Je l'aimais tellement que je pensais que ç'aurait été bien d'en avoir un nous aussi. En fait, j'en ai parlé une fois à maman.

– Un chien peut-il tirer la charrue ? demanda-t-elle.

– Bien sûr que non.

– Bon, dit-elle. Un chien peut-il pondre des œufs comme une poule ?

– Si c'est le cas, je n'en ai jamais entendu parler, répliquai-je.

– Dis-moi, est-ce que tu peux traire un chien comme une vache ou une chèvre ?

– Non, ça ne marche pas comme ça.

– Est-ce qu'un chien est comme un cochon qu'on peut transformer en lard ou en jambon ?

Je fus plus malin cette fois : je ne répondis pas. Au lieu de quoi, je lui demandai à mon tour :

– Est-ce qu'une poule aboie comme un chien ?

– Non, chéri, elle n'aboie pas. (Elle éclata de rire, me serra dans ses bras et ajouta :) Mais à moins que tu nous trouves un chien qui soit capable de tirer la charrue, ou de nous pondre quelques œufs, ou de nous donner du lard, on n'a pas besoin de ce genre d'animal.

Quand on allait au ruisseau, Roof nous suivait à travers champs. Je pense qu'il aimait les champs parce que quand il tombait sur une bouse fraîche il était aux anges. Je me souviens encore de ce vieux cabot en train de se rouler là-dedans. Ses longs poils noirs étaient tout collés avec cette saleté. Il puait horriblement, mais il avait l'air tellement heureux qu'il était difficile de l'engueuler.

Le ruisseau des Coal était vraiment bien. On trouvait des écrevisses sous les pierres. Pour pêcher, on fabriquait nos cannes avec des branches de saule. Presque tout était bon pour les appâts. À mon avis, le meilleur c'était le foie de poulet. Je ne crois pas qu'un seul poisson-chat de ce ruisseau y aurait résisté ! Mais on pouvait retourner un tronc d'arbre mort pour ramasser quelques vers, et ça marchait très bien aussi.

Le mieux, c'était quand il faisait très chaud. Les poissons-chats aimaient se rassembler dans les eaux plus fraîches, à l'ombre des saules. On en attrapait toujours quelques-uns pour le déjeuner, et certains étaient de belle taille. Mais je me souviens d'un jour en particulier.

Jimmy avait une touche. Sa canne pliait énormément. Il avait beau tirer dessus, il n'arrivait à rien. On était au début du printemps et il avait beaucoup plu. L'eau était inhabituellement haute. Ce devait être une grosse prise. Mais lorsque Jimmy cria :

« Aidez-moi ou je vais aller à la flotte ! », je ne pus m'empêcher de rigoler.

C'était vrai, pourtant, on aurait bien dit que Jimmy était tiré vers le bord ! Juste à ce moment-là, je sentis que moi aussi j'avais attrapé quelque chose, et je me contentai donc de regarder Johnny courir vers son frère. Il serra la canne juste au-dessus des mains de Jimmy. Et bientôt... ils furent entraînés tous les deux vers le ruisseau ! Voyant soudain une énorme queue jaillir à la surface, j'abandonnai aussitôt ma canne avec mon poisson toujours accroché au bout. J'avais huit ans et, même si j'étais déjà costaud à l'époque, mon intervention ne changea rien au problème. Aden arriva en courant et comprit vite ce qui se passait. Il sauta dans la rivière pour pousser le poisson par-derrière. Cela parut marcher, si bien que je l'imitai.

Le poisson était trop glissant. Impossible de l'attraper à la main. Mais à tous les deux on parvint à le coincer contre la rive, à un endroit où on réussit à conserver notre équilibre en montant sur une racine. Et il resta là. Ce bon vieux poisson était incapable de s'échapper, mais nous ne pouvions pas non plus le sortir de l'eau. Aden cria à Johnny d'aller chercher leur père.

Quand Johnny et Papa Coal arrivèrent sur le mulet, Jimmy était toujours sur la berge à tirer sur sa ligne, et nous toujours dans l'eau à pousser l'animal. Leur père éclata de rire et dit :

– Je suis désolé, Johnny. Je dois avouer que j'ai eu du mal à te croire ! J'avais apporté cette corde juste pour rigoler, mais finalement elle va nous être utile.

Il coupa un gros morceau de racine de forme arrondie. Puis il nous rejoignit dans l'eau. Il coinça la racine dans les branchies du poisson et il entoura solidement le tout avec la corde. Puis il commença à nous lancer des ordres.

– Aden, sors de l'eau ! Aide Jimmy à attacher la corde au mulet ! Johnny, George et toi, reculez-vous un peu et empêchez sa queue de gigoter ! Moi je guiderai la corde à partir d'ici.

Quand tout le monde fut en place, Papa Coal ajouta :

– O.K. Maintenant, les garçons, faites avancer le mulet pour que la corde soit bien tendue.

Aden et moi, on sentit diminuer la pression sur nos bras.

– Parfait. À présent, Aden, tu veilles à ce qu'elle reste toujours bien tendue et tu longes le ruisseau avec le mulet jusqu'à l'endroit où la rive est très basse, tu vois ?

Je compris ce qu'il cherchait à faire. Là-bas, le passage répété de leurs vaches – qui allaient boire au ruisseau – avait creusé la rive au ras de l'eau. Et là, le ruisseau était trop peu profond pour permettre à notre poisson de nager. Il se débattit un moment tandis qu'on le tirait dans cette direction, mais une fois qu'il fut dans le haut-fond, à moitié hors de l'eau, il renonça à lutter.

Ce n'était pas seulement le plus gros poisson que j'aie jamais vu, c'était aussi le plus laid. Il avait une tête énorme et ses moustaches étaient plus grosses que celles d'un chat. Il était très vieux et portait des taches affreuses. On le remonta sur la rive, puis Papa Coal repartit avec le mulet pour chercher le chariot. On resta là tous les quatre à regarder l'animal.

– Je vous mets au défi de lui toucher l'œil ! lança soudain Aden.

En approchant, je ne pus m'empêcher de frissonner. On caressa la peau du dessus de sa tête et on tripota sa queue, mais personne n'osa poser un doigt sur son œil. Encore heureux qu'Aden n'ait pas insisté, parce que je ne sais pas ce que j'aurais fait sinon.

Au retour de Papa Coal, on essaya de le charger sur le chariot, mais il était trop lourd. On fut donc obligés de le vider sur place. Ce qu'on trouva à l'intérieur de ce monstre manqua de nous couper l'appétit jusqu'à la fin de nos jours. Il était si gros qu'il avait avalé tout entier des poissons plus petits et même une grenouille. Il y avait quelques hameçons aussi. J'imaginai qu'on n'avait pas été les premiers à s'en prendre à lui. Le plus bizarre, ce fut l'écureuil qu'on trouva dans son estomac ! On pensa qu'il avait dû tomber d'une branche, même si Papa Coal tenta de nous convaincre que ce poisson-chat était peut-être monté sur la berge, puis qu'il avait grimpé à un arbre...

Passé à la farine et frit dans du lard, ce fut un vrai régal ! Le lendemain, j'en rapportai à la maison autant que je pouvais en transporter et je racontai cette histoire à tout le monde – sauf que mes bras n'étaient pas assez longs pour indiquer sa vraie taille.

Ceux qui m'ont entendu rapporter cette anecdote ont prétendu que le poisson grossissait d'année en année dans mes récits successifs. Eh bien je vais vous dire. Depuis dix ou vingt ans j'achète mes appâts dans un magasin de pêche au lieu de creuser la terre pour les ramasser moi-même. J'ai vu les photos sur le tableau d'affichage du concours de pêche, et aussi le poisson vainqueur accroché au mur. Nous, on ne pensait pas à empailler nos prises. On les mangeait, tout simplement. Mais ce que nous avons sorti de ce ruisseau en ce temps-là aurait fait honte à tous les lauréats d'aujourd'hui.

Quand je ne rentrais pas à la maison avec du poisson-chat, Mama Coal me donnait toujours un seau de lait pour notre famille. Je m'amusais beaucoup chez les Coal, mais il y avait aussi de nombreuses journées où il fallait suivre la charrue de

Papa Coal pour planter des grains de maïs dans les sillons. Si j'étais dans le coin et qu'ils avaient besoin d'aide, j'y allais.

Un après-midi de ce même printemps où on attrapa le gros poisson-chat, on était assis tous les quatre dans le grenier. Je me souviens parfaitement des nuages qui filaient dans le ciel ce jour-là, chassés par le vent. Ce furent eux, peut-être, qui me poussèrent à me lever. Je n'en sais rien. Toujours est-il que je m'approchai de la corde et que j'annonçai :

– J'y vais.

Je fis semblant d'être nerveux en détachant la corde du taquet. Ils avaient les yeux fixés sur moi. Mais en réalité ça ne me tracassait pas. Je pris la corde à deux mains, je la serrai très fort et je sautai.

Au moment où elle m'entraîna vers le ciel, je me sentis libre. Plus rien ne me retenait à la terre. Il n'y avait que la corde, le ciel et moi. À cet instant, je compris pourquoi grand-mère aimait tant sa liberté.

Ensuite, je ne suis plus retourné très souvent à la ferme des Coal. À l'automne, Jimmy, le dernier des fils Coal, entra à l'école. J'avais huit ans et c'est à peu près vers cet âge-là que les Blancs et les Noirs cessaient de se mélanger. D'ailleurs, j'étais trop âgé pour continuer à jouer. Au printemps suivant, je commençai à travailler chez les McCready.

CHAPITRE IV

Je compris alors que maman avait raison : je n'aurais jamais le temps de m'occuper d'un chien. Il me semblait que je pouvais tout juste travailler et dormir.

Il y avait une bonne trotte jusque chez les McCready. Je devais me mettre en route assez tôt pour arriver à leur ferme au lever du soleil. Dans l'obscurité, je savais toujours quand j'étais proche de ma destination : leurs innombrables porcs faisaient un raffut abominable. Et même si j'avais été sourd, leur puanteur m'aurait averti. C'était une odeur lourde qui flottait près du sol, et quand je descendais la dernière colline c'était bien pire. Les McCready ne s'en rendaient plus compte depuis longtemps. Je ne pouvais pas en dire autant, mais au bout d'un moment je réussis au moins à ne plus m'en soucier.

Cet automne-là, on ouvrit près de Marshall la première école pour enfants noirs. J'avais vraiment très envie d'y aller. Mais j'avais commencé à travailler à la ferme des McCready pendant l'été. Ils me traitaient bien. Ils disaient que j'étais un bon ouvrier et que l'école pouvait attendre. En plus, l'argent que je gagnais – un dollar cinquante par semaine, je crois – nous aidait beaucoup, à l'époque.

Mes frères et sœurs allèrent donc en classe, tandis que je continuai chez les McCready. Parfois, tout en travaillant, je me demandais à quoi l'école pouvait ressembler. Mais j'avais du mal à m'en faire une idée. Ce n'était pas réel comme la porcherie. Je pensais que je verrais bien lorsque mon tour viendrait.

Certains Blancs prétendaient que les gens de couleur n'avaient pas besoin d'école, que c'était du gaspillage parce que de toute façon les Noirs étaient incapables d'apprendre à lire. Personne ne savait lire dans ma famille. Mais un soir, mon petit frère Johnny prit la Bible sur l'étagère. C'était notre seul livre. Je me souviens que c'était au printemps, quand les jours rallongeaient, car la lumière entrait par la fenêtre et on n'avait pas encore allumé de lanterne.

Après l'abolition de l'esclavage, les Noirs eurent le droit d'aller à l'église. Et puisqu'on ne séparait plus les couples lors des ventes, ils pouvaient même se marier – ce qui leur était interdit avant la guerre. Selon grand-mère Charity, un pasteur noir qui avait fait sa scolarité là-haut dans le Nord était passé un jour à la cabane et lui avait offert cette Bible. À chaque naissance et à chaque mort dans notre famille, on avait demandé au pasteur de le noter dedans. Du coup, grand-mère Charity l'avait surnommée la Bible Dawson. Elle ne pouvait pas la lire, mais elle était extrêmement fière de l'avoir.

– Le Seigneur est mon berger, je ne manquerai de rien... commença Johnny.

Je regardai les miens, autour de la table. Maman pleurait. Papa avait fermé les yeux, mais il hochait la tête pendant que Johnny lisait. Moi, je souriais. Je savais maintenant que ces Blancs se trompaient et qu'un jour ce serait mon tour d'apprendre à lire.

À peu près à la même époque, mon père ramena un chien à la maison. J'étais devant le poulailler lorsqu'il arriva et arrêta le chariot. Comme il souriait, je compris qu'il se passait quelque chose. Il repoussa une vieille couverture posée sur le siège à côté de lui et me dit :

– Tiens, occupe-toi de ça, et ensuite viens m'aider à décharger ce fourrage.

À ces mots, il mit un chiot dans mes bras. Il était tout blanc avec des taches noires. Je m'en souviens encore, son poil était doux et soyeux. Il n'était pas gros, mais il avait déjà des pattes d'une bonne taille. Papa avait vendu du sirop de canne en ville : il fila donc vers la cabane avec un morceau de tissu acheté au magasin pour que maman se fasse une robe. Lorsqu'ils ressortirent tous les deux, ma mère lui demanda :

– Où as-tu...

– C'est un Blanc qui me l'a donné et il a dit...

– Comment va-t-on le nourrir ? l'interrompit-elle.

– Le Blanc a dit que c'était un bon chien pour chasser le canard.

– Chasser le canard ! (Elle éclata de rire.) Tu es juste aussi fou que ce garçon !

– Comment il s'appelle ? intervins-je.

– L'homme ne savait pas. D'après lui, il faudra qu'on devine.

On a donc essayé des tas de noms, mais sans le moindre succès. En revanche, comme ce chien répondait toujours à « Devine », c'est comme ça qu'on l'a nommé. Il dormait devant la porte. C'était censé être le chien de chasse de papa, mais à partir du moment où je mettais un pied dehors il me suivait partout, où que j'aille. Il ne me quittait pas d'une semelle.

Chez les McCready, je travaillais dur. Mais, excepté à l'époque de l'abattage, ils n'avaient pas assez d'argent pour m'employer tous les jours. Ce n'était pas plus mal, car il semblait qu'on allait avoir davantage à faire dans notre propre ferme.

Notre terre n'était pas tellement riche, pourtant. Poudreuse sur le dessus et argileuse en dessous. Papa s'amusait à répéter que sa meilleure moisson, c'étaient les cailloux. On avait du mal à cultiver assez de coton pour nous vêtir et suffisamment de nourriture pour nous tous et notre mulet.

Nos voisins, les McKenzie, avaient le même problème. Avec leurs quarante hectares, ils ne s'en sortaient pas non plus. Mais ils étaient blancs et Mr. McKenzie réussit à trouver un travail en ville – aux écuries de louage, je pense. Nous avions besoin de produire davantage de nourriture et de coton, si bien que papa décida d'acheter les terres de Mr. McKenzie, d'autant que ce dernier proposa qu'on le paie à tempérament. Jusqu'à sa mort, papa nous répéta :

– C'est une bonne chose d'avoir eu des gens gentils comme les McKenzie pour nous vendre de la terre dans ces conditions, parce qu'une banque n'aurait jamais accepté de faire le moindre crédit à des Noirs.

On les remboursait directement.

Les Blake élevaient du bétail sur leurs terres, qui s'étendaient de l'autre côté de celles des McKenzie. Leurs bêtes moururent au cours de la sécheresse de l'été 1907. Il n'avait pas assez plu au printemps, et en été il n'était plus tombé la moindre goutte. Les étés sont toujours chauds dans cette région, mais cette année-là les points d'eau pour le bétail s'étaient asséchés, et même certains puits. Bien sûr, le ruisseau disparut purement et simplement.

On racontait que les bêtes des Blake s'étaient couchées et qu'elles étaient mortes – juste comme ça. Ces bons vieux vautours qui tournaient dans le ciel donnèrent à Blake l'idée d'aller jeter un œil à son troupeau. Les cadavres avaient déjà le ventre tout gonflé. Et les vaches qui étaient encore vivantes étaient dans un état si lamentable que Blake et ses hommes furent obligés de les tuer sur place. C'est bien ça, il fut forcé d'abattre ses propres bêtes ! Elles étaient trop mal en point pour qu'il puisse les sauver.

Avec le bétail, pourtant, on pouvait se faire un joli bénéfice. Hélas ! nous n'avions pas assez d'argent pour nous lancer dans ce genre d'élevage. Notre coton nous demandait beaucoup plus de travail, mais ça allait. Grâce à lui, au moins, on s'en sortait. Et cet été-là on aurait perdu notre troupeau, nous aussi, si on en avait eu un. Les Blake se rendirent bien compte que mon père se débrouillait mieux qu'eux.

Un soir, vers la fin de ce même été, Mr. Blake et deux de ses hommes arrivèrent chez nous à cheval. Je m'en souviens encore, car il était rare que des Blancs viennent dans les fermes des Noirs. Lorsque cela se produisait, c'était presque toujours synonyme de problèmes. La poussière soulevée par les sabots de leurs chevaux dissimula un moment le soleil qui plongeait derrière les collines. Je m'arrêtai pour regarder ce flamboiement. Aujourd'hui, à Dallas, certains couchers de soleil me le rappellent un peu. Quand il fait très chaud, les gaz d'échappement donnent de formidables couleurs au ciel.

Personne ne venait jamais si tard chez nous à cheval, et je n'avais jamais assisté à pareil crépuscule. Surtout, j'en savais assez pour être inquiet, d'autant que l'expression de mon père n'était pas pour me rassurer. J'étais en train de rentrer le mulet dans la grange. Je ralentis le pas de façon à être assez près pour voir et entendre, mais sans avoir l'air de les espionner. En outre, remarquant la tension de ses épaules, j'imaginai que papa pourrait avoir besoin de moi à ses côtés si on avait des ennuis.

Il jeta un coup d'œil vers la cabane où se trouvaient maman et mes frères et sœurs. Ils surveillaient la scène par la fenêtre, mais ils disparurent dès qu'ils croisèrent son regard. Même à cette distance, j'avais l'impression de lire dans les pensées de mon père. Les Blancs approchaient. Le fusil de chasse était dans la cabane, accroché au mur le long de la porte. Si les choses tournaient mal, papa n'hésiterait pas à s'en servir, mais il ne voulait pas que les petits soient dans les parages à ce moment-là.

Je le vis détourner les yeux de la maison et aller à la rencontre des cavaliers. Bien sûr, si ça dégénérait, on était encore trop près. Papa avait légèrement hoché la tête dans ma direction – sa façon à lui de me faire comprendre de me mettre à l'écart. Je m'intéressai au mulet et fis semblant de n'avoir rien vu.

Trois hommes. Deux d'entre eux avaient un fusil attaché à leur selle et tous les trois un pistolet à la ceinture. Toutes ces armes étaient dans leur étui. À cette époque, les armes à feu n'étaient pas rares, principalement chez les Blancs. Mais je sentais bien que mon père les comptait, exactement comme moi. Il continuait à avancer vers eux. S'il était inquiet, il n'en montrait rien. Pour moi, papa était grand, mais lorsque les chevaux s'arrêtèrent brutalement devant lui, il disparut dans la poussière soulevée par leurs sabots. Si papa avait été blanc, ces hommes auraient veillé à ne pas remuer tant de poussière en passant du trot à la marche, juste par respect. Avec un Noir, cette idée ne leur vint sans doute même pas à l'esprit.

Alors que mon père était presque dissimulé dans ce nuage, je voyais très nettement les trois visiteurs sur leurs chevaux. Je reconnus Mr. Blake en tête, et il était facile de comprendre que c'était lui le chef. Les deux autres étaient des employés.

Je me rendis compte qu'à ce moment-là tout le monde m'avait oublié. Alors, plutôt que d'aller jusqu'à la grange, je me dirigeai vers la cabane. J'attachai le mulet et j'entrai.

Mr. Blake hocha la tête et dit :

– ’soir, Harrison. Je suis venu discuter avec toi.
– Oui, monsieur, Mr. Blake, c’est d’accord.

Papa lui avait répondu sur le ton que les Noirs employaient lorsqu’ils s’adressaient à un Blanc. Cette façon de parler indiquait sans ambiguïté qui était le patron. C’était ce que le Blanc attendait. Il n’y avait aucune hostilité dans tout ça, mais on était loin de la chaleur d’une discussion entre Noirs. Je crois que les Blancs ne savaient même pas qu’on avait deux langages différents.

Blake descendit de cheval et tendit ses rênes à l’un de ses hommes.

– Parfait. J’ai appris que ta ferme s’était agrandie. Les gens racontent que tu as travaillé dur pour améliorer ta condition.

Je retins ma respiration. Dans la bouche d’un Noir cette remarque était forcément un compliment, mais dans celle d’un Blanc... Dur à dire, mais ça pouvait être très mauvais. Si Mr. Blake laissait entendre par là que mon père n’était pas resté à sa place, alors on devait s’attendre à de gros ennuis. Mon oncle Henry répétait toujours :

– Un homme blanc jouit de son succès et un Noir doit payer pour ça.

Je regardai maman qui était à côté de moi à la fenêtre. Je serrais si fort notre fusil que mes jointures me faisaient mal. Dans la cabane, soudain, l’homme c’était moi, celui qui devait protéger la famille si les choses tournaient mal.

Ces derniers temps, dans le comté, la situation des Noirs s’était dégradée. Après le coucher du soleil, le Klan était de sortie. J’avais entendu mon père et oncle Henry raconter qu’ici même à Marshall il s’était mis à brûler des croix dans les cours de certaines maisons. Il faisait ça aussi dans les fermes des environs et, en plus, il incendiait des granges. C’était vraiment horrible de voir ces gens chevaucher dans leurs robes blanches, une torche à la main, et faire feu vers le ciel. S'ils estimaient qu'un Noir n'était pas « resté à sa place », ils tiraient dans ses fenêtres. En fait, cet été-là, une petite fille avait été atteinte par une balle dans son sommeil, et elle avait perdu un bras. Je n'avais pas oublié non plus le lynchage de Pete.

Papa étudia l'expression de Mr. Blake pour bien saisir le sens de cette remarque. Puis il pesa soigneusement ses paroles avant de répondre :

– Eh bien, monsieur, j'ai travaillé dur, c'est vrai. Notre récolte n'a pas été formidable, mais on s'en est sortis avec ça. Et on en est reconnaissants.

– Bon, je me suis lancé dans l'élevage et tu sais ce qui s'est produit, dit Mr. Blake.

Papa acquiesça d'un signe de tête et murmura :

– Je suis vraiment désolé pour ça...

La tension était un peu retombée, mais j'attendais la suite.

– Eh bien j'imagine que ça devait arriver, poursuivit Mr. Blake. Harrison, y a un endroit où on peut s'asseoir pour causer ?

Ne sachant toujours pas où son visiteur voulait en venir, mon père indiqua la grange d'un geste, à une distance convenable de notre cabane. Dès lors, on n'entendit plus ce qu'ils se disaient, mais on les vit s'installer sur des balles de foin, devant la porte. Les employés de Blake étaient restés en arrière avec les chevaux. Je serrais le fusil moins fort. C'est l'expression de ma mère que je me rappelle le mieux. Elle était absolument stupéfaite. Je suivis son regard.

Je n'entendais rien, mais papa discourait et faisait des gestes avec les bras. Ils bavardaient comme deux personnes normales – pas comme un Noir et un Blanc. En fait, ils riaient et parlaient beaucoup tous les deux. Je reposai le fusil à sa place habituelle contre le mur et je revins à la fenêtre.

Maman avait l'air de voir de la neige en plein mois de juillet. Moi non plus je n'avais jamais assisté à une chose pareille. Mr. Blake tendit des papiers à papa et il lui indiqua certains endroits du doigt. Ils discutèrent encore un moment et puis ils se serrèrent la main. Mr. Blake retourna vers ses chevaux et papa rentra à la maison. Il ne pouvait pas dissimuler son sourire. Dès qu'il eut ouvert la porte, maman demanda :

– Qu'est-ce qu'il voulait ? Qu'est-ce qu'il t'a raconté, cet homme ?

Papa secoua la tête.

– Tu ne vas pas me croire.

– Ça suffit, Harrison ! Essaie quand même de m'expliquer, tu veux ? Arrête de me faire languir, s'il te plaît !

Papa sourit de nouveau.

– D'accord. Tu vois ces papiers, là ? Ils disent que nous pouvons acheter les quarante hectares que Mr. Blake possède à côté de la propriété que McKenzie nous a vendue.

– Et comment va-t-on payer ?

– Il m'a proposé la même chose que McKenzie. On peut régler à tempérament et fixer nous-mêmes nos conditions de paiement. Il veut juste qu'on soit discrets pour que ses gens n'apprennent pas qu'il nous a si bien traités. Ça lui poserait des problèmes avec ses employés, tu vois ? Je pense que le pasteur pourrait nous lire tout ça et nous aider à noter les chiffres qui conviennent.

– Pourquoi fait-il ça ? demandai-je.

– Il a eu des tas d'ennuis avec cette propriété. En plus, il a beaucoup de terres autour de sa maison et il n'a plus envie de s'embêter. Mais j'ai l'impression que c'est juste une partie de la réponse.

– Moi aussi, murmura maman. Vu que son père avait des esclaves, et tout ça...

Papa haussa les épaules.

– Je ne sais pas. Peut-être que c'est la raison. J'imagine qu'il y a des bons et des mauvais Blancs, exactement comme chez les Noirs.

Un peu plus tard, le pasteur nous lut les papiers et il montra à papa où mettre son X pour signer. Notre petite ferme avait grandi. S'il nous était arrivé de manquer de travail, c'était terminé.

En fait, vous m'auriez demandé si c'était une bonne chose d'avoir une grande ferme, je n'aurais pas su quoi vous répondre... Le jour n'était jamais assez long pour nous permettre de mener à bien toutes nos tâches. Sur cette nouvelle terre, outre le coton, on cultiva des pommes de terre et divers tubercules, et aussi du maïs pour le bétail et pour notre consommation personnelle. Avec davantage de fourrage, on pensait pouvoir acheter quelques vaches laitières lorsqu'on aurait économisé assez avec la vente de notre sirop de canne.

Amener ce sirop à la ville était une bonne idée, mais cela signifiait traiter davantage de cannes. Parfois, il me semblait que je passais ma vie à couper des cannes. En général, je me débarrassais très tôt des travaux à la ferme pour pouvoir être aux champs dès le lever du jour. Quelques minutes à jouer de ma vieille machette et mon corps oubliait la fraîcheur du petit matin. Je me sentais bien. Je gardais un œil sur les serpents. Ils adoraient se lover au milieu des tiges et détestaient être dérangés. Alors je portais des bottes.

Le cordonnier les fabriquait avec des bouts en cuivre. Dès que le cuir était usé, on voyait briller le métal. Du coup, on surnommait ces bottes les « cuivrées ». Les gens les lui ramenaient quand elles devenaient trop petites. Il changeait les talons et les bouts. On pouvait acheter une vieille paire qui nous allait. Il nous les vendait pour trois fois rien.

Mais couper les cannes ce n'était que le début. Ensuite il fallait les écraser. J'attachais notre mulet à une longue barre fixée au broyeur. On travaillait ensemble. Toute la journée, l'animal tournait en rond pour faire avancer les roues dentées. Et moi, je mettais les cannes dans la machine en suivant le rythme de ma bête. Le jus coulait dans un tonneau par une rigole. On appelait ça le « sirop de canne ».

C'était un régal sur une bouillie de farine de maïs. Comme l'argent était rare, ce sirop était parfait aussi pour le troc. À l'épicerie-bazar, on pouvait en échanger un tonneau contre à peu près tout ce qu'on voulait : des clous, des cartouches et, si les affaires marchaient, des vêtements et ce genre de choses. On aurait même pu avoir de la farine si on en avait eu envie, mais en général on amenait notre maïs au moulin. Le propriétaire gardait la moitié de la farine et l'autre moitié était pour nous. J'imagine qu'il revendait ça à des fermiers dont la récolte n'avait pas été bonne.

Ainsi, on ne manquait jamais de rien. Les journées étaient chaudes et les nuits tièdes. Et quand il pleuvait, notre vie ne pouvait pas être meilleure ! Je ne crois pas avoir jamais vu mon père inquiet. Pourtant, il observait les nuages, surtout au moment de la plantation du maïs. Il guidait la charrue et moi je le suivais pour enterrer les grains dans les sillons. Parfois, il n'y avait pas un seul nuage en vue. La terre était sèche et les sabots de notre mulet soulevaient la poussière. Papa regardait le ciel et disait :

– Il nous faudrait un peu de pluie... Si Vous pouviez nous en envoyer, nous Vous en serions des plus reconnaissants.

Le plus souvent il semblait que Dieu nous écoutait, car en général les pluies arrivaient au moment où nous en avions besoin. Aussi, il y avait toujours du pain de maïs sur notre table. Mais c'était le maïs bouilli que j'aimais le plus. On mettait les épis dans de l'eau chaude, puis on détachait les grains. On mangeait du maïs frais qu'on ramassait au fur et à mesure de nos besoins. Mais on en rentrait toujours une bonne quantité pour le mulet et les cochons, sans oublier les semences de l'année suivante.

On sema du coton sur d'autres parcelles. Cette plante-là ne craint pas les sols pauvres. Mais on découvrit qu'on ne pouvait pas faire face à une plus grosse production. Mes grand-mères le nettoyaient, le filaient et le tissaient. Étant donné que j'avais davantage de travail à la ferme, je ne pouvais plus les aider comme avant. Pourtant, je venais toujours leur donner un coup de main pour la teinture.

Pour ça, on avait un vieux tonneau qu'on remplissait d'eau et d'écorce de chêne. On mettait l'eau, puis on allait ramasser l'écorce. Ensuite, c'était moi qui jetais les morceaux dans l'eau jusqu'à ce que grand-mère Charity me fasse signe d'arrêter. On laissait macérer le coton deux ou trois jours. Grand-mère connaissait la quantité d'écorce nécessaire et le temps exact de trempage. Elle n'avait pas de recette, mais elle m'a appris son secret, et je pourrais recommencer aujourd'hui sans problème. Le drap blanc ressortait de là-dedans avec une belle couleur brun-rouge.

Deux printemps après ce second achat de terre, on échangea notre sirop de canne contre deux vaches laitières. Bien sûr, il fallut cultiver davantage de maïs pour les nourrir. Mais il n'y a rien de meilleur que le lait cru. Je n'en trouve plus dans les magasins aujourd'hui. Traire les vaches fit désormais partie de mes tâches matinales avant d'aller aux champs.

J'ai toujours aimé partir très tôt, à cause de la chaleur, et particulièrement à l'époque de la récolte du coton. Au début, ce n'était jamais trop dur, mais quand mon sac commençait à se remplir, il était lourd. Et bientôt c'était un vrai fardeau à charrier. Je ne sais pas pourquoi, mais le temps semblait toujours plus chaud à l'époque où l'on ramassait le coton.

Grâce aux nouvelles parcelles semées en coton, on put échanger au bout d'un an ou deux une partie de notre production contre quelques têtes de bétail. On laissa certaines terres en pâturage pour ces bêtes-là. On espérait avoir de la viande pour la famille et aussi pour la vente. Papa disait que c'était une bonne idée. Sauf que les choses ne se passèrent pas comme on l'espérait. Juste au moment où tout semblait aller bien, il y eut une nouvelle sécheresse. Notre étang puis le ruisseau disparurent. Papa n'était pas très inquiet. Moi aussi j'avais déjà vu ça auparavant. Mais un jour que nous étions dans les champs ensemble, il me dit :

– Regarde ça, George.

Il ramassa une touffe d'herbe. Tous nos pâturages étaient marron depuis longtemps, mais c'étaient les racines qu'il examinait à présent.

– Tu vois comme elles sont sèches ? poursuivit-il. (Je les touchai et sentis la terre qui s'en détachait.) Elles sont trop sèches pour retenir l'eau. Bientôt, même s'il pleut, ce sera trop tard.

L'été passa sans une goutte d'eau supplémentaire. Comme tout le monde, on abattit les bêtes plus tôt que de coutume. Oncle Henry, venu nous aider, déclara :

– C'est toujours mieux que rien, et il faut remercier le Seigneur pour ça.

Papa acquiesça d'un signe de tête, sauf que pour la première fois j'eus l'impression qu'il avait perdu courage.

À l'automne, on fit quelques récoltes, mais toutes furent maigres à cause du manque de pluie. Papa et moi, on déterrait nos dernières pommes de terre quand il murmura soudain :

– Laisse ta fourche, fils. On se repose un moment.

J'obéis. Il ne trouvait pas les mots pour exprimer ce qu'il avait à dire. On était assis contre un gros tas de pommes de terre. J'attendis. On regardait ce qui nous restait à ramasser. Papa reprit finalement :

– Même la récolte de pommes de terre est mauvaise cette année.

– Pas assez de pluie ? demandai-je.

– Ouais. On dirait que ça a tout abîmé. Il y a des années où certaines récoltes sont faibles et d'autres non. Mais cette année tout est mauvais.

Je hochai la tête et murmurai :

– Je pense que je peux travailler davantage...

– Non, c'est pas ça, fils. Tu abats déjà une sacrée besogne. Non, je crois qu'il faut qu'on cause tous les deux.

J'avais toujours voulu que papa me parle comme à un homme, mais là, tout à coup, je ne me sentais pas si bien que ça.

– Comme j'ai dit, poursuivit-il, les récoltes sont maigres, mais les prix aussi.

– Et pourquoi donc ?

– Je n'en sais rien. D'habitude, quand la récolte est mauvaise, les prix montent. La seule chose qui semble ne pas avoir bougé aujourd'hui, c'est nos mensualités de remboursement. (Il eut un petit rire.) On va avoir besoin de ton aide.

– Papa, tu sais bien que ce n'est pas un problème.

– Je le sais, George. Voilà où on en est. J'ai discuté avec Mr. Little, au moulin, il y a deux semaines. Il a entendu dire que tu es costaud et que tu es capable de faire le travail d'un homme. (Je me sentis très fier quand papa ajouta :) Il est d'accord avec ça, et moi aussi. Il m'a assuré que si je t'autorisais à travailler chez lui, il aurait toujours de quoi t'occuper.

– Ça serait bien, papa. J'ai déjà été employé chez les Barker et les McCready.

– Oui, je sais, mais cette fois c'est différent. Les Little habitent trop loin pour que tu fasses l'aller-retour à pied deux fois par jour. Il faudra que tu loges chez eux. Il m'enverra ta paye tous les mois, et une bouche en moins à nourrir, ici, ça aidera aussi notre famille. Je pense que ce ne sera pas très long. Juste le temps que les choses s'arrangent pour nous.

– J'ai douze ans, répondis-je avec fierté. Je peux faire ça. Je peux travailler dur et soutenir notre famille.

Papa me regarda droit dans les yeux. Il déglutit avec difficulté, mais il n'ajouta rien.

CHAPITRE V

J'ai grandi à Marshall, mais depuis que j'ai quitté cette ville je n'ai guère eu de raison d'y retourner. Tous mes amis de l'époque sont morts. La ferme est toujours là, mais je suis la seule personne encore vivante qui puisse se souvenir d'y avoir vécu.

Je n'ai jamais eu très envie d'y refaire un saut, mais ces temps-ci j'ai beaucoup parlé de ma vie à Marshall avec cet homme qui vient régulièrement me voir. Il s'appelle Richard, il me pose des tas de questions, il pense qu'il veut écrire un livre. Il arrive avec son magnétophone, on s'assoit et on parle toute la journée.

Il est différent de toutes les autres personnes que je connais, et pas parce qu'il est blanc ou plus jeune que moi. La plupart des gens que je fréquente ne lisent pas autant et n'ont pas une telle érudition. Richard est différent pour cette raison. Il lit des tas de livres et il connaît des choses dont je n'ai jamais entendu parler. Et en même temps, malgré tous ses bouquins, il ne connaissait pas les tripes frites et il a fallu que je lui donne la recette. Et il ne savait pas comment tuer un cochon ! Ça aussi, j'ai dû le lui expliquer. Et donc, d'un certain côté, je sais certaines choses qu'il ignore.

Depuis quelque temps, beaucoup de gens viennent m'interviewer. Tous veulent savoir ce que je mange et ce que je fais pour rester en bonne santé. J'avoue que j'ai toujours fait ce que je voulais et que je n'y ai jamais beaucoup réfléchi. Et voilà que maintenant ces personnes sont là à me demander pourquoi, à cent deux ans, je marche très bien sans canne, je mange ce qui me plaît, j'ai toutes mes dents et ma mémoire est intacte... Un gamin m'a même écrit pour me dire qu'il était heureux que mon cerveau fonctionne encore. Bon, moi aussi j'en suis heureux, mais tout le monde s'en étonne si souvent que je commence à douter !

Je disais donc que Richard, cet écrivain, lisait énormément de livres. Alors, un soir, je l'ai interrogé à mon tour. Je n'ai jamais passé beaucoup de temps à philosopher et tout ça, mais un truc me tracassait :

– Pourquoi suis-je toujours vivant ? Et en bonne santé, en plus ? Et après toutes ces années, pourquoi le monde entier veut-il soudain entendre ce que j'ai à dire ?

Richard fut incapable de me répondre. J'ai éclaté de rire, je l'ai taquiné un moment, puis j'ai ajouté :

– Quand vous, vous *me* posez des questions, j'ai toujours une réponse pour *vous*. Réfléchissez-y un peu, et s'il vous vient une idée là-dessus ou si vous en trouvez une dans un de vos bouquins, prévenez-moi.

À mon avis, avoir lu tous ces livres ça doit tout de même l'avantager quand on regarde *Jeopardy !* * à la télévision.

Il ne cherche pas à m'aider, à la différence de la plupart des gens lorsqu'ils apprennent que j'ai plus de cent ans. Un jour, il cuisine. Le lendemain, c'est moi.

* Célèbre jeu télévisé américain où l'animateur donne une réponse. C'est la question correspondante que le candidat doit trouver. *(N.d.T.)*

Ensuite, on joue aux dominos et celui qui perd fait la vaisselle. Certains soirs on suit *Jeopardy !* et d'autres fois on se contente de discuter. C'est à cause de ça que j'ai repensé à Marshall. Un jour, une des énigmes proposées par l'animateur de *Jeopardy !* fut :

– Le journal qui a pour devise : « Toutes les nouvelles qui méritent d'être imprimées. »

Richard répondit juste :

– Qu'est-ce que le *New York Times* ?

Je l'avoue, il m'avait eu sur celle-là. Mais ce n'est pas tout. Il était si excité, soudain, qu'il fit tomber son pain de maïs de son assiette.

– Du calme ! lui dis-je. Je n'ai pas de chien pour nettoyer le tapis...

– Et le journal de Marshall ? demanda-t-il soudain.

– Quoi, le journal de Marshall ?

– Il en existait un, là-bas, dans votre jeunesse ?

– Pardi ! Marshall avait son propre journal. À l'époque, il paraissait une fois par semaine.

– On devrait y aller et lire quelques-uns de ces vieux numéros pour voir à quoi la ville ressemblait.

Bon, j'ai grandi là-bas. Et donc je savais déjà à quoi Marshall ressemblait ! Je n'avais pas besoin de la revoir pour ça. Et pourtant, le lendemain, je me suis retrouvé dans un fourgon avec Richard, mon fils George Jr. et sa femme, Sallie. Il était tôt le matin, et nous partions pour la journée. Nous avions quitté la maison depuis peu quand je remarquai le ciel devant nous.

– Il vaudrait mieux qu'on rentre, dis-je.

– Pourquoi ? demanda Richard.

– Vous voyez ce nuage, là ? C'est un cumulus bourgeonnant. On va avoir un gros orage.

– Il est tout seul, ton nuage, dit Sallie en rigolant. La météo annonce dix pour cent de chances de pluie. Je viens juste d'entendre le bulletin.

– Je vois le temps depuis un siècle, répliquai-je. Je sais ce que je vois.

Aujourd'hui les gens allument la télévision pour savoir le temps qu'il fait, alors qu'il leur suffirait d'ouvrir la fenêtre et de mettre le nez dehors ! On prit l'autoroute. Cinq minutes plus tard, les premières gouttes s'abattirent sur le pare-brise.

– C'est juste une averse. Ça va passer, annonça Junior.

Richard continua de conduire. Au bout de cinq autres minutes, on mit les phares pour y voir un peu mieux. Le trafic s'était presque interrompu à cause de la violence de la pluie. Encore cinq minutes et on fut forcés de quitter l'autoroute. On se réfugia dans un restaurant et on attendit plus d'une heure avant de pouvoir rentrer à la maison. On n'était pas très loin, mais il fallut faire plusieurs détours parce que certaines rues étaient inondées...

Toutes ces années, et je n'avais jamais lu un journal de Marshall ! L'idée me trotta dans la tête toute la journée. Le lendemain, les rues étaient de nouveau praticables et on repartit – juste Richard et moi, cette fois. Arrivé là-bas, je vis tout de suite que les choses avaient changé. Alors que je pénétrais dans les bureaux du journal, quelqu'un m'accueillit avec un :

– Monsieur !

Ce n'était pas le Marshall que je connaissais. Et il ne s'agissait pas seulement d'une question de langage. Ces gens voulaient vraiment nous aider. Un moment plus tard, ils revinrent avec une montagne de vieux numéros. Les plus anciens dataient de 1908.

J'ai passé toute ma jeunesse à Marshall, mais j'ai toujours habité à l'extérieur de la ville. Je ne savais pas lire et je n'ai jamais ouvert un journal. Mais j'écoutais lorsque les gens me racontaient les nouvelles. En ce temps-là, les événements semblaient toujours avoir deux versions, celle des Blancs et celle des Noirs. Or je m'aperçus qu'aucune des informations qu'on venait de nous apporter ne concernait le Marshall que je connaissais. Sur toutes les photos, à la caserne des pompiers, à l'école, à l'association des agriculteurs, au rodéo, il n'y avait que des Blancs. J'avais travaillé très dur pour apprendre à lire et je découvrais des mensonges, rien que des mensonges ! J'en eus les larmes aux yeux.

– Qu'est-ce qu'il y a ? demanda Richard.

J'étais incapable de prononcer un mot. Je lui tendis simplement le journal.

PARKER AVERTIT LES MEMBRES DU KLAN
DE NE PAS MENACER LES TÉMOINS DE L'ÉTAT

Des troupes ont pris position dans le comté de Parish en raison de l'enquête de l'État sur les activités d'individus cagoulés et masqués. [...] On a appris de source sûre que si n'importe lequel des témoins de l'État était menacé d'une quelconque façon [...] la loi martiale pourrait être décrétée immédiatement. [...] Dans les comtés du sud de New York, on cherche Harold Teegerstron pour l'entendre comme témoin [dans l'enquête sur les bandes cagoulées].

AUGMENTATION DE LA RÉCOMPENSE
CONCERNANT LE MEURTRE DE WACO.
LE K.K.K. AJOUTE DEUX CENT CINQUANTE DOLLARS

Waco, 24 janvier. [...] La récompense offerte pour l'arrestation et la condamnation des personnes impliquées dans le double meurtre (Holt et Denecamp) et dans le mystère des meurtres de Skipworth et Holton n'a pas cessé de grossir cette nuit. Plusieurs citoyens ont contribué à cette collecte, et en outre le K.K.K. local a écrit au maire Richards pour lui proposer d'y ajouter deux cent cinquante dollars. [J.T. Williams et son fils Gilbert] ont témoigné à l'audience d'habeas corpus d'Ivory Clay, un nègre accusé du meurtre.

The Marshall Morning News,
25 janvier 1923.

Je n'avais jamais vraiment parlé du Klan et de ce genre de choses avec un Blanc. Je surveillai donc la réaction de Richard. Une expression étrange passa sur son visage pendant qu'il lisait. Il s'interrompit et m'observa. Je lui rendis son regard sans rien dire. Il se remit à lire. Quand il eut terminé, il demanda :

– Le Klan était important ?

– On ne les voyait pas tous les jours, mais on sentait leur présence tout le temps. On savait qu'ils étaient là. Ils faisaient exactement ce qu'ils voulaient, et personne ne réagissait. Ils pouvaient se livrer aux pires exactions, aucun d'eux n'était jamais puni. S'ils n'avaient pas envie qu'un témoin parle, eh bien il ne parlait pas.

– Pourquoi ont-ils offert une récompense, alors ?

– Je me souviens de cette affaire. Ils pensaient pouvoir prouver que le meurtrier était un Noir, même si beaucoup de gens estimaient que l'accusé était victime d'une machination. Donc, ils ont donné de l'argent. Mais quand c'était un Noir qui était tué, tout le monde s'en fichait.

– Comme lorsqu'ils ont lynché Pete ?

– Ouais. Et je ne trouve même pas cette histoire dans le journal ! Personne n'évoquait jamais ces choses-là. Je pense qu'aujourd'hui je suis le seul homme vivant qui connaisse la vérité sur Pete Spillman.

On s'observa un instant en silence, puis j'ajoutai :

– Et je crois bien que ceci répond à ma question.

– Quelle question ?

Ce Richard ! Parfois, j'aurais voulu savoir à quoi lui servaient toutes ses connaissances !

– La question que j'ai en tête depuis un moment et à laquelle vous étiez censé répondre l'autre jour...

– Ah, oui... grommela-t-il. Celle-là.

– Pourquoi suis-je toujours sur cette terre ? J'ai bien l'impression qu'il va falloir que je vous le dise moi-même !

D'un hochement de tête, il me fit signe de continuer.

– Je suis un témoin de la vérité. C'est pour ça que je suis encore vivant. Je ne peux pas emporter la vérité dans ma tombe. Et voilà pourquoi vous êtes là vous aussi : pour m'aider à raconter la vraie histoire avant que je m'en aille.

Il n'y avait rien d'autre à ajouter. Et on resta assis là jusqu'à ce que la dame du journal vienne nous demander si nous avions trouvé ce que nous cherchions.

– On approche, dis-je.

– Vous reviendrez, alors.

– Merci. C'est possible.

Marshall a pas mal changé, mais la vérité est toujours cachée. À présent, je vois que le simple fait de raconter ce qui se passait vraiment à cette époque pourrait peut-être aider les lecteurs d'aujourd'hui. Corriger quelques malentendus et permettre aux gens de se connaître mieux. Personnellement, j'ai plutôt tendance à croire que j'ai eu une bonne vie, mais même si je le voulais je ne pourrais pas transformer la vérité. Elle est, c'est tout.

Quand j'avais douze ans, en revanche, il n'y avait aucun malentendu sur notre situation. Tout était très clair. Je me souviens de maman quand elle me tendit un sac avec du pain de maïs et du lard. Au moment où elle me serra contre elle, elle murmura :

– Mon Dieu, je m'étais promis de ne pas pleurer, mais comment faire autrement pour une mère ?

J'embrassai les petits, puis papa s'éclaircit la gorge :

– Mr. Little nous attend cet après-midi, et vu qu'il t'offre un travail et même un endroit où habiter, ce ne serait pas correct d'être en retard.

Je grimpai à côté de lui dans le chariot en faisant de mon mieux pour ne pas fondre en larmes. Le bébé était déjà endormi dans les bras de ma mère, mais Johnny et Odessa étaient à côté d'elle et ils nous regardèrent jusqu'à ce qu'on soit hors de vue. Je ne savais pas quand je reviendrais, mais à peine avait-on passé la côte qu'ils me manquaient déjà, eux tous et aussi notre ferme.

Les autres fois, partir seul avec papa était toujours un moment privilégié car cela ne se produisait pas très souvent. Mais ce jour-là, ce fut différent. Je fis de mon mieux pour que mon père ne croie pas que je souffrais de m'en aller. Des années plus tard, je compris que papa s'était efforcé de faire bonne figure lui aussi – dans mon intérêt.

Il parla plus que d'habitude, juste pour qu'on tienne le coup tous les deux.

– D'ici un mois ou deux, ton oncle Henry et ta tante Mary auront un autre bébé. Ta mère va aller leur donner un coup de main pour l'accouchement et elle restera quelques jours pour les aider. Je crois que c'est leur huitième gosse. C'est quoi, ça ? On dirait bien que mon petit frère va avoir plus d'enfants que moi !

Je sais que papa essayait seulement de passer le temps, mais il ne réussissait qu'à me faire penser davantage à tout ce qui allait me manquer.

– Je me demande si ça sera une fille ou un garçon, dis-je. Si c'est une fille, ils seront à égalité, quatre filles, quatre garçons.

– C'est vrai, répondit mon père. Mais avec un autre garçon, ils pourraient s'en sortir mieux. Henry a vraiment besoin de bras supplémentaires.

J'acquiesçai d'un signe de tête. Aujourd'hui, huit enfants ça paraît beaucoup pour la plupart des gens. Mais en ce temps-là c'était commun. Il fallait une grande famille pour exploiter une ferme. En outre, la plupart des couples que je connaissais en perdaient un certain nombre. Dieu venait et les emportait tôt. Quand ils étaient petits, les gamins attrapaient la fièvre ou, en cas d'hiver pluvieux, la coqueluche. Personne ne pouvait s'offrir le luxe d'appeler le docteur, si bien qu'ils survivaient – ou pas. Quelquefois, Dieu exauçait les prières, mais le plus souvent il avait d'autres plans. Donc, comme on ne savait pas de quoi demain serait fait, une grande famille, c'était une bénédiction. J'étais ravi pour mon oncle et ma tante.

Comme leur ferme n'était qu'à une heure de chez nous en chariot, on se voyait souvent. J'adorais ces moments-là. Je n'avais plus tellement l'occasion de jouer depuis que j'étais devenu trop grand pour fréquenter les fils Coal. On élevait des cochons dans nos deux fermes, et à l'époque de l'abattage on se retrouvait pour s'aider mutuellement. La plupart du temps, on avait déjà tué les cochons d'une balle et on les avait suspendus pour les vider de leur sang avant que Henry et sa famille arrivent pour nous donner un coup de main. Ou ils avaient fait la même chose quand c'était nous qui allions chez eux.

On plongeait les cochons dans l'eau bouillante pour gratter les peaux. Pour cela, il fallait être nombreux. Après ça, on n'avait plus besoin d'être beaucoup pour les vider. Papa et oncle Henry en ouvraient chacun un en même temps. Mes cousins et moi, on les aidait à sortir les entrailles. Aujourd'hui, la plupart des gens jettent tout ça. Mais nous, on récupérait le foie, les rognons, le cœur et des morceaux d'intestin, on en rinçait bien le sang, puis on donnait le tout à maman ou à tante Mary. Elles mettaient ces abats à bouillir jusqu'à ce qu'ils soient durs, puis elles les coupaient et les faisaient frire avec du lard dans une grande poêle. C'était ça, les « tripes frites ». Grand-mère Charity et sa mère Sylvie racontaient qu'au temps de l'esclavage elles n'avaient rien d'autre. Les jambons étaient toujours stockés dans le garde-manger de la grande maison, pour les maîtres. Si un esclave était surpris avec un jambon, ou même des os, il risquait de graves ennuis. Depuis l'émancipation, bien sûr, les choses s'étaient arrangées : les Noirs pouvaient avoir les tripes et les jambons ! Et puis on faisait sécher les peaux en les clouant sur la grange.

Heureusement, lors de ces réunions de famille, on ne passait pas tout notre temps à travailler. Une fois nos tâches terminées, mon frère Johnny, mes cousins et moi partions pêcher ou nous baigner. On a bien rigolé tous ensemble ! Et c'était le même programme à la ferme de mon oncle. Ils n'étaient pas aussi prospères que nous, pourtant. Chez nous, il y avait des vitres aux fenêtres. Notre grange était plus grande que la leur. Beaucoup de gens étaient dans leur cas, mais je ne dirais pas qu'ils étaient pauvres.

– Tu penses que leur ferme marchera mieux avec plus d'enfants dans les champs ? dis-je à papa.

– Ça aidera forcément ton oncle, mais ce n'est pas tout.

– Qu'est-ce que tu veux dire ?

– Eh bien, notre sol est très rocailleux et il a reçu plus que sa part d'argile. Mais il est encore cent fois meilleur que celui d'Henry. Au moins, notre terrain est pratiquement plat. Lui, quand il laboure, il doit franchir des collines ! Sa terre ne retient pas l'eau, et lorsqu'il pleut elle dévale dans les ravins et se contente de rincer les cultures. Il peut avoir une bonne récolte une année, mais il ne sait jamais pour la suivante. Après la guerre, Lincoln a eu la bonne idée de donner à chaque famille noire vingt hectares et un mulet. Mais personne n'a dit que cette terre devait être fertile. Beaucoup d'esclaves n'ont d'ailleurs jamais reçu ces vingt hectares et ce mulet qu'on leur avait promis. Oui, fils, tout le monde n'est pas aussi heureux que nous. C'est une bonne chose à ne pas oublier.

Nous approchions de la propriété de Mr. Little, et j'essayais de bien me mettre dans la tête ce que venait de me dire papa. Je ne sais pourquoi, cette idée me redonna un peu le moral. Je ne voulais pas non plus que papa souffre trop de notre séparation. Alors que nous arrivions en haut de la côte, au-dessus de chez les Little, je murmurai avec une gaieté feinte :

– La ferme a l'air jolie, et il paraît que Mr. Little est un homme gentil.

Papa sembla rassuré de m'entendre parler ainsi. Il me jeta un coup d'œil et me sourit.

– Exact, dit-il. Les gens du coin, qu'ils soient blancs ou Noirs, disent qu'il est très correct.

La colline qui dominait la ferme n'était pas très élevée. Une fois au sommet, papa tira sur les rênes et arrêta le mulet. On observa la vallée. Les Little avaient une vraie maison. Rien à voir avec notre cabane. Elle était grande, avec une partie à un étage, et même de jolies vérandas. Elle n'avait pas cet aspect ancien et usé par les intempéries de la plupart des habitations de la région. Elle était propre et passée à la chaux.

– Sacré boulot pour blanchir une maison de cette taille ! m'exclamai-je.

– J'imagine. Tu as vu la taille de cette grange ! Ce sont des gens prospères.

J'examinai la grange en question, mais quand j'entendis papa qui s'éclaircissait la gorge je me tournai vers lui.

– Fils, me dit-il alors, n'oublie jamais d'où tu viens. Tu grandiras et tu seras un homme aussi bon qu'un autre. Mais il y a les Blancs, et il y a les Noirs. Ils ne sont pas faits pour se mélanger, et quand c'est le cas ça n'apporte que des ennuis. C'est comme ça et ça ne changera jamais. Tu as la peau noire et tu devras toujours en tenir compte. Quand tu l'oublieras, si tu as des problèmes, tu l'auras bien cherché. Parfois, les problèmes arrivent tout seuls, alors essaie de ne pas t'en mettre plus que ta part sur le dos !

Je fis un signe de tête. C'était le genre de discours que chez les Noirs tous les pères faisaient à leurs fils. C'était une part de leur éducation. Papa ne jugea pas utile de me rappeler le sort de Pete. Il n'en avait pas besoin.

Quand on entra dans la cour, Mr. Little sortit de la grange et vint à notre rencontre. Papa arrêta le mulet et sauta à terre. Ils restèrent à côté du chariot. Je ne savais pas exactement quoi faire, si bien que je ne quittai pas mon siège. Je les voyais de dessus, et pourtant je me sentais tout petit. Je ne savais pas non plus si j'avais le droit d'écouter ce qu'ils disaient, mais je n'avais aucun moyen de l'éviter.

– Monsieur Little.

Papa hocha la tête et baissa les yeux. Il me tournait le dos. Il avait automatiquement retrouvé la façon de parler d'un Noir s'adressant à un Blanc.

Mr. Little hocha la tête à son tour, mais avec plus d'assurance.

– Le voyage s'est bien passé ?

– Oui, monsieur. Parfait.

– Bon. Et tout va bien, dans votre ferme ?

Personnellement, je ne pouvais pas m'empêcher de penser que tout n'allait pas aussi bien que ça.

Sinon, je ne me serais pas retrouvé ici juste pour que ma famille ait davantage à manger. Mais papa répondit :

– Oh, oui, monsieur.

C'était ce qu'il était censé dire.

– Content de l'apprendre. J'ai compris que votre garçon était un bon travailleur. Vous viendrez chercher son salaire à la fin de chaque mois.

– C'est d'accord, monsieur.

Puis ils parlèrent affaires. Je ne connaissais pas bien les chiffres, mais il me sembla comprendre que je serais payé un dollar quinze ou un dollar cinquante par semaine. En plus on me nourrirait. J'avais conscience qu'ils parlaient de moi. Et donc, pour ne pas les gêner, je restais parfaitement immobile comme pour me fondre dans le bois du chariot. Je regardais ce qui m'entourait puisque j'allais vivre ici... Je vis des Blancs – et seulement des Blancs. Comme c'était courant à l'époque, la famille Little comptait plusieurs générations. Il me faudrait donc m'habituer à bon nombre de personnes – et cela me prit en effet un certain temps. Pour le moment, seul Mr. Little ne m'était pas inconnu. Je l'avais rencontré quelquefois quand nous apportions notre maïs au moulin. Son fils nous rejoignit.

– Je pense que je pourrais sortir les vaches du pâturage sud et les remettre avec le gros du troupeau, dit-il.

– Ouais, bonne idée. Mais que je te présente Harrison. (Il ajouta à l'intention de papa :) Voici mon fils Harold. Il vit ici avec sa femme Barbara et leurs enfants, Jacob, Ashley et Johnny.

Mon père et Harold se saluèrent d'un signe de tête. Puis Mr. Little me montra du doigt et dit :

– C'est George, le garçon d'Harrison. Il va travailler ici comme ouvrier agricole. Pourquoi ne l'emmènerais-tu pas avec toi pour qu'il s'installe ? Il peut prendre la remise derrière la maison. Je pense qu'il vaudrait mieux que vous repartiez tôt, Harrison. L'après-midi avance.

Tout le monde comprit ce qu'il voulait dire. Dans la journée, les routes étaient sûres, mais dès la nuit tombée le Klan écumait la région. Je sautai à terre et attrapai un sac de grosse toile qui contenait quelques affaires. Papa fit le tour du chariot et me serra la main.

– Tiens-toi bien, fils. Je repasserai vers la fin du mois.

Devant les Little, il ne nous restait pas grand-chose à nous dire. J'étais heureux qu'on ait déjà parlé tous les deux avant d'arriver à la ferme. Je me retournai et suivis Harold.

La remise était à une quinzaine de mètres de la maison. La journée était chaude, mais quand on ouvrit la porte un souffle d'air encore plus brûlant nous enveloppa. Le bâtiment était en plein soleil et n'avait aucune fenêtre. Il n'y avait pas de meubles non plus, excepté une plate-forme en bois avec un matelas bourré d'enveloppes d'épis de maïs. La pièce n'était pas très grande. Je dus me pencher pour entrer et posai mon sac devant le lit. Puis Harold me fit signe et on partit vers les pâturages.

– Tu as déjà travaillé avec des vaches, mon garçon ?

– Oui, monsieur.

– Et sur les clôtures ?

– Oui, monsieur.

– Bien. C'est ce que nous faisons ici, plus les récoltes, les cochons, ce genre de choses.

On ouvrit la barrière et les vaches nous suivirent.

– Je ferai ce que vous voulez, promis-je.

– Parfait. (On s'était arrêtés. Il ajouta :) Et si tu commençais par nettoyer l'écurie ? Demain, je te montrerai les tâches dont tu devras te charger chaque jour.

On entra dans l'écurie. Je regardai autour de moi. Ce n'était pas compliqué : il fallait sortir le fumier, l'ajouter au tas qui était dehors, remettre de la paille propre.

Harold s'étira et demanda :

– Des questions ?

– Non, monsieur. Je pense que j'ai compris.

– Bien, bien. Tu entendras la cloche du souper dans quelques heures. À ce moment-là, va te laver au puits. Ensuite, viens à la maison en passant par la porte de derrière.

CHAPITRE VI

Entre 1882 et 1901, on lyncha près de deux mille Noirs. Dès 1910, dans tous les États du Sud, ils furent soumis à un système dégradant de ségrégation totale. Les lois Jim Crow [du nom d'un *minstrel* * dans une chanson populaire] obligèrent les Noirs à utiliser des toilettes, des fontaines, des restaurants, des salles d'attente, des piscines, des bibliothèques et des sièges d'autobus séparés. La Cour suprême des États-Unis approuva ces lois ségrégationnistes en 1896, dans l'affaire Plessy contre Ferguson.

Sarah Bullard, *Free at Last.*

En 1910, je n'étais pas concerné par la question du vote et je ne savais rien de ce qui se passait. J'avais douze ans et je commençais à travailler chez les Little. Tout le temps où je suis resté chez eux, je ne suis jamais entré dans leur maison par la porte de devant. Mais ils me traitaient bien et je n'avais aucune raison de me plaindre de quoi que ce soit. Ils me nourrissaient régulièrement comme ils l'avaient

* Ces artistes populaires blancs déguisés en Noirs chantaient des ballades folkloriques dans le sud des États-Unis au XIXe siècle. *(N.d.T.)*

promis à papa. La porte de derrière donnait sur la cuisine, et c'était là que je mangeais.

Ce premier soir, et tous les autres jours qui suivirent, les Little laissèrent une assiette pour moi sur la table. Eux, ils prenaient leurs repas dans la salle à manger contiguë à la cuisine. Je notai immédiatement qu'ils consommaient plus de viande que chez nous, mais leurs petits pains n'étaient pas aussi bons que ceux de ma mère. Ils avaient aussi de la bouillie de maïs. En fait, leur alimentation ressemblait beaucoup à la nôtre.

Après le dîner, Jacob Little me montra comment rentrer les vaches à l'étable. Si le temps était beau, on les laissait dehors, et dans ce cas il fallait vérifier les clôtures. Jacob était plus jeune que moi, mais dans cette ferme tout le monde pouvait me donner des ordres. Il était entendu que je devais lui obéir, à lui comme aux autres.

Ensuite, il ne me fallut pas longtemps pour m'installer dans ma remise. Dans mon sac j'avais deux paires de chaussettes, une chemise et un pantalon de rechange. Je sortis la balle de base-ball que Pete m'avait donnée trois ans plus tôt. Je la posai sur la planche fixée au mur à la tête de mon lit.

L'endroit était vraiment petit, cinq pas dans un sens et seulement deux entre le bord du lit et l'autre mur. Ils m'avaient fourni aussi une couverture. Elle n'était pas épaisse, mais elle était propre et sans punaises. J'avais travaillé jusqu'à la nuit, et pourtant, quand je me couchai, j'eus du mal à trouver le sommeil. J'avais douze ans, mais je n'avais jamais été aussi seul de toute ma vie. Dans notre cabane, je partageais mon lit avec mes frères et sœurs, et quand je rendais visite à Mama et Papa Coal ils me mettaient dans celui des petits. On était serrés, mais c'était chaud et douillet, et j'avais l'impression de dormir au milieu d'une portée de chiots. Je n'avais rien à reprocher aux Little. Ils étaient bien intentionnés. Cette histoire de lit, je ne sais pas si c'était une différence entre les Blancs et les Noirs ou entre la façon de vivre des riches et celle des pauvres. Mais à cet instant j'aurais donné n'importe quoi pour avoir mes frères et sœurs endormis à mes côtés.

Je repensai soudain aux petits pains de maman. Ça n'aurait pas posé de problème dans la journée, pendant que je travaillais. Mais là, tout seul dans cette remise, ce souvenir me fit pleurer. Ceux de Mrs. Little étaient bons, mais pas autant que ceux de ma mère. Je voulais être fort, mais je ne pus m'empêcher de sangloter. J'avais juste besoin que papa ou maman me dise que tout allait bien, ou même simplement qu'un des petits me demande :

– Qu'est-ce qui se passe, George ?

Juste quelqu'un qui se préoccupe de moi. Des gens avec qui j'aurais pu parler sans danger, des gens qui m'auraient ressemblé. Mais papa m'avait averti que les Noirs payaient toujours quand ils étaient trop proches des Blancs. Je savais que ce n'était pas bien de réagir ainsi. Pour la première fois de ma vie je m'apitoyais sur mon sort.

Il n'y avait aucune fenêtre, mais le vent pénétrait par les interstices des planches. Quand il se calmait, j'entendais hurler les coyotes. Chez nous aussi, la nuit, il rôdaient dans les parages. Mais j'étais pelotonné dans mon lit contre mes frères et sœurs et ça ne m'inquiétait pas. Chez les Little, je savais que je n'avais rien à craindre. Pourtant, les cris des coyotes ajoutaient à ma solitude. J'avais bien conscience que lorsqu'on avait assez d'argent on n'était pas obligé de partager le lit de quelqu'un et que, donc, j'aurais dû être heureux dans mon nouveau foyer. Cependant, cette première nuit, je me suis mis à trembler sous ma couverture et j'ai pleuré jusqu'à ce que je m'endorme enfin.

Le lendemain matin, ça allait mieux. Ne sachant pas ce qu'on attendait de moi, j'étais à l'arrière de la grande maison avant l'aube. Quelqu'un avait allumé une lanterne dans la cuisine, mais je restai dehors, estimant que c'était plus prudent de ma part. Jacob fut le premier à sortir. J'aurais juré qu'il m'avait oublié. Au contraire, il me fit un signe de tête et me lança :

– Viens avec moi que je te montre le poulailler !

C'était plus grand que chez nous, mais une fois à l'intérieur l'endroit me parut familier. On ramassa des œufs, et avant de retourner à la cuisine on s'arrêta un moment au puits. La femme d'Harold, Barbara, et Mrs. Little préparaient le petit déjeuner. Il était copieux : toasts et bouillies d'avoine et de maïs. Du lait aussi. Et il y avait du café. J'aimais son odeur, mais je n'en buvais pas.

J'entrai derrière Jacob, et j'attendis. La veille au soir, j'avais mangé tout seul dans cette cuisine pendant que la famille Little dînait dans la pièce d'à côté. Ce matin, en revanche, je compris qu'ils allaient prendre leur petit déjeuner ici même. Si j'avais été un employé blanc, je le savais, j'aurais pu tout simplement m'asseoir à la table. Mais j'étais noir et je n'avais aucune idée de la façon dont je devais me conduire. Je ne voulais pas rester là, dans leurs jambes, au beau milieu de la pièce. Je me sentis soudain vraiment mal à l'aise. Mais ça pouvait être pire si je prenais une initiative. Il était plus sage de patienter. Ce que je fis. Ça dura une éternité, me sembla-t-il. Et puis Mrs. Little me tendit une assiette et un verre de lait en me disant :

– Mon garçon, tu peux te prendre une chaise et t'installer au buffet.

Aujourd'hui, on appelle ça un comptoir. La nourriture était bonne, mais je n'avais jamais mangé dans la même pièce que des Blancs. Je fis très attention à me tenir comme mes parents me l'avaient appris. Les Little m'avaient bien traité, mais j'étais le seul Noir dans cette cuisine et je ne voulais surtout pas qu'ils aient une mauvaise impression de moi. Je pris mon assiette et mangeai en silence. C'était tout ce qu'on me demandait.

D'autres Blancs arrivèrent. J'étais toujours dans mon coin. J'ignorais s'il était convenable d'écouter leurs conversations, mais comment faire autrement ? Même si j'étais assis un peu à l'écart, on était les uns sur les autres. La veille, je n'avais pas été présenté à tout le monde. Au fur et à mesure que ces Blancs entraient et prenaient place à table, j'apprenais leurs noms.

Barbara s'était installée à côté d'un bébé dans une chaise haute. Elle lui donnait de la bouillie de maïs à la petite cuillère, dont une bonne part, me semblait-il, finissait par lui barbouiller le visage.

– Allez, Johnny, encore un peu, sinon tu auras faim tout à l'heure.

Chez nous, on n'avait pas besoin de nous supplier de manger. On partageait ce qu'on avait, et on savait qu'il ne fallait pas gaspiller. Mais je fus ravi, car mon plus jeune frère s'appelait Johnny aussi. Allez savoir pourquoi, je me sentis tout de suite mieux.

– Ashley, tu peux mettre du sirop de canne sur ton maïs.

J'avais remarqué cette fillette la veille au soir. Elle avait les cheveux roux et des taches de rousseur sur le nez. On devait avoir à peu près le même âge. Mais c'était la première fois que j'entendais son nom. Moi aussi, j'aurais bien voulu un peu de sirop pour ma bouillie de maïs, mais comme personne ne me le proposa je ne dis rien.

Ils déjeunèrent en silence. Et puis Mr. Little hocha la tête et ils repoussèrent leurs assiettes et se levèrent. Il faisait toujours nuit, mais Harold dit :

– Il se fait tard. Ça serait bien de vérifier les clôtures aujourd'hui avant de changer les vaches de pâturage.

J'avais été très attentif à ce qui se passait autour de moi pour ne pas faire de faux pas, et je me levai en même temps qu'eux. Mr. Little me fit signe. Je voulais qu'il puisse constater avec satisfaction que j'étais prêt à me mettre au travail. Si c'était le cas, il ne le manifesta pas. Il se contenta d'un simple :

– Suis-moi.

Dehors, tout le monde se sépara pour vaquer aux diverses tâches.

– Je vais t'expliquer ton travail, me dit Mr. Little. J'espère que tu vas bien m'écouter et réfléchir pour que je ne perde pas de temps à te répéter tous les jours la même chose.

Là-dessus, il me regarda et j'imaginai que j'étais censé lui répondre.

– Oui, monsieur, ce serait bien.

Il hocha la tête :

– On verra.

Je compris qu'il doutait de mon intelligence et je décidai de lui prouver le contraire – mais sans lui manquer de respect. On visita la ferme et je fus rassuré, car c'était exactement comme chez nous. J'avais déjà vu le poulailler. L'écurie était grande, mais tous les chevaux se ressemblent. Il m'expliqua comment il voulait qu'ils soient logés et pansés. Ils possédaient aussi des vaches. Nous, à la maison, nous en avions encore une, et ce travail n'était donc pas nouveau pour moi.

Il me fallut aussi retendre les barbelés et remplacer les poteaux qui pourrissaient. J'avais l'impression qu'on passait notre temps à vérifier et à réparer les clôtures. Chaque matin, après avoir nourri les poules et ramassé les œufs, je devais traire les vaches. Il y en avait beaucoup, mais ça ne me dérangeait pas car j'ai toujours aimé travailler. Ils consommaient une partie de leur lait, ils faisaient aussi de la crème et du beurre. Et un homme emmenait le reste en chariot pour le vendre à la ville.

Ensuite, dans la journée, je faisais ce qu'on me demandait. Certains jours, il me semblait que je passerais le reste de mon existence à creuser des trous et à fendre des arbres pour réparer les clôtures. J'avais l'impression qu'on me confiait les travaux dont personne d'autre ne voulait. Mais je faisais toujours de mon mieux et je ne donnais à mes employeurs aucune raison de se plaindre – papa aurait été fier de moi.

J'avais davantage de tâches chaque jour, mais bientôt je fus capable de me débrouiller tout seul. Mr. Little s'en rendit compte, et je crois qu'il commença à avoir confiance en moi car il ne me surveilla plus comme au début. Il y avait tellement à faire que je travaillais jusqu'à la nuit sans que personne ne me donne plus d'ordres.

Je passais beaucoup de temps aux écuries. Chez les Dawson, il n'y avait qu'un mulet. C'était nouveau pour moi de m'occuper des chevaux. Mais j'aimais ces animaux. Ici on les utilisait pour labourer et pour tirer les chariots. Ils n'avaient pas le même caractère que les mulets. Je découvris qu'on pouvait communiquer avec un cheval et se faire comprendre de lui si on le traitait bien. Je leur apportais de l'avoine, je les bouchonnais, et je leur parlais tout le temps que j'étais avec eux. Certains jours je ne voyais pratiquement personne et j'étais content qu'ils me reconnaissent et qu'ils écoutent mon bavardage. Quand j'étais dans l'écurie, le monde avait un sens pour moi. Les chevaux avaient l'air contents de ma présence. Je leur disais toujours ce qu'il fallait et je me sentais à ma place. Je leur mettais les harnais pour la charrue, mais on me confiait rarement les labours. Pourtant, labourer avec un mulet ou un cheval, c'était du pareil au même. Mais j'avais remarqué que les Blancs s'estimaient les meilleurs pour mener les chevaux. Je ne voulais pas leur manquer de respect, mais je voyais bien que ces bêtes avaient une autre idée sur la question. J'étais cependant assez malin pour garder ce genre de réflexions pour moi.

Je suivais la charrue et je plantais le maïs ou repiquais les pommes de terre dans les sillons. À la fin de la journée, je ramenais les chevaux à l'écurie et les bouchonnais. Au moment des récoltes, on les utilisait surtout pour tirer les chariots, que l'on chargeait de pommes de terre, de maïs ou de betteraves. Là encore, je harnachais les bêtes, mais c'était un Blanc qui conduisait le chariot pendant que je le remplissais. À cette époque, on passait toute la journée dans les champs. À midi, quand Mrs. Little nous apportait à manger, on faisait une pause. Je veillais à toujours être le dernier à m'arrêter. Personne ne m'avait jamais rien reproché, mais cela me semblait plus prudent.

J'avais déjà participé à deux cycles entiers de récoltes. Maintenant, les Little avaient davantage de têtes de bétail et ils cultivaient quelques hectares supplémentaires. Je grandissais. J'avais quatorze ans. J'étais assez costaud pour faire la même journée de travail qu'un adulte. Papa continuait à recevoir mon salaire, et je compris que j'avais eu droit à une augmentation. Désormais je gagnais plus de un dollar cinquante par semaine. J'étais sûr de moi et de la place que j'occupais chez les Little.

À l'époque des récoltes, toutes les écoles fermaient – qu'elles soient blanches ou noires – parce qu'on avait besoin des enfants sur les exploitations.

Jacob était alors avec nous dans les champs et Ashley, à la maison, aidait à préparer les repas. Jacob avait à peu près mon âge, mais il n'était pas aussi fort que moi et il mettait moins d'ardeur à la tâche. Il ne cachait pas qu'il aurait préféré rester à l'école. Mais tout le monde devait travailler.

Un jour, Mrs. Little tomba malade. En ce temps-là, on disait que c'était l'âge. Elle avait probablement une vilaine crise d'arthrite ou quelque chose de ce genre. Elle fut bientôt incapable de nous apporter à manger dans les champs. La femme d'Harold, Barbara, avait eu un autre bébé, et elle était de nouveau enceinte. Ce fut donc Ashley qui nous ravitailla – avec du poulet et des petits pains, et parfois du lait.

Mrs. Little avait l'habitude de poser le tout à l'arrière du chariot dans un panier à pique-nique et de retourner aussitôt à la maison. Depuis que j'étais à la ferme personne ne m'avait jamais fait la moindre réflexion, mais j'attendais toujours que les autres soient servis pour prendre quelque chose. Ça avait l'air de mettre tout le monde à l'aise, et il me semblait que c'était mieux de continuer ainsi. Ashley, elle, ne savait rien de tout ça. Elle resta avec nous et remplit nos assiettes. Cette fois-là, comme d'habitude, je travaillai un peu plus longtemps et fus le dernier à rejoindre le chariot. Je m'attendais à n'y trouver personne et je fus pris totalement au dépourvu lorsque je tombai sur Ashley qui me tendit ma part. Je ne sus comment réagir. J'étais là depuis deux ans mais nous n'avions jamais été seuls tous les deux. En général, elle était à l'école ou elle s'occupait dans la maison. Je me sentis affreusement mal à l'aise de la retrouver là, devant moi, mais ç'aurait été lui manquer de respect que de le lui laisser voir. Je pris l'assiette en gardant les yeux baissés. Comme je me dirigeais vers l'arbre sous lequel les autres étaient assis, elle me lança :

– Ils sont tous venus chercher leur repas, et toi tu étais encore en train de travailler, George...

Je m'immobilisai. Chaque fois qu'un membre de la famille Little m'adressait la parole, c'était pour me donner un ordre. Personne ne me voulait de mal dans cette maison, mais on ne faisait jamais attention à moi, sinon pour des questions de boulot. Du coup, je ne sus quoi répondre à Ashley – ni même si j'étais censé lui dire quelque chose. Je réussis plus ou moins à murmurer :

– Ouais... Je crois... J'étais en train de travailler.

Aussitôt, je me sentis idiot parce que j'avais répété ce qu'elle venait de dire, mais elle ne sembla pas s'en apercevoir et me demanda si je voulais du lait. C'était une question assez simple, mais lorsque je levai enfin les yeux je me contentai de faire oui de la tête, tant j'avais de mal à trouver mes mots. En prenant mon verre de lait, je me rendis compte qu'Ashley était devenue très belle. Je la remerciai à peine.

Les travaux agricoles se ressemblaient. Ça ne me dérangeait pas. Je savais ce que je devais faire et j'étais un bon ouvrier. J'attendais le repas du soir avec impatience, même si nous n'échangions que quelques mots étant donné que je dînais seul dans la cuisine. Mrs. Little avait toujours été gentille avec moi et j'espérais qu'elle irait mieux. Mais j'avais maintenant quelque chose en tête. Chaque matin, je me demandais qui de Mrs. Little ou d'Ashley nous apporterait à manger au chariot. Personne ne daignait m'en informer. Toujours est-il que Mrs. Little ne se montra plus jamais le midi.

Ashley et moi, on ne parla jamais beaucoup – et au début ce fut toujours à propos du poulet, des petits pains, voire du temps... Il y avait des années qu'on ne s'était pas intéressé à moi. C'était peu de chose, mais j'avais remarqué qu'au lieu de se contenter de me servir et de me tendre une assiette Ashley me demandait toujours ce que je voulais. Une fois, elle souhaita même savoir si j'aimais sa cuisine.

Depuis que j'étais dans cette ferme, on ne m'avait jamais posé la moindre question personnelle, si bien que j'avais parfois du mal à répondre à Ashley, même si j'étais ravi qu'elle sollicite mon avis. Je ne pouvais pas non plus m'empêcher de remarquer à quel point elle était belle. Je faisais évidemment de terribles efforts pour que personne ne devine que j'entretenais ce genre de pensées. Même si, dans la journée, j'étais plutôt joyeux, chaque soir, avant de me coucher, je jouais un moment avec la balle de base-ball de Pete. Elle me rappelait la vraie réalité des choses et elle me protégeait. Les Little me traitaient bien, mais je savais qu'il était imprudent d'oublier comment tournait le monde.

De temps en temps, environ deux ou trois fois par mois et généralement le samedi, papa venait me chercher et me ramenait chez nous. Je n'aurais pas su dire en quoi notre ferme avait changé, toujours est-il que je ne m'y sentais plus comme avant. Maman était très heureuse de me voir, et à notre arrivée mes frères et sœurs se pressaient autour du chariot.

À la maison aussi il y avait toujours à faire. La plupart du temps, je réparais les poteaux des clôtures ou bien je rejoignais papa et mon frère Johnny aux champs. Lors de l'une de ces visites, on ramassa du coton. Je me souviens parfaitement de ce jour-là. Le ciel était bleu, sans le moindre nuage. On travaillait sur un versant de colline, et un peu plus loin en bas j'apercevais notre cabane. Il n'était pas midi, le soleil était supportable et donc la canicule ne nous jouait aucun tour.

On perçut le bruit avant de voir quoi que ce soit. Je n'avais jamais entendu une chose pareille. C'était comme le bourdonnement d'un énorme nid de frelons, sauf qu'il devenait de plus en plus fort. Ça venait du ciel, mais il n'y avait rien. Papa et Johnny avaient posé leurs sacs de coton. Maman était sortie de la cabane en tablier.

Alors qu'on regardait en l'air, on vit un petit point dans le ciel qui commençait à grossir. À l'évidence, ce n'était pas un oiseau. Je ne savais pas si je devais avoir peur ou pas. J'observai papa et Johnny. Mon père protégeait ses yeux de sa main, mais il souriait. Johnny, lui, avait mis ses mains en coupe autour de sa bouche pour nous crier quelque chose, mais je n'entendais rien.

Et puis un nuage de poussière arriva sur nous, sorti de nulle part. Ce fut le premier avion que je vis. Il était magnifique. Il volait si bas que j'aperçus les deux hommes à l'intérieur. Ils avaient des casques en cuir et ils étaient à l'air libre. L'avion descendit encore un peu et je vis qu'ils riaient. C'étaient des Blancs, bien sûr.

Notre mulet affolé tournait en rond, la vache fila vers la grange et même les poules s'inquiétèrent au moment où elles furent avalées par le nuage. L'appareil s'éloigna, puis il vira et il revint vers nous si près du sol qu'il dut grimper à la dernière minute pour éviter notre grange. J'eus l'impression qu'il allait rester collé au toit. Cette fois, les hommes nous firent des signes de la main et inclinèrent leur aile. Il y avait tant de poussière qu'on dut se protéger la bouche, mais je gardais les yeux ouverts pour ne pas rater une miette de cet extraordinaire spectacle.

Papa déclara que ces avions ne valaient pas grand-chose. Pourtant, quelques années plus tard, on en vit d'autres à la foire du comté. Les gens assez riches pouvaient faire un tour avec et observer leurs maisons depuis le ciel.

En ce temps-là, oncle Henry et tante Mary nous rendaient souvent visite le dimanche après la messe. Nous passions du bon temps tous ensemble. Oncle Henry nous expliqua qu'il avait déjà entendu parler de ces avions dans les journaux. Papa et lui discutaient politique. Son avis comptait pour nous car il était capable de lire la presse.

– Le monde change, nous disait-il. Les choses vont être différentes. Notre vie sera meilleure. Vous verrez.

Peut-être la vie devenait-elle meilleure, n'empêche que ce n'était toujours pas suffisant pour que ma famille puisse me nourrir et survivre sans mon salaire versé par Mr. Little. Et donc, le dimanche après-midi, papa me ramenait là-bas. Au début j'ai eu du mal à quitter les miens, et puis je m'y suis habitué.

Il m'arrivait de ne pas rentrer à la maison pendant plus d'un mois. À l'époque de l'abattage, j'avais trop de travail chez les Little pour pouvoir m'en aller. Certaines années, à l'automne, il y avait beaucoup de cochons à tuer. On aurait dit qu'ils avaient alors besoin de moi chaque minute de la journée et chaque jour de la semaine. En général, on me faisait dépecer les animaux, et j'étais devenu plutôt bon à ce boulot.

Dans ces périodes-là, on mangeait dans les champs midi et soir. Vous pourriez vous imaginer qu'avec tout ce sang et ces entrailles on perdait l'appétit. Eh bien non !

Désormais, c'était toujours Ashley qui nous apportait à manger. Je ne sais pas si un autre que moi le remarqua, mais elle restait avec nous plus longtemps que sa grand-mère n'en avait l'habitude. De temps en temps, je me disais que lorsqu'elle souriait c'était à mon intention. Mais j'étais un peu perdu, je n'étais sûr de rien. J'avais envie de lui rendre son sourire, et puis je pensais que la meilleure chose était de faire semblant de l'ignorer. Du moins j'essayais.

Parfois, j'avais du mal à m'en tenir à mes résolutions. Un jour, elle me demanda :

– George, pourquoi tu ne me parles jamais ?

Je haussai les épaules. Je ne savais pas quoi lui répondre.

– George, tu refuses de m'adresser la parole ? insista-t-elle.

Il lui fallait beaucoup de courage pour dire une chose pareille, j'en étais conscient. Je me contentai de hocher la tête.

– Ouais, je pense que c'est ça.

Je compris que je l'avait blessée. Elle se détourna et je crois que je vis des larmes dans ses yeux. Je voulus lui dire : « Attendez, ce n'est pas ça du tout. Je ne veux faire de la peine à personne, et surtout pas à vous », mais je restai silencieux.

Cette nuit-là, je serrai très fort la balle de base-ball de Pete. Si j'avais dit autre chose à Ashley, j'aurais risqué des tas d'ennuis, mais je me demandais si mon silence n'était pas encore plus terrible. J'étais effrayé et je ne me sentais vraiment pas à l'aise. Je comprenais que j'avais fait souffrir Ashley. Je l'aimais bien et cela compliquait les choses. Et surtout, il était très dangereux d'entretenir ce genre de pensées. Devais-je lui parler ? Je n'en savais rien. Le lendemain, quand elle nous apporta le repas, elle s'en alla encore plus vite que ne le faisait sa grand-mère. Et à compter de ce jour ça ne changea plus, si bien qu'il me fut impossible de lui dire quoi que ce soit.

Mes parents ne pouvaient pas nous nourrir tous et les Little avaient été bons avec moi. Mais à présent je voyais que tout était différent. La nuit, je caressais la balle de Pete et songeais à quel point cette histoire pourrait être grave. Je ne voulais pas mourir, mais je ne savais pas comment agir autrement.

J'étais heureux de revenir chez moi, mais cela ne changeait rien. J'aidais mes parents comme il fallait, mais plus rien n'était pareil. Maman s'en rendit compte et papa me dit :

– Tu as fait ton travail et tu as évité les ennuis ?

J'avais envie de lui demander son aide, mais je me contentai d'acquiescer. Pour la première fois de ma vie j'avais l'impression de ne plus être capable de parler à personne – que ce soient des Noirs ou des Blancs. Je ne savais plus où j'en étais. Mais oncle Henry m'observait et il comprit qu'il se passait quelque chose.

– C'est le Blanc qui décide quand le Noir a un problème, dit-il.

Et papa répondit :

– Non, Henry. On se débrouille tout seul. Tout le monde a des problèmes. Bien sûr, les Noirs en ont davantage que les Blancs, mais chacun de nous peut s'efforcer de les éviter. Et si à ce moment-là tu en as quand même, tu pourras toujours dire que tu as fait de ton mieux.

Pour moi, ils avaient raison tous les deux. D'accord, Pete n'avait causé aucun ennui à personne, et pourtant on l'avait pendu. Mais en général on pouvait passer entre les gouttes à condition d'être vigilant. Après avoir entendu ce que disaient papa et oncle Henry, je décidai de veiller chaque jour à me tenir à l'écart des embrouilles.

Ça, au moins, c'était à ma portée.

CHAPITRE VII

UNE ANARCHISTE RESPONSABLE
DU MEURTRE D'UN JOURNALISTE

Paris, France. Germaine Berton, l'anarchiste qui, lundi dernier 22 janvier, a tué d'un coup de revolver Marius Plateau, du journal royaliste L'Action française, a reçu aujourd'hui la visite d'un magistrat instructeur à l'hôpital où elle est soignée pour la blessure à la poitrine qu'elle s'est infligée après avoir assassiné Plateau.

The Marshall Morning News,
24 janvier 1923.

Richard me passa le journal et me dit :

– Pour certains historiens, la situation politique en 1914 était si tendue que le meurtre de l'archiduc Ferdinand par un anarchiste a déclenché la Première Guerre mondiale. Que pensiez-vous de ce conflit à l'époque ?

Le journal avait jauni avec le temps. Je lus l'article avec intérêt, mais je répondis :

– Je ne sais rien sur votre archiduc. Je ne connais même pas ce mot.

Richard m'expliqua qu'à l'université sa matière principale était l'histoire et qu'il avait étudié la

Première Guerre mondiale et la mort de l'archiduc dans des livres. Bon, je n'avais jamais réfléchi à tout ça, mais sans doute qu'on pouvait apprendre à connaître quelqu'un grâce aux bouquins, en effet.

– Je me rappelle très bien l'année 1914, dis-je à Richard, mais je n'ai aucun souvenir d'un archiduc ni de la guerre mondiale. Les gens devaient aimer énormément ce gars-là pour que le monde entier se batte pour lui !

– C'était davantage une question d'honneur, de pouvoir et de politique, répondit Richard.

– Un truc de Blancs... murmurai-je.

– Comment ça ?

– Je parle de toutes ces tueries pour l'honneur de quelqu'un. Des gens mouraient si un Blanc était trop énervé pour une raison ou pour une autre, surtout en ce temps-là. Les Blancs étaient toujours prêts à s'entre-tuer. Pour les Noirs il en allait autrement. On n'avait pas le temps de se soucier de l'honneur et on n'avait aucun pouvoir à défendre. Rester en vie et avoir assez à manger, voilà ce qui comptait pour nous. C'est la seule chose dont je me souvienne à propos de l'année 1914.

Je me rappelle qu'au moment de l'abattage ils avaient parlé de la guerre. Personne ne m'a jamais demandé mon opinion, mais il semblait qu'on ne participerait pas aux combats. Les gens – les Blancs du moins – attendaient du nouveau sur le conflit. Ils répétaient que l'Amérique ne s'engagerait pas, et cependant ils voulaient toujours en savoir davantage.

Pour moi, les nouvelles importantes arrivèrent à l'automne 1914. Je n'étais pas retourné à la ferme depuis plusieurs semaines quand, un jour, je vis papa débarquer avec notre chariot. Il n'était jamais venu comme ça au milieu de la journée. J'étais en train de gratter une peau et n'osai pas m'interrompre. Mais tout en travaillant je surveillai ce qui se passait. Papa et Mr. Little étaient en grande conversation. En général, c'était le Blanc qui parlait et le Noir qui écoutait en hochant la tête. Mais aujourd'hui c'était le contraire. Papa expliquait quelque chose à Mr. Little, qui acquiesçait de temps à autre. Finalement, ils se serrèrent la main.

Je venais juste d'en finir avec ma peau lorsque Mr. Little s'approcha.

– Fils, tu es un bon ouvrier, dit-il, mais il faut que tu rentres avec ton père.

Je posai mes outils et me dirigeai vers le chariot. J'étais toujours couvert de sang, mais mon père ne sembla pas s'en apercevoir et il me serra très fort dans ses bras. Il ne prononça pas un mot, même quand je grimpai à côté de lui. Le chariot démarra, et puis papa parut soudain changer d'avis et il tira sur les rênes. Je ne l'avais jamais vu comme ça. Je l'observais. Il y avait de la tristesse dans ses yeux et je me rendais bien compte qu'il était très préoccupé. D'habitude, j'attendais qu'il prenne la parole le premier, mais cette fois je demandai :

– Que se passe-t-il ?

– Ton oncle Henry et ta tante Mary.

– Oui, quoi ?

– Ils sont décédés.

Ils étaient là lors de ma dernière visite chez nous. En bonne santé et en pleine forme. Je ne comprenais pas.

– Tu veux dire qu'ils sont morts tous les deux ?

– C'est ça.

J'étais trop stupéfait pour pleurer.

– Que s'est-il passé ? murmurai-je.

– Ils sont tombés malades et ils sont partis en une journée.

J'avais du mal à le croire.

– Pourquoi ? Le docteur a dit ce que c'était ?

– Fils, les temps sont durs. Tu en es conscient. On ne peut pas s'offrir le docteur. On ne sait pas ce qu'ils ont attrapé. Ta maman et moi, on est restés auprès d'eux et on a fait de notre mieux. On n'a pas cessé de les rafraîchir et de les changer, mais la fièvre les a vaincus...

La scarlatine emportait beaucoup de gens à cette époque. J'imagine que c'était ça. Papa arrêta le chariot devant le puits, où je me lavai. Ensuite on alla jusqu'à ma remise. Le sac de grosse toile avec lequel j'étais arrivé quatre ans auparavant était toujours là. Il ne me fallut guère de temps pour ramasser mes maigres affaires.

Les nouvelles vont vite quand il s'agit du décès de quelqu'un. En ce temps-là, la mort était chose plus commune et tout le monde savait comment se comporter envers elle. La famille Little au grand complet nous attendait près du chariot.

– George, tu as été un bon ouvrier, me dit Mr. Little. Aussi travailleur que les adultes que j'ai employés avant toi.

C'est drôle à quel point la disparition de quelqu'un peut révéler le meilleur côté de certaines personnes. Mr. Little n'avait pas l'habitude de faire des compliments. En d'autres circonstances, j'aurais été fier d'entendre ce genre d'éloge. Ce jour-là, je fus surtout sensible à la douceur de sa voix à mon égard, mais les mots ne comptaient guère. En cet instant, nous étions tous aussi proches que possible ; il n'y avait plus ni Noirs ni Blancs, juste des êtres humains qui souffraient. Mrs. Little, qui n'allait pas très bien non plus, était là elle aussi. Les larmes aux yeux, elle me dit :

– Au revoir, George, tu nous manqueras.

Le fils de Mr. Little se tenait à côté de sa femme. Barbara était bouleversée. Harold l'avait entourée de son bras, mais elle pleurait.

– Je suis désolée, George.

Elle ne connaissait ni oncle Henry ni tante Mary, mais je vis qu'elle était sincère. Harold me tendit la main. Je la serrai.

– Au revoir, fiston. Tiens bon. Il y aura toujours une place pour toi ici, si tu as besoin.

Peu habitué à entendre des choses si gentilles, je réussis tout juste à murmurer :

– Merci.

Puis Jacob s'avança et dit :

– Peut-être qu'un jour on ira à la pêche ensemble...

Je n'y croyais guère, néanmoins c'était très sympa de sa part de le proposer et je hochai la tête.

Johnny, qui n'était encore qu'un bébé à l'époque où j'avais commencé chez les Little, avait déjà quatre ans. Il ne comprenait pas bien ce qui se passait.

– Tu pars, George ? dit-il.

Je n'essayai pas de lui expliquer. Je me contentai de lui répondre :

– Ouais, j'y vais, Johnny.

– Mais tu n'as pas encore dressé Big Red ! protesta-t-il.

J'étais triste, mais cette réflexion me tira un sourire. Lorsque je m'occupais des chevaux, Johnny aimait bien rester avec moi. Je veillais à le maintenir à l'écart pour qu'il ne se blesse pas, mais j'en étais arrivé à apprécier qu'il soit là. Big Red était un poulain particulièrement sauvage. J'avais dans l'idée de le débourrer et j'avais juste commencé à travailler avec lui. Lorsque Johnny était assis sur la barrière de l'enclos, je lui disais :

– Quand j'en aurai fini avec cet animal, il sera si gentil que tu pourras le monter !

Cette idée lui avait tellement plu qu'il ne parlait plus de rien d'autre :

– George va dresser Big Red pour moi !

Je voyais les adultes sourire à ces mots, mais ça me rendait heureux. Et maintenant j'avais honte de ne pas tenir ma promesse.

– Johnny, j'avais vraiment l'intention de m'en occuper, tu sais, et je suis désolé.

– C'est O.K., George, soupira-t-il.

Puis, me prenant totalement par surprise, il s'élança vers moi et me serra dans ses bras très fort comme si on était les meilleurs amis du monde. J'imagine qu'il était encore assez petit pour pouvoir se permettre une chose pareille.

Je me sentais tout drôle d'être le centre d'intérêt, et je n'étais plus du tout sur mes gardes lorsque Ashley s'approcha et posa la main sur mon bras. Elle ne l'y laissa pas longtemps, mais ce fut suffisant pour que j'oublie Johnny. Elle souleva le panier à pique-nique avec lequel elle nous apportait à manger quand on travaillait aux champs. Il débordait de poulet et de petits pains, en prévision sans doute du repas du soir qui n'allait pas tarder. Cette fois, elle ne repartit pas tout de suite après l'avoir posé dans le chariot.

– Ta maman n'aura pas le cœur à cuisiner ce soir, dit-elle. Vous mangerez ça en arrivant chez vous. Il y a des serviettes sur le dessus. C'est moi qui les ai brodées. Tu les lui donneras aussi.

– Merci. C'est vraiment gentil de votre part.

Je sentais que j'aurais dû dire autre chose, mais elle fit aussitôt un petit signe de tête. Je compris qu'elle ne m'en voulait pas.

Mr. Little et papa avaient discuté un moment à l'écart de notre groupe. Ils se rapprochèrent. J'entendis Mr. Little dire à mon père :

– Harrison, je suis désolé pour ton petit frère.

Oncle Henry mesurait une tête de plus que mon père, mais il avait cinq ou six ans de moins que lui. Papa le charriait toujours avec ça, et pour tout le monde c'était son « petit frère », même pour nous les enfants.

– Si tu as besoin de quelque chose, fais-le-moi savoir, ajouta Mr. Little au bout d'un moment.

Ils se serrèrent la main et papa grimpa sur le chariot. Je l'imitai. Je n'avais pas l'habitude de le voir serrer la main d'un Blanc, et il l'avait fait deux fois en très peu de temps ! D'habitude, ça m'aurait donné à réfléchir, mais là ça me parut naturel. Je ne m'étais jamais soucié du calendrier, or je les entendis dire qu'on était au milieu du mois. Mr. Little annonça qu'il me paierait le mois entier malgré tout. Je fus fier de papa quand il protesta :

– C'est impossible ! Mon garçon n'a pas droit à autant ! Il n'a fait que quinze jours.

En toute autre occasion, la réponse de Mr. Little aurait flatté mon amour-propre.

– Bien sûr que oui. Il a travaillé deux fois plus dur que tous les ouvriers que j'ai jamais eus. À la moitié de chaque mois, ce garçon avait déjà mérité la totalité d'un salaire ! (Je l'écoutai sans réagir.) En plus, ce n'est pas seulement pour toi ou pour George. Tu as une grande famille, maintenant, et tu ne peux pas me priver du plaisir de vous aider, même si ce n'est pas grand-chose.

Le bon vieux Mr. Little ne parlait jamais beaucoup, mais ce jour-là il sut trouver les mots qui comptaient. Papa hocha simplement la tête et sourit.

– Merci. Nous apprécions énormément.

Il secoua les rênes et on démarra. Et c'était tant mieux, car si on était restés encore un moment j'aurais fondu en larmes. Les Little avaient été bons pour moi et ils m'avaient bien traité. L'expression « braves gens » leur allait comme un gant.

On ne rentra pas à la ferme ; on fila directement chez oncle Henry et tante Mary. Leur cabane était pleine d'amis venus donner un coup de main. Il y avait des tas de choses à manger et les conversations allaient bon train. Le pasteur passa et resta dîner avec nous. Pourtant, avec toute la meilleure volonté du monde, aucune des personnes présentes ce soir-là n'aurait pu nous venir en aide.

La maison de mon oncle m'était familière car j'y avais souvent dormi. Mais l'atmosphère avait bien changé. Quand tout le monde fut parti, le silence me sembla soudain terrible. Cette nuit-là, chaque fois qu'il y eut des sanglots, j'entendis maman murmurer des paroles de réconfort. Moi aussi, j'avais envie de pleurer, mais les petits avaient davantage besoin d'elle.

Des amis avaient fabriqué les cercueils avec du bois en provenance de la grande forêt de pins de l'East Texas. Le lendemain matin, on se rendit au cimetière. Papa transportait les bières à l'arrière de notre chariot, et je le suivais avec celui d'oncle Henry. Maman et une grande partie des enfants étaient montés avec moi. Il y avait d'autres chariots derrière nous – en fait, c'était une véritable procession. Tout le monde était tellement silencieux à côté de moi qu'on entendait les roues grincer. C'est étrange, mais je me souviens encore de ce que j'ai pensé à ce moment-là : il fallait remettre un peu de graisse sur les essieux... Dans les bosquets, les oiseaux chantaient sur notre passage, se moquant bien de nos malheurs.

À notre arrivée au cimetière, le soleil était déjà chaud et beaucoup de gens nous attendaient pour rendre un dernier hommage aux défunts. En ces années, j'avais déjà perdu le compte des funérailles auxquelles j'avais assisté. Mais je n'avais jamais vu une telle foule, sans doute parce que mon oncle et ma tante étaient encore jeunes et qu'ils laissaient derrière eux de nombreux enfants.

Comme il jetait une poignée de terre sur les cercueils, papa passa un bras autour de mes épaules et me murmura :

– Ils sont en paix, maintenant, mon fils. Leur souffrance est terminée.

Et cependant je voyais la douleur dans ses yeux. Je voyais à quel point il avait mal.

Nous n'avions pas de plan. Personne ne posa de questions, ni même n'évoqua le sujet. Et mes cousins vinrent simplement habiter chez nous. Mes parents se retrouvèrent d'un coup avec quatorze enfants au lieu de cinq.

Notre cabane parut soudain beaucoup plus minuscule. On était très serrés au moment des repas, jusqu'à ce qu'on ait fabriqué une table plus grande. Et même alors, cela prenait un certain temps pour faire manger quatorze petits ! Je n'entendis jamais ma mère se plaindre, mais je savais qu'il n'était pas facile de cuisiner chaque jour pour tant de monde. Et il y en avait toujours un qui avait besoin de quelque chose.

Je repris mon ancienne routine – les tâches matinales et le travail aux champs. Mon chien m'avait accueilli comme si j'étais parti la veille.

Aucun petit n'était jamais tout seul. Désormais, ils étaient plus frères et sœurs que cousins. C'était bien de les avoir avec nous. Mais avec quatorze gamins l'ambiance de la ferme n'était plus la même. Surtout qu'après ces quatre années chez les Little j'avais pris l'habitude de passer des journées entières sans voir personne. Ça ne me dérangeait plus.

La plupart du temps, j'étais levé le premier. J'avais beaucoup de travail, mais parfois je refermais la porte sans bruit et je m'appuyais contre le mur en rondins pour regarder le ciel et profiter un instant de ma solitude. À l'intérieur de la maison régnait une douce ambiance familiale. Dehors c'était désert, mais j'avais appris à aimer ça. Lors de ces petits matins silencieux et tranquilles, j'adorais contempler les étoiles et écouter les hurlements des coyotes.

J'étais l'aîné. Je savais le travail que je devais fournir. Certains des plus jeunes fréquentaient l'école, et c'était mon rêve aussi : apprendre à lire. Mais j'avais seize ans, et ce rêve s'estompait peu à peu. Je comprenais où était ma place. Après tout, papa n'avait que deux bras ! On avait connu des temps difficiles, mais à présent l'argent et la nourriture étaient encore plus rares. En plus de mon travail à la ferme, je me louais à l'extérieur pour gagner quelques dollars et acheter ce que nous ne pouvions pas cultiver nous-mêmes.

La scierie, plus bas dans la vallée, fonctionnait de nouveau. Papa m'y emmena pour trouver une place. J'y fus embauché pour le transport des rondins. Aujourd'hui on utilise des tracteurs, mais à l'époque on fixait le bois à une mule qui l'amenait jusqu'à la scie. Il fallait que je le mette dans la bonne position et que je tire aussi fort que l'animal.

L'East Texas était couvert de forêts de pins. Les bûcherons nous apportaient les troncs sur des chariots et les déchargeaient dans la cour. Ils étaient payés à la pièce. Leur salaire était aussi maigre que le mien, mais leur tâche était plus facile. Ils travaillaient par équipes de deux pour abattre les arbres. Ils surnommaient leur scie le « fouet du malheur » et j'imagine qu'ils avaient de bonnes raisons pour ça.

Parfois, une véritable montagne de rondins m'attendait. Le contremaître, un Blanc nommé Sam, me disait que j'aurais le droit de me reposer quand il n'y en aurait plus un seul. Jour après jour, la pile descendait. Hélas ! chaque fois que j'étais sur le point de terminer, un autre chargement arrivait. Ça se passait toujours comme ça. J'aurais sans doute pu travailler là pour l'éternité et ne jamais voir la fin du tas ! Le temps était chaud, et la machine à vapeur qui permettait de débiter les troncs possédait un gros foyer qu'on remplissait jusqu'à la gueule. La fournaise nous enveloppait et des étincelles volaient tout autour de nous. En fait, quelques années plus tard, vers 1930 je crois, un incendie détruisit entièrement la scierie.

On n'était pas payés par chèque. À la fin de chaque semaine, on nous donnait un petit disque argenté à peu près de la taille d'un demi-dollar. Papa venait le chercher et l'échangeait contre du liquide. Je travaillais correctement, j'évitais les ennuis, et il y avait toujours un disque qui attendait mon père. Je ne savais pas quel était exactement mon salaire, mais il me donnait environ un dollar chaque mois. Le travail était dur et les hommes employés ici n'avaient pas la moindre chance de gagner décemment leur vie. Seul le propriétaire et peut-être certains des contremaîtres s'en tiraient bien. Malgré tout, à cette époque, on était contents de ce qu'on avait.

Parfois, quand le prix du bois de construction tombait trop bas, la scierie fermait pour quelques semaines. Je savais qu'on me réemploierait ensuite, mais j'appréciais d'être à la ferme. On avait davantage d'hectares et en plus on devait s'occuper de notre bétail. Avec quatorze enfants il n'y avait plus grand-chose à vendre à la ville. On utilisait la majeure partie de la viande et des peaux pour notre usage personnel. Il y avait toujours des clôtures à réparer et des animaux à soigner.

Mais on avait aussi du bon temps. Ce chien que papa m'avait offert était effectivement un sacré chasseur de canards. À l'automne, je prenais mon fusil et je partais avec lui dans les roseaux. Je me souviens encore qu'il faisait si froid que j'en avais mal aux doigts. Maman avait toujours le sourire quand je lui rapportais quelque chose. Il m'arrivait aussi de tuer des dindons sauvages.

Certains gars avaient aperçu un ours, mais je n'en ai jamais abattu un seul. J'avais vu des empreintes, et donc j'imagine que j'avais été repéré. Il y avait beaucoup de cerfs, en revanche, et on appréciait quand il y en avait un suspendu dans la grange : c'était l'assurance d'avoir le ventre plein pendant un moment. J'ai gardé longtemps mon fusil. Plus tard, j'ai cessé de m'en servir, mais je l'ai quand même conservé. Il y a une quinzaine d'années, je me le suis fait voler. On m'a piqué le fusil, mais pas les munitions !

Parfois, on attachait le mulet au chariot et on amenait à Marshall le sirop de canne ou le maïs qui nous restait. C'est à cette occasion qu'en 1914 j'ai fait une nouvelle découverte.

Je n'avais jamais vu de voiture auparavant, et ce Modèle T était magnifique, d'un noir brillant, avec un bouchon de radiateur en cuivre poli. La capote pouvait s'abaisser, bien sûr, et c'était vraiment un sacré spectacle. Les années passant, on en croisa de plus en plus. Ces automobiles étaient pratiques en ville, mais guère à la campagne. Il ne pleuvait pas beaucoup chez nous, mais quand c'était le cas on avait droit à de vrais déluges. Nos routes se changeaient en marécages que ces voitures ne pouvaient tout simplement pas affronter. Après une bonne averse, il fallait les remorquer avec des mulets ou des chevaux. La plupart des gens s'accordaient à dire qu'elles étaient presque inutilisables, n'empêche que je les aimais malgré tout.

Même si elles n'étaient pas très efficaces, j'en vins un jour à apprécier qu'elles n'aient pas l'entêtement d'un mulet. Je l'admets, notre Blue était un bon mulet, et puissant avec ça. À la ferme, il était capable de tout faire. À l'époque des labours, j'étais derrière lui. Et, mon Dieu, on a écrasé notre lot de cannes à sucre, lui et moi ! Il travaillait à sa façon et je le suivais. Pendant toutes ces années, on s'est bien entendus. Il n'aimait pas toujours faire les choses à notre rythme, mais si on lui laissait le temps de se mettre en route il était fiable. Pourtant, il avait son caractère. Et je pense que c'est ça qui a fini par nous poser un problème à tous les deux, car à seize ans j'avais ma propre idée sur la façon dont je voulais travailler. À cette époque, j'étais très imbu de moi-même et j'estimais que l'animal devait m'obéir.

Ce matin-là, papa me demanda d'atteler le mulet pour aller en ville. Notre Blue broutait à côté de la grange, et je m'approchai de lui, le licol à la main. J'aurais dû avoir un morceau de sucre ou même une carotte. Mais j'étais pressé et je n'y avais même pas pensé. Je l'appelai. Il transportait des poteaux de clôture depuis le lever du jour. Il crut sans doute que ça allait recommencer. Du coup, il ne bougea pas. Et comme moi, je voulais me mettre en route rapidement, ça m'exaspéra. Je l'appelai de nouveau, mais il se contenta de me regarder comme s'il ne comprenait pas. Pas dupe de ce manège, je fis quelques pas vers lui. Lorsque je ne fus plus qu'à deux ou trois mètres, il s'éloigna et recommença à brouter. J'aurais pu retourner chercher une carotte à la maison, mais je n'en avais aucune envie. Je mis une main derrière mon dos en faisant semblant d'en avoir une et je m'avançai de nouveau. Il m'observa avec intérêt et je souris à l'idée d'avoir joué un bon tour à ce vieux mulet. Sauf qu'il recula... Mon amour-propre était en jeu. Plus question désormais de me laisser avoir par ce fichu animal. Je me mis à crier :

– Viens ici, bougre d'idiot !

Je ne sais pas s'il comprit ce que je venais de lui dire ou s'il n'apprécia tout simplement pas le ton de ma voix, toujours est-il que mon intervention ne nous mena nulle part. Je faisais cinq pas vers lui, il s'éloignait d'autant et se remettait à brouter. Bientôt, on tournait en rond autour de la grange. Ça avait l'air de l'amuser ; moi je commençais à être furieux. À un moment, je ramassai une poignée de fumier et la lui lançai, mais je le ratai – et largement. J'aurais juré qu'il se fichait de moi à présent, et ça me rendait vraiment dingue. Alors je lui tirai une pierre de toutes mes forces. J'avais visé la croupe, mais la pierre le frappa à la tête, en plein dans l'œil. Il se mit à braire de douleur. Je courus vers lui pour l'aider, mais il ne me laissa pas l'approcher. Il ne jouait plus. Il n'avait plus confiance en moi. Quand il releva la tête, je vis couler quelque chose de son œil.

Je restai là, à distance. Finalement une espèce de croûte se forma. Je n'étais pas fier de moi, et j'avais surtout peur d'avouer la chose à mon père. Il m'attendait dans la cabane. Je réfléchis à l'histoire que j'allais bien pouvoir inventer, mais en vain. Du coup, je lui dis carrément la vérité, sans même essayer de l'embellir. J'avais mal agi et je m'attendais au pire.

– Allons voir, répondit simplement papa.

Le mulet se recula de nouveau quand il m'aperçut, mais il laissa papa lui passer le licol. Mon père examina son œil. Je n'avais pas envie de voir ça, mais je me forçai quand même à regarder. L'œil ne coulait plus, mais il commençait à prendre une couleur laiteuse.

– Il va le perdre, annonça papa.

Je savais qu'on ne pouvait pas s'offrir une consultation chez le vétérinaire, et je ne posai même pas la question. Papa n'avait encore rien dit et il m'était aussi pénible d'attendre sa réaction que de voir l'œil crevé de notre mulet.

– Je suis désolé, murmurai-je. Je ne voulais pas lui faire de mal.

– Mes yeux vont bien, fils. Ça n'est pas à moi qu'il faut présenter tes excuses.

On retourna à la maison. Je savais que je méritais une correction ou, au moins, un solide sermon. J'avais déçu mon père. S'il m'avait passé un savon tout de suite, je l'aurais accepté et me serais senti mieux. Ç'aurait été plus facile. Mais il ne disait toujours rien. Alors je demandai :

– Comment vais-je pouvoir parler à Blue, maintenant ? Tu crois qu'il va encore m'écouter ?

Papa haussa les épaules.

– Je ne sais pas. Il y a des tas d'êtres humains qui ne pardonnent jamais. Il faudra que tu voies ça directement avec le mulet.

On entra dans la cabane. Papa trempa un bout de toile dans le seau d'eau. Au moment où je ressortais avec il dit :

– Et si tu emmenais une carotte avec toi, cette fois ?

J'eus honte de ne pas y avoir pensé moi-même. J'en pris deux dans une botte posée sur le comptoir.

Il faisait plus frais dans la grange, mais même dans la semi-obscurité la blessure de Blue n'était pas belle à voir. Cette fois, il ne s'éloigna pas. Il m'observait de son œil valide. J'ignorais s'il m'en voulait réellement, mais c'était l'impression que j'avais. Je ne cessais de me répéter que cet animal était ici dans notre ferme depuis ma naissance et que je l'avais éborgné... Je lui donnai une carotte et me mis à lui gratter la tête, car il aimait ça. Ensuite je nettoyai son œil de mon mieux avec le chiffon mouillé, mais papa avait raison : il allait le perdre.

On a gardé ce mulet de nombreuses années. Depuis ce jour, chaque fois qu'il se mettait à m'observer je me sentais mal. Ce souvenir me bouleverse encore. J'ai juré ce jour-là de ne plus jamais m'attaquer à aucun animal. Il y a plus de quatre-vingts ans de ça, et j'ai tenu ma promesse.

CHAPITRE VIII

New York, 10 septembre. C'est le Pershing Day ! Avec le général Pershing à sa tête, [...] la première division de soldats de métier a descendu aujourd'hui la Cinquième Avenue au cours de la grande parade militaire organisée à New York en souvenir de la guerre. Équipés pour le combat, vingt-cinq mille hommes ont défilé, le meilleur de l'armée américaine engagée à l'étranger.

The Marshall Morning News,
11 septembre 1919.

Richard extirpa un nouvel article de la montagne de journaux qui nous entourait. Il semblait apprécier tout particulièrement les questions historiques. Je ne fus donc pas étonné qu'il me tende encore quelque chose sur la guerre. Il me demanda si j'avais vu les affiches qui proclamaient : « Cassez le Kaiser ! »

– Fils, vous oubliez que je ne savais pas lire.

En fait, je passais vraiment à côté des choses en ce temps-là. Il y avait toutes sortes d'affiches. Elles couvraient les poteaux du téléphone et du télégraphe. Simplement, je ne savais pas ce qu'elles racontaient.

Je me souviens du défilé à Marshall. Les soldats étaient magnifiques dans leurs uniformes. Certains étaient à pied et d'autres à cheval. Il y avait des orchestres. Oui, ç'avait été un beau spectacle ! Après ça, on n'a plus parlé de cette guerre mondiale. C'était comme si elle n'avait jamais existé. Du moins pour les gens du Texas.

Je connaissais personnellement un homme qui y était allé. Un Noir. Il s'appelait Moses. Il était un peu plus âgé que moi, mais j'avais parfois échangé quelques mots avec lui à l'usine de coton, avant son départ pour l'armée. Je le revis à son retour. Avant, il me lançait toujours un :

– Salut ! Comment ça va, George ?

Et la plupart du temps, c'était tout. Il était gentil, mais peu bavard. Aujourd'hui, il avait changé. On était le lendemain du défilé, et je lui demandai s'il l'avait vu.

– Non. Et je n'étais pas dedans non plus.

Tous les soldats qui y avaient participé étaient blancs et je n'avais évidemment pas imaginé une seconde qu'il aurait pu se retrouver avec eux. Comprenant qu'il attendait la suite, j'ajoutai :

– Ben, c'était très beau. Et la musique aussi était bonne.

Je ne l'avais pas fait exprès, mais je voyais bien que j'avais dû dire quelque chose qui lui avait déplu.

– J'ai le même uniforme qu'eux, et pourtant je n'ai pas le droit de parader au Texas, grommela-t-il. En revanche, j'ai fait ça plusieurs fois en France.

– Super ! répondis-je. J'imagine qu'il n'y avait pas assez de Noirs pour organiser la même chose chez nous ?

– Non, répliqua Moses. Tu te trompes. Là-bas, il n'y avait pas de défilés réservés au Noirs. Les Blancs et les Noirs marchaient ensemble, côte à côte.

– Ah bon, ils font ça ?

– Et pas simplement pour les défilés, murmura Moses.

– Qu'est-ce qui est différent, encore ?

– Tout, dit Moses. À Paris, qui est une grande ville...

– Plus grande que Marshall ?

– Oh, ouais, bien plus grande ! J'allais partout, je mangeais dans les restaurants que je voulais, et les gens me traitaient bien.

– C'est formidable qu'ils aient une zone réservée aux Noirs dans tous les restaurants, assurai-je.

– Oh, non ! répliqua Moses. Ils ne connaissent pas ce genre de choses, dans ce pays. J'avais le droit d'entrer dans n'importe quel restaurant et de m'asseoir où je voulais ! Et ils ont des tas de fontaines en ville. Là encore, pas de fontaines séparées. Tout le monde peut boire partout.

– C'est bien, dis-je. Et les toilettes aussi ?

– Oui, t'as deviné.

– Rien à voir avec notre Paris au Texas, alors ?

Moses éclata de rire, mais il avait toujours l'air un peu en colère.

– Faut que j'aille livrer mon coton, dis-je. Je suis content de t'avoir revu. Bienvenue au pays !

Je compris que désormais il aurait du mal à vivre à Marshall. Je ne lui serrai pas la main pour lui dire au revoir parce que je ne savais trop comment faire : son avant-bras droit était amputé à la hauteur du coude et sa manche était attachée à sa chemise. J'aurais peut-être dû lui prendre la main gauche. Mais aucun de nous deux n'avait évoqué son infirmité.

On était en 1919. J'avais vingt et un ans. Le jour de mon anniversaire, mon père me parla. Quatre-vingts ans plus tard, je me rappelle encore chacune de ses paroles.

On était allés vérifier au verger comment les fruitiers supportaient l'hiver. Nos pommiers étaient grands maintenant. On se tenait sous un arbre qu'on avait planté ensemble, je m'en souvenais, quand il était encore tout petit. Il fleurirait dans un peu plus d'un mois et il avait de bonnes grosses branches. Le sol n'était plus dur comme de la pierre car le dégel avait commencé plus tôt que de coutume. Mon anniversaire tombe le 19 janvier. Ce jour-là, le temps était particulièrement beau. On se trouvait à l'endroit le plus élevé du verger et on contemplait notre propriété.

– George, dit mon père, quand on a planté ces arbres on ne disposait que de vingt hectares pleins de cailloux. (Du doigt, il montra le terrain au-delà de la grange.) Maintenant, on en possède cent soixante, et tu les as cultivés avec nous. Pendant tout ce temps, c'est moi qui ai récupéré tes salaires. Je suis ton père et c'était ton devoir de me les laisser. Mais aujourd'hui, tu as vingt et un ans. À partir de maintenant, ce que tu gagneras sera pour toi.

C'était bon à entendre, et pourtant je me sentis soudain un peu mal à l'aise. Je souris et donnai un coup de pied dans une motte de terre.

– Fils, tu es prêt à voler de tes propres ailes, désormais ?

– Ouais, papa, je pense.

– Parfait. (Son visage prit un air grave.) Alors n'oublie pas : l'homme est né pour mourir. Oui, l'homme est né pour mourir.

Il m'observa, mais je ne sus quoi lui répondre.

– Comme on ne sait pas quand cette heure viendra, il faut veiller à rester dans le droit chemin. Ne fais pas de bêtises, et ton père sera fier de toi.

– C'est promis, papa. Je m'en souviendrai.

– Très bien. Aujourd'hui, tu as vingt et un ans. Ta vie t'appartient maintenant.

Mais je ne voulais pas m'installer ailleurs. Je restai donc chez nous et continuai à travailler à la scierie. La seule différence fut que chaque semaine je récupérais moi-même mon petit disque argenté. Et que désormais cette somme était pour moi. J'avais cet emploi depuis un certain temps et, avec les augmentations, je gagnais plus d'un dollar et demi par semaine, parfois presque deux. Ça dépendait des heures supplémentaires. Chaque fois que je dépassais les douze heures par jour, j'avais droit à un petit extra. Ça m'allait, et je laissais mes patrons s'occuper de ce genre de calculs.

Avec une partie de mon salaire, j'offrais des patrons de robes à ma mère. Parfois, je lui donnais simplement un peu d'argent pour qu'elle se paie ce qu'elle voulait.

– Je ne veux pas enlever quelque chose à mon fils, me dit-elle un jour.

– C'est un cadeau, maman. Tu ne peux pas refuser.

Quand j'étais en ville, il m'arrivait de prendre des bonbons à un *cent* pour mes frères et sœurs. Moi, je n'avais besoin de rien, mais comme je n'avais jamais eu d'argent auparavant j'aimais bien acheter quelques petits présents pour les miens. Me souvenant de la façon dont mon père gérait ce qu'il gagnait, je pris exemple sur lui.

En cet hiver 1919, beaucoup de gens moururent. Une terrible épidémie de grippe emporta un grand nombre de personnes, surtout les plus âgées. Mais dans notre famille, tout le monde resta en bonne santé. La maladie semblait frapper davantage les villes que les campagnes. Un ouvrier de la scierie perdit son père et sa mère.

Au printemps, on chassait et on pêchait. J'adorais être au bord du lac dès l'aube à regarder les poissons frétiller autour des amorces. Cette année-là, il y eut de bonnes pluies et beaucoup de gibier. Je connaissais chaque recoin des bois et des canyons. Et pourtant, en ce printemps, pour la première fois de ma vie j'eus soudain envie de bouger. Je n'étais jamais allé plus loin que Marshall. Je n'en avais pas éprouvé le besoin. Je ne quittais la ferme que pour partir au travail ou jouer au base-ball. Il y avait peu de voitures en ce temps-là, et nous n'avions guère de visites. Nous vivions pratiquement en autarcie.

– On a une belle vie dans l'East Texas, me dit mon père, mais tu as le droit d'avoir envie de voir le monde.

Le dimanche après le service, le pasteur avait l'habitude de dîner chez l'une ou l'autre des familles qui fréquentaient son église.

– Il vient chez nous plus souvent qu'à son tour, prétendait papa, parce que c'est la cuisine de ta mère qu'il préfère.

J'étais d'accord avec lui. Surtout que pour lui maman se surpassait. Il avait un bel appétit et mes frères et sœurs l'avaient à l'œil : ils ne se servaient jamais avant lui. Sans vouloir lui manquer de respect, certaines personnes disaient : – Notre pasteur mange beaucoup le dimanche pour tenir jusqu'au milieu de la semaine. Ça lui laisse quelques jours pour se mettre en appétit pour le dimanche suivant.

N'empêche qu'il était gentil. Il passa chez nous peu de temps après ma discussion avec mon père. Il nous donna sa bénédiction, comme d'habitude, puis ajouta :

– Mon Dieu, protège notre George pendant son voyage. Aide-le à faire le bien et à secourir son prochain. Protège-le de la tentation et conduis-le sur la bonne voie. Et quand le temps sera venu, permets-lui de rentrer sain et sauf pour retrouver sa famille et ceux qui l'aiment.

Le lendemain matin, mon père me serra la main, d'homme à homme. Maman me prit dans ses bras et me dit :

– Ne fais pas de bêtises.

Le jour était à peine levé, mais mon ami L.D. était là dans un chariot, avec son frère qui devait aller acheter des semences à Marshall. L.D. avait appris que je partais et il voulait m'accompagner. J'avais décidé de voyager seul et je ne savais pas si sa proposition était une bonne idée. Mais je n'avais pas non plus de raison de refuser. C'était juste une impression.

Je travaillais depuis un bon moment à la scierie et j'avais mis un peu d'argent de côté. Je laissai un ou deux billets dans ma poche et cachai le reste dans ma botte. Cet « argent de botte », c'était mon assurance sur l'avenir. J'en avais assez sur moi pour me payer un billet de train, mais avant même d'arriver à Marshall je découvris que L.D., lui, n'avait pas un *cent*. Du coup, la situation était bien différente et je compris que j'allais devoir voyager avec les vagabonds – les *hobos* *, comme on disait à l'époque.

Ni l'un ni l'autre n'avions jamais fait une chose pareille, mais ça ne nous inquiétait pas outre mesure. Le monde nous appartenait ! Avec son commerce de bois et de bétail, Marshall possédait désormais une gare d'une bonne taille. Le frère de L.D. nous laissa un peu avant. Si on avait eu plus de jugeote, on se serait plutôt postés de l'autre côté, à quelque distance de la ville.

Un train arriva. J'étais vraiment très excité. Il ralentit. On jaillit des buissons et on se mit à courir le long de la voie. Comme venus de nulle part, d'autres types nous imitèrent. On choisit un wagon de marchandises, on attrapa la barre et on grimpa à l'intérieur. Le piment de l'affaire, c'est que les roues du train auraient pu nous couper en deux si on n'avait pas eu une bonne prise ou si on avait fait la moindre

* Voir William H. Davies, *Carnets d'un hobo. D'Amérique en Angleterre au temps de la Grande Dépression*, Paris, Payot, « Voyageurs », 1993. *(N.d.T.)*

erreur au moment de sauter dans le wagon. Et ne croyez pas que ça n'arrivait jamais. Mais on s'en tira. Personne ne nous arrêterait.

Installé dans ce wagon qui entrait en gare, je me sentais comme un coq en pâte. Ça avait autrement plus de style que de marcher à pied ou de se traîner dans un chariot tiré par un mulet ! J'aperçus un des flics de la compagnie ferroviaire et je m'éloignai de la porte. L.D. resta assis à l'entrée, à agiter les jambes dans le vide et à rigoler.

– Mets-toi à l'abri, L.D. ! lui criai-je. Ce policier a un revolver ! Il faut le prendre au sérieux !

À cet instant, on entendit un coup de feu.

– Tu vois, plaisanta L.D., c'est juste de l'esbroufe. Ils tirent en l'air pour nous effrayer. En plus, ils ne peuvent pas nous atteindre.

– Peut-être, mais tu devrais quand même te planquer.

Deux autres coups de feu retentirent. L.D. cria et tomba du wagon. Il roula au bas d'un remblai. Sans réfléchir, je me lançai dans le vide pour le rejoindre. Dès que je touchai le sol, je m'aplatis. Je m'approchai de L.D. et regardai en direction du dépôt. Le policier rangea son revolver et s'éloigna. Il était satisfait d'avoir justifié son salaire, j'imagine.

Une balle avait réduit le genou de L.D. en bouillie. Il hurlait de douleur. D'autres hobos qui avaient assisté à la scène avaient sauté de leur wagon eux aussi. Quelqu'un trouva un chariot et on transporta L.D. à l'hôpital le plus proche. Sauf que ce n'était pas le bon. On nous dirigea vers un autre établissement où on acceptait les Noirs. Finalement, on dut lui couper la jambe à la hauteur du genou. Je lui rendis visite à l'hôpital plusieurs fois, puis au bout d'une semaine je lui annonçai que je partais.

– Je ne t'attendrai pas, lui dis-je. Je m'en vais et j'ai l'intention de voyager tout seul.

Après cette aventure, j'imagine que ma mère espérait me voir rester à la maison. Mais si c'était le cas, elle garda cette réflexion pour elle. Quand elle me supplia d'être prudent, je sus à quoi elle pensait. Je lui en fis la promesse et je m'éloignai rapidement avant qu'elle ne fonde en larmes. J'avais un sac de couchage, de la farine, des pommes de terre et des petits pains. Je conservai quelques *cents* dans ma poche et je dissimulai quelques billets et pièces de un dollar dans ma botte.

Cette fois, je m'en allais à pied et ce fut un vrai plaisir. Je n'avais jamais quitté le comté d'Harrison auparavant, et j'avais le sentiment que le monde entier me tendait les bras. Lorsque la nuit tomba, je trouvai un endroit sec, un peu à l'écart de la route, et je sortis les petits pains que ma mère avait cuits pour moi. J'entendais des criquets et des grenouilles – rien d'autre. Je me sentais seul, et pour une raison ou pour une autre je repensais aux Little et à la solitude dont j'avais souffert chez eux les premiers jours. Mais aujourd'hui ça n'avait plus d'importance. Lorsqu'il y avait des gens, j'appréciais leur compagnie. Quand il n'y en avait pas, ça me plaisait tout autant. J'avais appris quelques bonnes leçons au cours de ces quatre ans passés chez les Little.

J'eus envie d'allumer un feu, et puis j'y renonçai. Un Noir seul sur la route avait plutôt intérêt à ne pas se faire remarquer. J'étais suffisamment malin pour éviter les ennuis. Le lendemain après-midi, j'étais loin de la maison, plus loin que je n'avais jamais été de ma vie. J'avais dépassé les dernières fermes que je connaissais. Savoir qu'à partir de là tout était nouveau me donnait envie de connaître le reste du monde.

Vers la fin de la journée, je parvins à un campement le long de la voie ferrée. Il se trouvait à environ trois kilomètres de la gare suivante. En ce temps-là, les hobos voyageaient dans les trains de marchandises et vivaient le long des rails. Je n'avais pas l'intention de m'arrêter, mais ils me firent des signes de la main et je m'approchai du feu. Ce n'étaient pas de mauvais bougres, mais mes parents m'avaient appris à travailler dur et à avoir davantage de fierté. Et j'avoue que la campagne alentour était plus belle et plus propre que leur campement. Si étrange que cela puisse paraître, leur pauvreté ne les empêchait pas d'être généreux. Si l'un d'eux avait de la nourriture, personne ne mourrait de faim. Ils m'offrirent un petit morceau du lapin qu'ils étaient en train de faire cuire sur leur feu. Par politesse, je m'approchai et m'assis avec eux. Ils étaient en train de discuter des lois sur le vagabondage.

On arrêtait les gens qui faisaient la route et ne travaillaient pas. Certaines villes appliquaient ces lois à la lettre et rendaient la vie difficile aux chômeurs. Je ne sais pas si c'était bien ou mal, mais je n'avais pas ce genre de problème. Parce que j'avais toujours travaillé. Et quand mon salaire n'était pas terrible, je trouvais un second emploi. On pouvait me confier n'importe quelle tâche. Rien ne me faisait peur.

Certains de ces hobos étaient blancs, et d'autres noirs. Le Texas n'était pas riche. Je n'avais jamais rencontré de gens aisés. Mais même si la situation de la population était difficile, vagabonder le long des voies ferrées c'était tomber au plus bas. Je pense que seul leur dénuement rapprochait ces Blancs et ces Noirs. Parce que dès qu'il y avait un peu d'argent, la bonne vieille histoire recommençait. Alors il y avait le riche et le pauvre, le Blanc et le Noir, eux et nous. Et donc, d'une certaine façon, on était tranquilles ici autour du feu, sans ces différences. N'empêche que j'étais désolé pour ces hommes. Comment se sentir bien en sachant qu'une ville ne voulait pas de vous, qu'on vous jetterait en prison si on vous attrapait, ou que vous auriez droit à la chaîne des forçats juste parce que vous étiez sans emploi ? J'avais pitié de ces malheureux qui ne cessaient de se déplacer pour éviter les ennuis et ne pourraient jamais s'installer nulle part. Mais ils étaient allés dans des tas d'endroits et je suivis donc leur discussion avec beaucoup d'intérêt.

Dans le soleil couchant, je voyais encore distinctement l'homme qui parlait de l'autre côté du feu. Il se nommait Billy, je crois. Il était blanc et sur son visage se lisaient les temps difficiles qu'il avait vécus. C'était le plus vieux, et quand il parlait on l'écoutait. À cette époque, où que vous soyez, l'âge imposait toujours le respect. Billy avait encore tous ses cheveux, mais ils avaient blanchi. Il était ridé et usé par le soleil. J'imaginais qu'il avait beaucoup travaillé en plein air, ou qu'il avait longtemps vécu dehors. Il parlait avec les mains et, derrière lui, les ombres s'allongeaient et tressautaient. Tout en rongeant mon petit bout de lapin, je l'observais autant que je l'écoutais.

– À Galveston, y avait un campement sur la plage. Les poissons étaient gros comme ça.

Il ouvrit les bras et ça me fit sourire. Un autre homme, un certain Ralph, répondit :

– Super, Billy ! Mais comment ça se fait que je n'aie jamais rencontré ce genre de poiscaille ?

On voyait bien qu'il essayait juste de se moquer de lui.

– Tu ne me crois pas, hein ?

– Ben, c'est vrai, je me pose des questions.

– En fait, il était encore plus grand que ça, dit Billy. C'est juste que mes bras ne sont pas assez longs.

Ralph avait l'air de s'amuser beaucoup.

– Tu m'en diras tant ! s'exclama-t-il.

– Et c'est pas tout, poursuivit Billy. Si les poissons ne mordaient pas, tu pouvais aller à l'endroit où les bateaux déchargeaient et tu ramassais les crevettes qui tombaient sur le quai. Ça fait deux ans que je suis pas retourné là-bas, mais c'était aussi facile que ça.

Un autre homme dont j'ai oublié le nom demanda :

– Ils sont durs dans ce coin-là avec les lois sur le vagabondage ?

Billy acquiesça.

– Tu traînes sans travail et ils te bouclent illico. D'ailleurs, je crois pas qu'il y ait beaucoup de boulot là-bas, à moins, bien sûr, que tu aies un bateau de pêche à toi.

Pour eux, c'était aussi invraisemblable que de posséder le yacht du président des États-Unis ! Tout ce qu'ils avaient était là dans ce camp. Un Noir prit la parole et tout le monde se tourna vers lui.

– J'arrive d'un endroit où on trouve du turbin. Mais ça a rien à voir avec la pêche.

On l'écouta avec plus d'attention.

– C'est un travail dur et le salaire est très bas, mais y en a autant qu'on veut, ajouta-t-il.

À ces mots, je constatai que la plupart de ses interlocuteurs se désintéressaient de son récit. Mais pas moi.

– Et c'est quoi ? demandai-je.

– Construction de digues.

– Et comment ça se passe ?

– Ça se passe comme ça : un boulot difficile, en plein soleil, toute la journée.

– C'est plus dur que de ramasser du coton ?

– Oh, oui ! dit-il. Tu charries de la terre. C'est plus lourd que le coton.

– Et il y a des places ?

– Toujours. Les gens vont et viennent. Ils ne restent pas longtemps. Trop épuisant.

– Ça se passe où ? demandai-je.

– Le long du Mississippi, un peu au sud de Memphis. Dans le Tennessee.

Je me levai, jetai les os du lapin dans le feu puis essuyai mes mains graisseuses sur les jambes de mon pantalon.

– Attends, où tu vas ? me demanda-t-il.

– À Memphis.

– Memphis ! T'as donc pas écouté ce que j'ai dit !

– Sûr, répondis-je en souriant. J'ai écouté chacune de tes paroles.

Tout le monde m'observait.

– Bon, faut que je file, dis-je. Je veux être à la gare avant qu'on n'y voie plus rien.

– Pourquoi n'attends-tu pas demain ? Le *City of New Orleans* passe ici très tôt. Je ne suis même pas sûr qu'il y ait un train pour Memphis ce soir. En plus, le *City of New Orleans* est parfait quand on veut y grimper en cours de route.

– Ben, je...

– Il a raison. Ce sont les meilleurs wagons de marchandises de la ligne ! ajouta le gars de Memphis en riant.

– Vous inquiétez pas, dis-je. S'il n'y a pas de direct pour Memphis ce soir, j'en trouverai peut-être un autre qui m'avancera un peu.

Je n'avais jamais été aussi libre. Personne pour se soucier de moi.

– Merci pour le repas, ajoutai-je.

Et je marchai jusqu'à la gare.

– C'est quand, le prochain train pour Memphis ? demandai-je au gars qui vendait les billets.

– Pas avant demain matin. Mais autant que je te prévienne tout de suite : le chef de triage déteste les vagabonds qui grimpent dans les wagons. Un type s'est fait écraser la semaine dernière et on a dû arrêter le trafic toute une matinée. Tu as choisi le mauvais endroit, mon garçon.

Il m'avait dit ça d'un ton désagréable, mais je me sentais trop bien pour que ça me dérange.

– Bon, vous en avez un autre dans cette direction ? m'informai-je.

– Tu n'as pas entendu ce que je viens de dire sur les vagabonds ?

– Si, monsieur.

Je plongeai la main dans ma botte et en sortis un billet. L'homme fut surpris de voir un Noir avec de l'argent. Cela m'amusa mais je n'étais pas idiot au point de le laisser paraître.

– Texarkana, dit-il alors d'une voix un peu plus aimable. (Il m'indiqua de la main le train à l'arrêt puis consulta sa montre.) Il part dans quarante-cinq minutes.

– Ça me rapproche de Memphis ?

– Oui, c'est à peu près à mi-chemin. De là tu pourras trouver un autre train pour Memphis, mardi.

– C'est combien ?

– Deux dollars trente-cinq en troisième classe.

J'étais assez fâché avec les chiffres mais je lui tendis un billet comme si ça allait de soi. De cette façon, je ne risquais pas qu'il m'escroque sur la monnaie.

Il m'indiqua une banquette dans la gare.

– Tu attends là. Embarquement dans vingt minutes. La voiture réservée aux Noirs est à l'arrière.

Je fis comme si tout ça n'était pour moi que pure routine. Mais en réalité je me sentais vraiment heureux. J'étais trop excité pour rester assis là où l'employé me l'avait proposé. Je ramassai donc mon sac et sortis faire un tour.

C'était une petite gare, même si je n'en savais rien à l'époque. Le bureau où on achetait les billets était le seul bâtiment de l'endroit. Les banquettes étaient sous un simple auvent, mais la nuit était douce, sans le moindre souffle d'air, et on n'avait pas besoin de s'abriter. J'étudiai avec étonnement une grande carte fixée sur des poteaux. Elle ne ressemblait pas à celles qu'on avait du côté de chez moi. À la manufacture de coton, j'avais vu des hommes en dessiner par terre avec un bâton pour montrer où ils avaient acheté de nouvelles parcelles de terre à cultiver. Ou alors, elles servaient à indiquer comment trouver une ferme où quelqu'un avait un mulet ou autre chose à vendre. Mais aucun nom n'y était jamais inscrit. On y notait les rivières, parfois un croisement ou une épicerie-bazar. Tout était tracé dans la terre, et certains gars étaient bons pour ça, à Marshall.

J'examinai celle-là un moment. Elle était belle. Les lignes noires avec leurs petites barres devaient être les voies de chemin de fer. Une grosse flèche rouge indiquait sans doute la gare où on était, mais je n'en aurais pas mis ma main au feu. Je me demandais si Texarkana s'y trouvait. Et Memphis ? Ça serait vraiment drôle ! Mais en cet instant j'étais persuadé que tout était possible.

Quand un couple de Blancs s'approcha pour la regarder, je retournai à ma banquette. Ils montrèrent quelque chose du doigt, probablement leur destination, puis ils partirent vers l'avant du train. Ce n'était pas encore l'heure de prendre place, mais l'homme avait sorti sa montre et il semblait penser que le départ était proche. Moi, je n'avais pas de montre, mais je savais qu'il avait raison car la locomotive commençait à cracher de la vapeur. Bientôt, les employés ouvrirent les portières des wagons et le chef de train s'écria :

– Embarquement pour Woodlawn, Jefferson, Lassiter, Hughes Springs, Linden, Red Hill, Maud, Wake Village et Texarkana !

Il était bon, ce gars. Il avait annoncé tout ça sans reprendre une seule fois sa respiration et il avait laissé traîner sa voix sur « Texarkana » comme un musicien tenant une note. Il le faisait probablement pour la beauté de la chose, et non pas parce que Texarkana était à cheval sur l'Arkansas et le Texas. Quoi qu'il en soit, le lendemain matin j'aurais quitté le Texas pour la première fois.

Je grimpai dans le wagon. L'employé me jeta un coup d'œil mais il ne m'aida pas à charger mon sac de couchage. Pourtant, il se montra gentil.

– Bienvenue à bord du Texas and Southern Railroad, me dit-il comme si la compagnie lui appartenait.

J'aimais ça. Je lui tendis mon billet. J'étais fier d'en avoir acheté un et de ne pas être obligé de voyager avec les hobos. Toujours payer quand on pouvait. À mon idée, c'était la seule chose honnête à faire. Il le poinçonna et me dit :

– Vous allez jusqu'à Texarkana, hein ? (Je fis oui de la tête.) C'est parfait. Installez-vous. Quelqu'un passera dans un moment vendre des sandwiches et des gâteaux.

Il y avait déjà quelques passagers, mais il restait beaucoup de places libres et je trouvai un siège sans difficulté. Je regardai autour de moi. Des familles, quelques hommes seuls, et aussi plusieurs militaires. En 1920, deux ans après la guerre mondiale, les soldats voyageaient toujours. En fait, des unités de couleur étaient encore en service. Les Noirs recevaient une solde.

Certains voyageurs sortaient des oreillers et des couvertures. L'employé était revenu avec des oreillers à louer. Je l'ignorai, mais le regardai travailler. Je me demandais si le personnel dormait aussi dans ces trains de nuit. À l'époque, seuls les Noirs faisaient ce travail – et cela dura encore de nombreuses années. Les Noirs ne pouvaient pas espérer mieux qu'un emploi aux chemins de fer. Le salaire était plus élevé qu'ailleurs. Mais il n'était pas facile de trouver ce genre de boulot.

Je n'avais aucune envie de dépenser de l'argent pour un oreiller. D'ailleurs, je n'avais pas l'intention de dormir. C'était la première fois que je prenais le train et il n'était pas question que je rate une miette de ce plaisir. Je me retins à la banquette en prévision du départ, mais ce ne fut pas aussi terrible que je l'imaginais. Le mouvement du train et le claquement régulier des roues me prouvèrent qu'on était vraiment partis. D'autres passagers montèrent à Woodlawn et à Jefferson. Les gares se ressemblaient beaucoup, et comme c'était la nuit elles étaient désertes. On attendait un moment à chaque arrêt, puis le chef de train passait poinçonner nos billets. J'aimais bien cette idée que tout le monde allait quelque part. Surtout que maintenant j'appartenais à ce mouvement.

Fasciné par ce que je pouvais apercevoir par la fenêtre, je ne fis pas attention à l'homme jusqu'à ce qu'il me tapote l'épaule, au moment où l'on quitta Hughes Spring. Il montra du doigt la place vide à côté de moi. À voix basse, car beaucoup de monde dormait autour de nous, je dis :

– Sûr, allez-y. C'est libre.

Il posa sa valise dans le compartiment à bagages au-dessus de nous.

– Je m'appelle Charles, me dit-il en me tendant la main.

– George.

– Où est-ce que vous allez ?

– À Texarkana cette nuit, et puis jusqu'à Memphis.

– Ouais. Moi aussi je vais à Texarkana.

Je ne m'étais jamais éloigné autant de chez moi. J'étais très excité, mais un peu effrayé aussi. Charles avait l'air d'avoir mon âge, il était peut-être un peu plus vieux, en tout cas il semblait sûr de lui. Il était bien habillé, avec des vêtements propres achetés dans un magasin. Et il avait une valise.

– Vous connaissez Texarkana ? lui demandai-je.

– Sûr. J'y suis allé plusieurs fois.

– C'est un endroit sympa ?

– Ouais. J'ai toujours aimé cette ville.

J'acquiesçai. Je savais qu'elle me plairait aussi, comme si j'avais passé toute ma vie dans les trains.

– Vous travaillez là-bas ?

– Non, dit-il, mais j'y ai des contacts et il est toujours utile pour moi de m'y arrêter.

Je n'avais aucune idée de ce qu'il voulait dire, mais je fis semblant de comprendre.

– Vous n'avez qu'à rester avec moi, George. Je m'occuperai de vous et je vous montrerai un peu le coin avant que vous repreniez le train pour Memphis.

Il ôta sa veste pour s'en servir comme oreiller, repoussa un peu son siège et ajouta :

– Le voyage est long. Je vais essayer de dormir un peu.

Pas moi. J'allais quelque part et je ne voulais surtout rien rater.

CHAPITRE IX

LE PRÉSIDENT EST SATISFAIT DES RÉSULTATS
DE SON VOYAGE. IL FAIT DES DISCOURS
DEPUIS LA PLATE-FORME ARRIÈRE DE SON TRAIN
QUI TRAVERSE LES PLAINES DU DAKOTA

À bord du train présidentiel, 10 septembre. Le président Wilson a prononcé aujourd'hui plusieurs discours devant des foules en délire, tandis que son train roulait vers l'ouest à travers les plaines du Dakota du Nord. Il n'est descendu qu'une fois, à Bismarck, pour une allocution sur le traité de paix. Le prochain arrêt est prévu demain à Billings, Montana. Si on en croit ce que le président a déclaré aujourd'hui, cette semaine de voyage l'a convaincu que la Nation est unie pour garantir la paix internationale.

The Marshall Morning News,
11 septembre 1919.

J'aimais bien quand l'employé annonçait les gares – sauf que Linden et Red Hill ressemblaient comme deux gouttes d'eau à Lassiter et à Hughes Spring. Difficile à dire au milieu de la nuit, mais ces villes paraissaient de plus en plus petites au fil du voyage. Elles avaient ce qu'on appelait un « arrêt facultatif », c'est-à-dire une simple plate-forme le long de la voie ferrée d'où les voyageurs faisaient signe au train de s'arrêter. S'il n'y avait personne, le train continuait. Voilà pourquoi il était si lent. Même pendant la nuit il stoppait à la demande à des endroits où il n'y avait que quelques fermes, voire une petite usine. Les gens agitaient une lanterne pour prévenir le conducteur. La plupart ne pouvaient pas s'offrir de voiture, et il n'y avait pas encore d'autoroutes. L'électricité était assez rare et la nuit très sombre.

J'avais décidé de tout voir, mais je finis par m'endormir. À l'heure où je vous parle, je ne connais toujours pas Linden, ni Red Hill – et Maud non plus. Si j'avais su que je n'y reviendrais jamais au cours des quatre-vingts années suivantes, j'aurais sans doute fait un effort pour rester éveillé ! En fait, je ne rouvris l'œil que lorsqu'il fit jour, deux heures avant notre arrivée à Wake Village. Mais ce ne fut pas la lumière qui me réveilla : le train stoppa brusquement. J'avais bien eu conscience de tous les autres arrêts au cours de la nuit et des gens qui montaient ou qui descendaient, mais je m'étais toujours rendormi. Cette fois, pourtant, ce fut différent. Je fus précipité sur le siège devant moi. Des voyageurs qui se trouvaient du côté du couloir tombèrent même sur le plancher. Il y avait eu un glissement de terrain et une section de rails avait été légèrement déplacée. Un gars nous attendait sur la voie pour nous prévenir. Une brusque inondation avait emporté une partie du terrain. Des ouvriers étaient déjà au travail.

Je descendis pour regarder le paysage, mais il n'y avait rien à voir, ni dans un sens ni dans l'autre. Deux heures plus tard, les cheminots remirent les rails en place. C'était lourd. Des passagers leur donnèrent un coup main. Moi aussi.

On repartit alors que le soleil venait juste de se lever. Charles jeta un coup d'œil à sa montre.

– La correspondance pour Memphis part dans une heure, dit-il. On n'arrivera pas à temps. Tu seras obligé de prendre le train de minuit.

– Ça me va, murmurai-je. Si je voyage de nuit, je n'ai pas besoin de trouver un endroit où dormir.

– On sera à Texarkana dans la matinée, ajouta Charles. Je connais ce bled. Je t'emmènerai faire un tour.

À notre arrivée, je restai donc avec lui. « Texarkana, la ville assez vaste pour s'étendre sur deux États », annonçait sur un mur de la gare un grand panneau que me lut Charles.

– Deux États ! lança-t-il. Que penses-tu de ça, mon gars ?

– C'est super ! répondis-je. Je n'ai encore jamais quitté le Texas.

– Parfait. Il y a un café à deux pâtés de maisons d'ici. On va s'offrir un petit déjeuner en Arkansas, dit-il en souriant.

Comme dans la plupart des bourgades de la région, le quartier noir était situé le long des voies ferrées, si bien qu'on n'eut pas à marcher très longtemps. Chez Papa Joe, tout le monde connaissait Charles – qui avait l'air d'apprécier. En s'asseyant, il annonça :

– Voici George. C'est un ami.

Les cafés de Marshall n'étaient pas aussi beaux. J'aurais aimé être capable de lire le menu, mais ça ne posa pas vraiment de problème.

– Ça paraît parfait, dis-je. Je prends la même chose que Charles, mais sans café.

Je n'en ai jamais bu. Je n'aime pas ça.

Texarkana était une grande ville, mais la cuisine de Papa Joe était aussi bonne que chez moi. Je mangeai tout en écoutant un ami de Charles venu s'asseoir avec nous. Tout le monde m'avait été présenté sauf cet homme-là, et donc j'ignore son nom.

– Tout va bien, côté Arkansas ? demanda Charles.

– Oh, oui ! Y a un combat de coqs cet après-midi chez Ronnie. (Charles hocha la tête, et l'inconnu ajouta :) Oh ! y a aussi une partie à l'endroit habituel, ce soir. Ça commence à la nuit.

– Je t'y retrouve, dit Charles.

L'homme se leva et s'éloigna.

Papa Joe nous assura qu'on pouvait laisser nos affaires chez lui. On les rangea donc derrière le comptoir. Si je retourne là-bas un jour, je reprendrai de leur excellent gâteau aux noix de pécan. Ensuite, on s'en alla. On traversa un de ces marchés qui se tenaient alors dans la plupart des villes. Les fermiers venaient y vendre leur production, à l'arrière de leurs chariots ou, pour certains, de leur camion. Il n'y en avait pas encore beaucoup, mais au fil des années on en vit de plus en plus. On marchait mieux dans les rues maintenant qu'elles étaient moins envahies par le crottin de cheval.

À la sortie du marché, on prit des ruelles bordées de vieux entrepôts en bois. Charles frappa à une certaine porte. L'homme qui nous ouvrit nous fit entrer sans un mot. On se retrouva dans une pièce au sol de terre battue. Il y avait des balles de foin le long des murs. Quand mes yeux furent habitués à l'obscurité, je vis le groupe d'hommes rassemblés de l'autre côté de la salle. Charles se dirigea vers eux et je le suivis. On s'arrêta au bord du cercle. Tout le monde sortit de l'argent pour parier sur un combat de coqs qui commençait. Charles me donna un petit coup de coude.

– Tu veux un conseil ? Celui-là est plus petit, mais c'est un bagarreur. C'est sur lui que je mets mon pognon...

Il détacha quelques dollars d'un rouleau de billets et les posa devant lui. Mes économies, elles, restèrent dans ma botte. Je ne jouais pas. J'eus envie de retourner immédiatement à la gare, mais mon train ne partait pas avant minuit et je n'étais pas sûr de me souvenir de l'itinéraire. En outre, je ne connaissais pas cette ville, et un Noir qui aurait traîné toute la journée à la gare aurait risqué d'avoir des ennuis. Le mieux était donc de rester avec Charles.

Si vous n'avez jamais assisté à ce genre de spectacle, croyez-moi, vous n'avez rien raté. Ces animaux sont élevés pour tuer et je pense qu'ils aiment ça. Quand ils arrivent, ils sont très beaux. Leurs propriétaires les portent sous le bras. Ils sont sages tant qu'on ne les pose pas dans l'arène. Je ne comprends pas pourquoi, mais alors c'est l'enfer. Ils se sautent dessus à l'instant même où on les libère. Ils semblent savoir pourquoi ils sont là.

Les hommes changent aussi. Les spectateurs qui attendaient là en se taquinant gentiment forment soudain un cercle. Et dès cet instant on n'imagine pas foule plus excitée. Chaque fois que le sang jaillit, ils hurlent ou gémissent à tel point qu'on pourrait croire que ce sont eux qui sont blessés. Dès que le sang coule, le rythme du combat paraît encore s'accélérer. Mais bientôt les coqs sont épuisés et ils se calment. Leur regard change. On dirait qu'ils ont compris que l'un d'eux va mourir. Bientôt, il est facile de voir lequel l'emportera. Les spectateurs le sentent aussi. Suivant ce qu'ils ont misé, ils lancent des acclamations ou des jurons.

Comme je n'avais pas joué d'argent, je me tenais à l'écart et me contentais de suivre la scène. Il y eut de nombreux combats avec différents volatiles. La plupart du temps, je devinai le vainqueur. Pour moi, ce n'était pas tant la taille du coq qui comptait que son allure et sa vitesse. Du moins je voyais les choses ainsi, et si j'avais parié j'aurais ramassé une bonne petite somme. Hélas ! ce n'était pas le cas de tout le monde. Certains commencèrent par gagner, mais ils restèrent trop longtemps et reperdirent tous leurs gains. S'ils avaient été raisonnables, ils auraient pu s'en aller contents. D'autres n'eurent aucune chance, et ce depuis le début. Si bien que la foule diminua peu à peu et que les combats finirent par cesser. Il y eut pourtant quelques heureux. Charles s'approcha de moi en riant.

– Hé ! George, tu m'as porté chance ! s'exclama-t-il. Mon vieux, tu pourras m'accompagner chaque fois que tu le voudras !

Maintenant, si vous me demandez mon avis, une fois ça allait, mais je n'avais aucune intention de revoir ce genre de spectacle. Pourtant, comme Charles était gentil, je me contentai de sourire.

– Non, non, je suis sérieux, dit-il. Viens, allons déjeuner, et c'est moi qui invite !

Je reconnus le chemin du retour. Finalement, l'itinéraire n'était pas aussi compliqué que ce que je m'étais imaginé en arrivant. Le marché était en train de fermer. Il ne restait plus sur la place qu'un petit nombre de camions et de chariots. Papa Joe était bondé, mais le propriétaire nous accueillit et nous trouva une table. Charles m'assura qu'il faisait d'excellentes côtelettes – et il avait raison. J'en avais déjà mangé d'aussi bonnes, mais jamais de meilleures. Au cours du repas, Papa Joe vint s'asseoir avec nous un moment.

– Ça a mieux marché, aujourd'hui ? demanda-t-il à Charles.

– Oh, oui, super ! George m'a porté chance.

– Ouais, et tu me montres ça ? dit Papa Joe.

– Hé ! t'inquiète pas, j'ai ce qu'il faut.

Charles produisit un rouleau de billets encore plus gros que celui que j'avais vu la première fois. Il en prit quelques-uns et les fit glisser sur la table vers Papa Joe.

– Maintenant nous sommes quittes, dit-il.

Papa Joe hocha la tête, ramassa l'argent et le glissa sous son tablier de cuisinier. Charles lui tendit quelques billets supplémentaires et ajouta :

– Et ça, c'est pour te remercier.

Papa Joe lui serra la main avec un grand sourire. Il se leva et cet argent-là aussi disparut sous son tablier.

– T'as l'air prêt pour ce soir, dit-il.

– Exact. Je suis en pleine forme.

– Parfait. Tu peux encore refaire appel à moi en cas de besoin.

Mon sac était toujours derrière le comptoir. Je le récupérai, car je prenais le train pour Memphis cette nuit-là. En me disant au revoir, Papa Joe annonça :

– Mon garçon, si tu repasses à Texarkana, fais un saut chez moi ! Y aura toujours un bout de tarte avec ton nom écrit dessus.

Je le lui promis.

Quand on sortit du café, il faisait beaucoup moins chaud. La nuit n'était pas loin de tomber et des chauves-souris tournoyaient autour de nous. On ne prit pas la même direction que l'après-midi. Et on ne se perdit pas dans des ruelles tortueuses. On arriva dans un quartier où presque tous les magasins étaient déjà fermés, sauf les bars. Les lampadaires étaient allumés, mais les rues étaient désertes.

Au coin de l'une d'elles, on tomba sur un petit groupe d'hommes. Charles n'eut pas l'air surpris. Il y avait là une douzaine de personnes et il me fallut une bonne minute pour comprendre ce qui se passait. Ils jouaient aux dés contre le mur de l'immeuble, sur le trottoir en ciment.

Après ce que j'avais vu l'après-midi, j'aurais dû m'attendre à quelque chose de ce genre. Je pensai repartir immédiatement, mais j'avais encore beaucoup de temps avant mon train, à minuit, et il était plus facile pour moi de rester que de m'en aller et de devoir m'expliquer avec Charles. Mon argent était bien caché dans ma botte, et je n'avais pas l'intention d'y toucher. Comme ma présence ne semblait déranger personne, je demeurai pour assister à la scène.

Les participants aux combats de coqs étaient autrement plus excités quelques heures plus tôt. Et pourtant il y avait autant d'argent en jeu ici, sinon plus. Les hommes secouaient leurs dés et je les entendais murmurer :

– Fais un sept, fais un sept...

Et ils jouaient, encore et encore. Certains étaient calmes et silencieux. D'autres bougeaient leur corps comme pour influencer la course de leurs dés. Il fallait voir ça ! Oui, c'était un sacré spectacle pour un jeune homme de Marshall ! Je m'inquiétais un peu de ce que ma mère aurait pensé, mais je me disais qu'il n'y avait aucun mal à rester avec ces gens.

Curieusement, au moment même où cette idée me passait par la tête, les dés s'arrêtèrent de rouler. Un homme cria :

– Hé, tu triches !

Ce n'était pas le genre d'accusation qu'on pouvait porter à la légère. Même moi j'étais au courant. Je décidai donc de m'éloigner, mais en fait je ne fis pas un geste – je n'osais pas. Tout le monde s'était immobilisé aussi.

– Et pourquoi tu dis ça, Robert ?

Je ne savais pas si cet homme qu'on accusait était innocent ou s'il jouait la comédie. Mais je vis bien que le dénommé Robert n'en démordrait pas.

– Je le dis parce que tu triches, Lester !

L'amour-propre de Lester était bafoué. Les choses tournaient mal.

– Tu as intérêt à arrêter de parler comme ça, Robert...

– Non. Pas avant que tu m'aies montré tes dés.

– Tu dis que tu veux voir mes dés ?
– Tu as très bien entendu ce que j'ai dit.
– Arrête, Robert. Fais gaffe !
– Je pense que tu as raboté ces dés. Je veux les voir !

Quand on accuse quelqu'un de ce genre de chose, on peut tout aussi bien prétendre qu'il a planqué des as dans sa manche. Si on rabote légèrement le côté d'un dé, on est censé tirer plus de sept et de neuf. Robert était grand, et lorsqu'il s'avança son ombre était encore plus imposante. Lester répondit :

– D'accord. Puisque tu insistes, je vais te montrer quelque chose.

Mais il ne lui montra pas ses dés. Il sortit un revolver. Tout se passa très vite, alors même qu'on aurait juré que le temps s'était arrêté. Il y eut un coup de feu. Robert se figea. Deux autres détonations... Mon voisin, touché au bras, se mit à hurler. Lester tira de nouveau et la balle frappa Robert en pleine poitrine. Robert se tourna vers nous et nous regarda, l'air stupéfait. Il ne prononça pas un mot. Un peu de sang coula de sa bouche. Au bout d'une éternité, nous sembla-t-il, il tomba à genoux, puis il s'écroula sur le trottoir. Pratiquement à mes pieds. L'homme qui se trouvait à côté de moi lui prit le bras. Quelqu'un d'autre se pencha au-dessus de lui et lâcha :

– Bon sang, il est mort !

Lester jeta son revolver dans la rue et prit ses jambes à son cou. L'homme blessé au bras grommela :

– Les flics vont bientôt arriver pour arrêter quelqu'un !

– Ouais, ajouta un autre, et n'importe quel Noir fera l'affaire !

Je cherchai Charles du regard. Je le vis qui prenait la fuite. J'en fis autant – mais dans la direction opposée. Ma mère m'avait demandé d'éviter les ennuis et je venais de comprendre que le mieux, pour cela, était de m'éloigner de cet homme.

Mon cœur cognait dans ma poitrine lorsque je parvins à la gare. Je savais que je n'avais rien fait de mal, mais ça ne me plaisait pas du tout d'être mêlé à ce genre d'histoire. J'essayai d'oublier cette scène, mais elle repassait sans cesse dans ma tête. L'esprit humain est étonnant. Quand il essaie de vous dire quelque chose, il ne renonce jamais.

Je finis par reprendre mon souffle et retrouver un peu mes esprits. Je me souvins de ce que disait papa :

– Ne fais pas de bêtises et ton père sera fier de toi.

J'eus l'impression d'attendre longtemps. Je n'adressai la parole à personne. Je n'étais coupable de rien, mais j'avais failli me fourrer dans un sacré pétrin juste pour m'être trouvé là où j'étais. À partir de maintenant, décidai-je, quand je soupçonnerais qu'il y a un problème je changerais de trottoir ! Ça ne m'empêcherait pas de continuer mon chemin, mais je ne m'en mêlerais pas. Et depuis lors je me suis toujours tenu à cette méthode. Enfin je montai dans le train en laissant derrière moi une longue journée à Texarkana. Il y a quatre-vingts ans de cela, et je n'y suis plus jamais retourné.

Comme c'était un train de nuit, il n'était pas trop bondé. Là encore, l'employé louait des oreillers, mais je dormis très bien sans ça. J'ai toujours été capable de dormir n'importe où. Cette fois, je n'essayai pas de rester éveillé. J'avais déjà voyagé en train et je préférais prendre un peu de repos. À mon réveil, le jour était déjà levé et nous longions le Mississippi. Je demandai à l'employé des chemins de fer s'il était au courant pour les offres d'emploi sur les digues.

– Bien sûr, dit-il. Il y a du travail là-bas pour les Noirs, si c'est ce que vous cherchez.

– Oui. J'ai entendu dire que c'était à Memphis.

– Un peu plus au sud. En fait, c'est entre Chatfield et Bruins.

Pour déjeuner, j'achetai quelques gâteaux à une femme qui passait dans l'allée. Les trains étaient plutôt tranquilles à l'époque, et mon interlocuteur s'assit à côté de moi. Il sortit un gâteau de sa poche. Les conducteurs, les chefs de train et les autres employés n'étaient pas les seuls à travailler sur les lignes en ce temps-là. Il y avait aussi des gens qui avaient cuisiné toute la nuit pour vendre au petit matin un peu de nourriture aux voyageurs qui, pour la plupart, ne pouvaient pas s'offrir le wagon-restaurant. De toute façon, les wagons-restaurants étaient interdits aux Noirs – à part, bien sûr, les serveurs et les cuisiniers.

– On arrive bientôt dans ces fameuses villes ? demandai-je.

– Ouais. Dans pas très longtemps. Mais ce n'est pas exactement là qu'il faut que tu ailles. En fait, les ouvriers travaillent sur les digues entre les deux, sans doute à une dizaine de kilomètres de chacune d'elles. (Il pencha un peu la tête et m'observa.) En plus, je ne suis pas certain que ce soient des endroits très sûrs pour quelqu'un comme toi en ce moment. Il y a eu un incident là-bas il y a à peine un mois.

Il n'était pas facile pour un Noir de voyager. Ça pouvait même être dangereux. Parfois, les Noirs du coin avertissaient les nouveaux venus. Je compris immédiatement ce qu'il voulait dire. Le Klan se développait et faisait des siennes. L'« incident » en question était vraisemblablement un lynchage ou l'incendie d'une maison, voire de tout un quartier. Les croix qui brûlaient et les coups de feu au milieu de la nuit étaient assez courants pour que l'employé n'ait pas jugé utile de m'en parler. Parfois, après un « incident », tout le monde était assez énervé et la situation s'envenimait. Dans ce cas-là, débarquer dans une ville inconnue où le shérif ne vous avait jamais vu et traîner dans les rues toute la journée c'était chercher les ennuis.

Beaucoup de soldats étaient rentrés de la guerre avec quelques idées nouvelles qui s'accordaient mal avec celles des Blancs. Et si je tombais sur des gens excités, ils ne prendraient certainement pas la peine de me demander mon avis. Ils n'étaient pas d'humeur à discuter. Je n'avais pas peur, ou je n'aurais pas voyagé. Mais je n'étais pas fou non plus.

– Qu'est-ce que tu en penses ? dis-je. Je pourrais m'arrêter dans une de ces villes, éviter les routes et marcher à travers bois ?

L'employé rigola.

– Fils, on voit bien que tu n'es pas du Tennessee !

– Comment ça ?

– Même si tu fais très attention à éviter le Klan, dans la forêt tu pourrais tomber sur une distillerie clandestine. Les chiens se jetteraient sur toi avant même que tu dises ouf ! Ça ne serait pas mieux que si le Klan s'invitait à manger dans ta cuisine !

Tout cela n'arrangeait pas mes affaires, mais je répondis :

– Faudra bien que je tente ma chance. Je n'ai pas le choix.

Il sourit.

– J'étais sûr que tu allais dire quelque chose de ce genre, mais écoute-moi, j'ai un plan. Le train fera une halte à mi-chemin entre ces deux villes. Quand il ralentira, saute de ce côté-là. (Il me l'indiqua du doigt.) T'as pigé ?

– Ouais, j'ai entendu. Mais pourquoi le train s'arrêterait-il justement à cet endroit-là ?

– C'est mon problème, annonça-t-il. (Son sourire s'élargit.) Peut-être que j'aurai vu une vache sur la voie et que ce sera un cas d'urgence ?

Même avec leurs chasse-pierres, les trains étaient souvent obligés de stopper à cause d'une vache. Ils en heurtaient un certain nombre, mais ils préféraient éviter ce genre de collisions.

– Tu as le don de prédire la présence des vaches ? fis-je en rigolant.

– Ne t'inquiète pas pour ça, jeune homme. Quand tu auras sauté du wagon, tu fileras vers le sud sur un peu moins d'un kilomètre jusqu'à une route. Celle-là est sûre. Suis-la jusqu'au bas de la pente. Là, tu ne tarderas pas à trouver ton chantier.

L'employé se leva pour faire sa ronde. Je ne le revis plus, mais j'étais déjà près de la portière avant même que le train freine brusquement. À l'autre extrémité du wagon, je l'entendis qui hurlait :

– Pas de panique ! Il y a une vache sur la voie. L'arrêt sera très court. Restez à bord.

La voie faisait une large courbe et en regardant par la fenêtre je voyais loin devant nous. Aucune vache à l'horizon. Au moment où j'ouvrais la portière, je croisai le regard de l'employé. Je lui fis un petit au revoir de la main.

Il m'adressa un grand sourire et cria :

– Tout ira bien, m'sieurs-dames ! On chassera cet animal dans une minute. Il n'y a aucune raison de s'inquiéter.

Je tins la porte pour qu'elle se referme sans bruit. Je descendis les deux premières marches rapidement, et une fois sur la dernière je rassemblai mes forces. Je lançai mon sac de couchage et puis je pris mon élan pour sauter assez loin et éviter les traverses des rails. Mais à l'endroit où je touchai le sol la pente était raide. Je perdis l'équilibre et roulai un moment avant d'atterrir sur le ventre. Je m'accrochai à des touffes d'herbe, mais en vain. Je glissai jusqu'au bas de la colline.

Aucune importance. J'étais dans le Tennessee – encore un nouvel État –, et les choses se présentaient bien.

CHAPITRE X

Ils transportent sur l'Ohio et le Mississippi leurs charpentes métalliques et autres matériels depuis Pittsburgh. Un grand nombre de tuyaux de pipeline pour les champs pétroliers de l'Oklahoma et du Texas empruntent aussi cet itinéraire. Ils arrivent à La Nouvelle-Orléans sur des barges et on les charge sur des trains pour Houston et Beaumont.

National Geographic, novembre 1927.

« Ils parlent de leurs projets avec ce fleuve. [...] Mais laissez-moi vous dire une chose. Ce fleuve est le dieu et le maître de ce pays. Il est là depuis dix mille ans et il sera là encore plus longtemps. Tous ces gens se racontent des histoires s'ils croient qu'ils pourront faire quoi que ce soit avec lui sans son consentement. » – Un travailleur du Mississippi.

National Geographic, août 1983.

Richard me tendit des magazines.

– Puisque vous avez été employé sur les digues, j'ai pensé que vous aimeriez lire ça, me dit-il.

C'étaient deux vieux numéros du National Geographic, chacun avec un marque-pages au début d'un article sur le Mississippi. Je me souvins très bien des navires que je voyais sur ces photos. Des gars comme moi travaillaient sur les rives de ce fleuve. Cela me ramena loin en arrière.

– Ouais, fils, c'était vraiment comme ça, répondis-je.

– Vous vous rappelez les digues ?

– Bien sûr, Richard ! Je n'ai rien oublié depuis l'instant où j'ai posé un pied au Tennessee ! Je peux vous raconter tout ça si vous voulez.

J'avais attendu que le train se soit éloigné pour retourner chercher mon sac de couchage coincé un peu plus haut dans les buissons. La pente n'était pas très longue, mais elle était plutôt raide. Une fois mes affaires récupérées, je m'assis un instant, le temps de reprendre ma respiration. Je m'étais habitué au bruit de la locomotive et aux claquements réguliers des roues au point de ne plus les entendre, mais quand le train eut disparu je fus frappé par le silence qui m'entourait. Un moment plus tard, les oiseaux se remirent à chanter. De là où je me trouvais le panorama était exceptionnel pour le petit gars du Texas que j'étais.

C'était le printemps. Les arbres avaient déjà leurs feuilles. Je surplombais le Mississippi, que j'apercevais par-delà la forêt. Il était très large et ses différents bras semblaient s'étendre dans toutes les directions, jusqu'à ce que des sols plus élevés les arrêtent. Mais en cas de grosses pluies ce bon vieux fleuve passerait là où il voudrait. Oh, non ! rien ne pourrait le retenir !

Il était très beau et Dieu avait fait un travail magnifique en le fabriquant. Il n'y avait aucun moyen d'améliorer la tâche de la nature. Les êtres humains étaient simplement trop petits en comparaison. C'est ce que je sais, quatre-vingts ans plus tard. Mais à l'époque j'avais vingt et un ans, j'étais libre et imbu de moi-même – et donc j'étais ravi d'être là. Ce devait être un sacré boulot que de canaliser le fleuve ! On aurait certainement besoin de mon aide pour construire ces fameuses digues.

J'étais sûr que ce travail était fait pour moi. Je traversai les hautes herbes jusqu'à la lisière des arbres en me repérant par rapport au soleil, puis j'entrai dans les bois en me dirigeant vers ce que je pensais être le sud et en essayant d'avancer en ligne droite. La forêt était dense et ma progression pas aussi facile que ce que j'avais cru. Mais lorsque je vis un petit bout de ciel bleu à travers les feuillages, je changeai légèrement de direction. Oui, il y avait une route là, exactement comme me l'avait indiqué le garçon du train. C'est curieux, maintenant que j'y repense, mais il ne m'a pas dit son nom. Et pourtant il m'a sacrément aidé. Peut-être même qu'il m'a sauvé la vie. Qui sait ? Impossible d'imaginer dans quelle galère je me serais retrouvé sans lui...

Cette route correspondait à sa description. Elle descendait vers la vallée. Il paraît que je marche encore bien aujourd'hui, mais en ce temps-là j'avançais vraiment d'un bon pas. En plus, comme le terrain était en pente, je dévorais les kilomètres.

Soudain, entendant le bruit d'un chariot, je me jetai dans le fossé. Je restai accroupi là, hors de vue. Chargé de terre, le chariot était très bas. Je découvris alors que son conducteur était noir et cela me tira un sourire. Certain qu'il devait travailler sur la digue, je sortis de ma cachette.

– Houla ! cria le conducteur en s'arrêtant brusquement.

Au coup d'œil qu'il me jeta je compris que je lui avais fait peur. Il m'observa. Je restai immobile sans rien dire.

– Qu'est-ce que tu fabriques ici, mon jeune ami ? me demanda-t-il enfin.

Il n'était pas si vieux que ça. Il devait avoir à peu près l'âge de mon père.

– La digue est par là-bas ? dis-je.

– Ouais, en bas de cette route. Et en quoi ça te concerne ?

– Il paraît qu'il y a du travail ?

– Ouais, c'est possible, mais c'est un boulot très dur.

– Oh ! ça ne me dérange pas, m'exclamai-je. Je ramasse le coton depuis l'âge de quatre ans.

– Ben, ça n'a rien à voir avec le coton, fils.

– Oui, monsieur. N'empêche que j'espère trouver un emploi.

Il hocha la tête, mais je me dis qu'il ne me facilitait pas la tâche.

– Je vois bien que tu n'es pas d'ici, dit-il. D'où tu viens ?

Personne ne voyageait beaucoup, à l'époque, et un étranger devait se présenter. Ça n'est pas que les gens se méfiaient nécessairement, c'était ainsi, un point c'est tout.

– Je suis du Texas, répondis-je.

– C'est bien ce que je pensais, parce que tu parles drôlement.

J'en avais autant à son service, mais j'eus l'intelligence de ne pas le faire remarquer.

– Fils, si tu as parcouru tout ce chemin depuis le Texas pour travailler sur cette digue, autant grimper à côté de moi. On n'est qu'à dix minutes du campement mais je veux bien t'emmener. D'ailleurs, il est plus prudent que tu viennes avec moi.

En cours de route, j'appris qu'il se nommait Henry, qu'il était employé ici depuis plus d'un an, et qu'il y avait tout le boulot qu'on voulait. On arriva vers midi et on chercha le contremaître. On s'arrêta devant des chariots vides.

– Hé ! patron, y a un gamin, ici, qui veut être embauché.

Le contremaître en question sortit de derrière une montagne de terre. J'étais assis à côté d'Henry, mais il fit comme s'il ne me voyait pas.

– C'est un bosseur ? demanda-t-il.

– C'est ce qu'il prétend, patron.

Le ton et l'attitude d'Henry avaient changé dès le moment où il s'était adressé à lui. Moi aussi, je savais comment parler à un Blanc. L'homme nous ordonna d'approcher. Henry me donna un petit coup de coude et je sautai à terre. J'attendis en silence. Quand il me regarda, je baissai les yeux.

– Attends ici, Henry, dit-il. (Puis, se tournant vers moi, il demanda :) Tu as déjà travaillé sur une digue ?

– Non, monsieur.

– Tu sais mener un mulet ?

– Oui, monsieur.

– Te servir d'une pelle ?

– Oui, monsieur.

– Tu as ton propre mulet ?

– Non, monsieur.

Il fronça les sourcils et annonça :

– Tu auras trois repas et cinquante cents par jour. Tu aurais gagné le double si tu avais eu un mulet à toi.

– C'est parfait pour moi, monsieur, murmurai-je.

– Henry, trouve-lui une couchette.

– On a encore de la place dans ma cabine, monsieur.

– Parfait. Vide ta terre et ensuite fournis-lui un mulet et un chariot, ordonna encore le contremaître avant de s'en aller vers un hangar.

– Reste avec moi, me dit Henry. Je vais te montrer ce qu'il faut faire et t'aider à t'installer.

On avait abattu les arbres et débroussaillé l'ensemble de la zone. Des chemins partaient dans toutes les directions. Henry conduisit son chariot vers le fleuve, au milieu des ouvriers. On se retrouva au sommet d'un mur de rochers et de terre. On avança encore un peu et on s'arrêta derrière un autre chariot.

– Tu vois cette digue ? me dit-il.
Je hochai la tête.
– O.K. ! fit-il.
L'arrière du chariot s'ouvrit avec fracas. Je regardai la terre s'écouler.
– T'as compris ? Faut combler les espaces entre les rochers. Sinon, quand le fleuve monte, l'eau passe à travers. Tu penses que t'en es capable ?
– Pardi ! Ça me paraît assez simple.
Henry sourit.
– J'étais sûr que tu allais répondre quelque chose comme ça. Oh ! faudra aussi que tu remplisses ton chariot à ras bord. Je te montrerai.
On se dirigea vers un grand baraquement qui se dressait au fond de la clairière. Il mit le frein et on descendit. Le bâtiment était ouvert sur un côté et il y avait là sept ou huit mulets. Les autres étaient au travail.
– Fais ton choix. Mais attention ! Tu devras garder celui que tu prendras.
Il était midi passé et je supposai que les meilleurs étaient déjà partis. Ceux qui restaient n'étaient pas très beaux, mais je n'étais pas inquiet. Je connaissais assez ces bêtes-là pour savoir que le tempérament était plus important que la taille ou la force. Un mulet doit avoir du cran, mais en même temps ne pas être trop têtu. La plupart des gens n'en savent rien. Dans la chaleur de la mi-journée, ils étaient tous très calmes. Je les examinai avec grand soin les uns après les autres. Celui pour lequel je me décidai n'était pas le plus gros, mais il me manifesta un peu d'intérêt quand je passai devant lui. Je me dis que ça devait entrer en ligne de compte.
– C'est Joe, m'expliqua Henry. Il sera parfait.
On lui mit un licol puis on l'attacha derrière le chariot. Des harnais étaient suspendus au mur. Ils étaient un peu différents de ceux qu'on utilisait au Texas,

mais Henry m'indiqua ceux dont j'aurais besoin. On les lança à l'arrière et on se remit en route. On dépassa la cabane du contremaître. Les chariots étaient garés côte à côte sur une ligne et on s'arrêta à la fin de la rangée.

Bientôt Joe fut harnaché à mon chariot. Je dis « mon » parce que, lorsque d'un claquement de langue j'ordonnai à Joe de se mettre en marche derrière Henry, j'étais excité comme un gamin avec « mon chariot » et « mon mulet ». Et dire que j'avais déjà vingt et un ans.

Bon, je souriais comme un gosse, mais je me sentais un homme. J'étais très fier de moi en cet instant. Je n'avais jamais rien possédé en propre, à part la balle de base-ball que Pete m'avait offerte, et je me disais que cet animal et ce chariot étaient à moi, du moins tant que je travaillerais ici. Et tout en montant vers le sommet de la colline je me sentais l'homme le plus heureux du monde, car j'étais capable de construire une digue sur le grand fleuve Mississippi. Bien sûr, il y avait des centaines et des centaines d'autres ouvriers sur ce chantier. Mais si vous m'aviez demandé d'élever cette digue tout seul ça ne m'aurait pas posé le moindre problème tellement j'étais euphorique !

Je croisais des chariots chargés de terre et saluais d'un signe de tête chacun des conducteurs puisque c'était avec ces gens-là que j'allais désormais travailler. Je faisais comme si ç'avait été moi qui commandais, mais en réalité Joe semblait connaître notre destination et je n'avais qu'à le laisser avancer. Après avoir franchi la voie de chemin de fer, je suivis Henry qui tourna sur une autre route. Bientôt, on arriva à une clairière. On vira et on s'arrêta derrière les chariots rangés le long du flanc de la colline que des hommes creusaient à coups de pelle. Lorsque je sautai au sol, Henry m'indiqua d'un geste du bras ladite colline et me lança :

– Sers-toi !

Je pris ma pelle pour imiter mes compagnons.

Bon, j'avais toujours bossé comme il faut, mais j'admets qu'il se passa un moment avant que mon excitation retombe et que je prenne le bon rythme. Mon chariot n'était même pas encore à moitié plein que je me sentais déjà épuisé. Je fis donc plus attention pour réussir à tenir jusqu'au soir. J'étais si fier que rien ne m'aurait arrêté. N'empêche que je me murmurais à moi-même : Ce hobo avait raison. C'est beaucoup plus dur que le coton. Et puis je regardais autour de moi : si tous ces gars étaient capables de faire ce boulot, alors moi aussi. Cette pensée me permit de tenir les deux premiers jours, tandis que mon corps s'habituait à la tâche.

Il y avait une couchette libre pour moi dans la cabane d'Henry. Chaque cabane en comptait quatre. À mon arrivée, Henry logeait avec Eben et Thomas. Cette première nuit, sûr qu'il ne fallut pas me bercer ! Je m'assis sur mon lit pour enlever mes bottes, mais j'étais si crevé qu'après avoir ôté la première je m'écroulai avec une jambe hors du lit. Et je ne me réveillai que le lendemain matin, un pied toujours chaussé.

Au bout de quelques jours le travail me parut plus facile, et après une ou deux semaines ça allait. Même avec un salaire régulier et trois repas quotidiens, beaucoup d'hommes repartaient presque aussitôt, car c'était quand même un boulot très dur. Quant à moi, au bout de quinze jours, j'estimais avoir mérité ma place et je me sentais comme à la maison.

Toutes mes journées se ressemblaient. Après le premier chargement, je transportais la terre jusqu'à la digue. C'était la partie la plus facile. Ça n'avait sans doute guère d'importance, mais je veillais toujours à la verser dans les plus gros espaces libres entre les pierres. Je supposais que c'était là qu'elle était la plus utile. Vous comprenez, on m'avait appris à donner le meilleur de moi-même, pour n'importe quel travail. En plus de mes muscles je me servais aussi de ma tête ! Remplir le chariot, descendre vider la terre, tourner, remonter le remplir de nouveau, et ainsi de suite jusqu'à la nuit... Depuis très tôt le matin, il y avait une longue ligne de chariots dans les deux sens qui faisaient l'aller-retour entre le fleuve et la colline. Dès le début, j'avais regardé autour de moi et réfléchi à ce que j'étais censé faire. À aucun moment je ne ralentissais mon rythme ni ne causais le moindre ennui à personne, si bien que le contremaître n'avait jamais de raison de me faire le moindre reproche. Tous les ouvriers étaient noirs, mais les contremaîtres de chaque équipe étaient blancs. Ils étaient réglos, ils ne m'embêtaient pas, mais ils ne nous parlaient pratiquement jamais, sauf en cas de problème.

À midi, quand on entendait le coup de sifflet, on se retrouvait au réfectoire. On nous servait du ragoût et des petits pains, parfois un morceau de viande avec des pommes de terre. Évidemment, il y avait toujours quelqu'un pour se plaindre de la nourriture, et pourtant elle n'était pas mauvaise. Elle était même très copieuse – pour moi c'était l'essentiel. J'étais reconnaissant. Je n'allais pas faire le difficile, ça n'aurait pas été bien.

Le campement était vaste. Après le dîner, les ouvriers restaient dehors un moment et se rassemblaient autour du feu. Même chose les soirs d'été – le feu en moins. On discutait beaucoup et certains sortaient des instruments de musique. Ils jouaient presque tous les jours. J'aimais ça.

Le choix d'un mulet représente toujours un risque, mais je dirais que le mien avait été très judicieux avec Joe. De toute façon, lorsqu'on traite bien un mulet, ça marche toujours. J'avais appris ça chez nous – et à mes dépens, si vous vous en souvenez. Il faut être patient avec cet animal et s'arranger pour qu'il travaille *avec* vous plutôt que simplement *pour* vous. Je veillais à bien soigner Joe. Je le bouchonnais toujours et lui offrais une petite gâterie, une carotte ou une pomme si je pouvais, avant de m'asseoir à la fin de la journée. J'avais une terrible envie de me reposer, mais je m'occupais d'abord de lui.

Le vendredi, c'était la paye. Comme je l'ai dit, il y avait beaucoup de défections chez les ouvriers. Mais on pouvait au moins être sûr d'une chose : même s'il avait décidé de s'en aller, un manœuvre restait généralement jusqu'au vendredi. Je faisais la queue avec les autres pour recevoir mon argent. J'avais des heures supplémentaires presque chaque semaine, mais j'étais bien obligé de faire confiance à mes employeurs pour mon décompte, puisque je ne savais pas lire. Je n'étais pas le seul à signer d'une croix. Personne n'évoquait la question. C'était comme ça. Ai-je toujours reçu les sommes qui correspondaient à mon travail ? Je ne le saurai jamais, mais j'en doute un peu. Néanmoins, ça me suffisait et je ne me plaignais pas. En fait, je n'avais rien à acheter et je pouvais mettre de côté la quasi-totalité de mon salaire. Grâce à quoi je pus améliorer ma situation.

Un soir, deux mois après mon arrivée sur le chantier, Henry vint me voir en courant.

– George, me dit-il, tu connais un gars qui s'appelle Jeremiah ?

– Non, je ne crois pas. Pourquoi ?

– Il a un mulet à vendre.

– Ouais, et pour quelle raison ? demandai-je.

– Jeremiah est tombé malade, d'après ce que j'ai entendu dire.

– Alors, pas question d'acheter ce mulet, répondis-je.

– Et pourquoi donc ?

– Ça n'est pas bien de prendre le mulet d'un homme malade.

– L'animal est en pleine forme, lui ! s'écria Henry.

– Je sais. C'est juste que je ne trouve pas ça correct.

– Tu veux dire profiter de la situation de ce type et tout ça ?

– Ouais, exact. Ça n'est pas bien.

– Écoute. Ce Jeremiah, il ne peut plus travailler. Il est obligé de vendre son mulet.

– Parfait. Qu'il trouve quelqu'un d'autre.

– George, qu'est-ce que tu peux être têtu des fois !

– Exact. Ça m'arrive.

– Bon, tu vas m'écouter ! dit Henry. Jeremiah est malade. Il doit se débarrasser de son mulet. Et qui va lui proposer un prix honnête sur ce chantier ? Toi, ou quelqu'un d'autre ?

– Je comprends ce que tu veux dire. Allons voir cet homme.

Jeremiah se trouvait à l'autre bout du campement. Le mulet était attaché devant sa cabane. Je l'examinai avant d'entrer. La nuit était belle et tiède, et pourtant Jeremiah était couché à l'intérieur. Son nom ne m'avait rien dit, mais je le reconnus. J'avais même déjà discuté quelquefois avec lui. Il était dans une équipe différente et il travaillait sur une autre section du fleuve, et donc je ne l'avais jamais vraiment fréquenté. Un des gars qui vivaient avec lui dans la cabane lui annonça :

– Jeremiah, y a deux types qui sont là pour te voir... Et y en a un qui veut acheter ton animal.

On se rapprocha. Jeremiah nous fit un petit signe de tête et murmura d'une voix à peine audible :

– J'ai besoin de le vendre. Je te serais reconnaissant si tu le prenais. Ça t'intéresse ?

– Ouais, je pense que c'est possible, dis-je.

Il fit un geste en direction de la porte.

– Va jeter un œil.

J'avais déjà examiné sa bête mais je sortis avec son compagnon et Henry. Je demandai à l'homme quel était le problème de Jeremiah.

– Il est tombé malade il y a quelques mois. Il a continué à travailler, mais il y a environ deux semaines il s'est évanoui en chargeant son chariot. Il souffrait énormément, et la tumeur de sa jambe continue à grossir.

– Qu'est-ce qu'il va faire, alors ? voulut savoir Henry.

– Il a un frère en Caroline du Nord. Ça fait plus de cinq ans qu'il est sur ce chantier, mais il a toujours envoyé de l'argent à sa mère quand elle était encore vivante. Ces derniers mois il a gagné moins parce qu'il bossait plus lentement à cause de son état. Avant ça, sa femme a été malade aussi. Elle est morte et il a été obligé de payer les médecins. S'il vend son mulet, il aura assez d'argent pour s'acheter un billet de train. Je le conduirai à la gare.

– Cette bête vaut combien d'après toi ? s'enquit Henry.

– Elle est encore bonne, mais elle est vieille. Je dirais vingt dollars.

– Ouais, ça me semble correct, murmura Henry.

Je sortis mon argent de ma botte et me mis à le compter. J'en pris la majeure partie puis rangeai mes deux derniers dollars. Papa avait l'habitude de dire :

– Sois généreux en affaires, mais garde-toi toujours quelque chose pour quand il pleut.

Je retournai dans la cabane et donnai quarante dollars à Jeremiah. Il ne vérifia pas la somme.

– Merci, fils, chuchota-t-il.

Quand on fut dehors, Henry murmura :

– Il avait dit vingt dollars. Tu n'as pas entendu ?

– Si, j'ai entendu, répondis-je. Vingt dollars pour le mulet, exact. Les autres vingt dollars, c'était peut-être un moyen d'aider un vieillard.

– C'est bien. Je te comprends.

En ce temps-là, on considérait qu'un homme était vieux à cinquante ans. Jeremiah allait sur la soixantaine. Il était trop âgé pour ce genre de boulot. Mais tout le monde travaillait le plus longtemps possible. Bien obligé. On n'avait aucune retraite, d'accord ? Quand on tombait malade, ou qu'on devait arrêter, on n'avait pas d'indemnité de chômage, pas de sécurité sociale, rien. Rien sur quoi s'appuyer. Je pense que Jeremiah voulait juste rentrer chez son frère avant de mourir.

Je ramenai Joe à l'étable du chantier et me mis au travail avec Samuel. Il était un peu plus lent que Joe, mais de toute façon on ne gagne pas une course avec un mulet. Il avait assez mauvais caractère. Sans doute parce que Jeremiah et lui étaient restés ensemble si longtemps. Il n'avait pas l'habitude d'être commandé par quelqu'un d'autre. Certains estiment que ces bêtes-là ne pensent pas, mais à mon idée son maître lui manquait, et donc je le traitais gentiment. Il faisait ce que je lui demandais – à son rythme. Il était comme ça, mais je ne le laissais pas m'embêter non plus. Bref, il était à moi, et je prenais bien soin de lui.

Mais Samuel était vieux et je me rendais bien compte qu'il travaillait de plus en plus lentement. Chaque jour, quand il se mettait en route, on aurait dit qu'il avait mal partout. J'avais honte de l'obliger à bouger. Il faisait ce que je voulais, mais je voyais bien qu'il souffrait. Je me demandais quoi faire et je n'en savais rien. Un matin, Dieu répondit à mes interrogations. En arrivant à l'étable je découvris que Samuel était mort dans son sommeil. Je pris mon premier jour de congé depuis deux ans pour l'enterrer moi-même. Quand un mulet meurt, je ne sais pas où il va, mais Samuel a eu une belle tombe surplombant le Mississippi et la digue qu'il a aidé à construire. Jeremiah aurait sans doute été heureux de le savoir.

Joe n'était plus disponible. Je fus donc au travail dès le lendemain avec un autre mulet. Du coup, mon salaire diminua de moitié. Comme j'avais fait des économies, ça n'avait pas grande importance. J'accomplis les mêmes tâches qu'avant avec un animal différent. Cependant, la situation n'était plus la même. J'imagine que cette disparition, même si ce n'était qu'un mulet, avait changé la donne. Pendant un bon moment, j'avais possédé quelque chose qui dépendait de moi. Quelque chose dont j'avais dû prendre soin. Et soudain je n'avais plus que moi à m'occuper.

J'aurais pu penser que cela me facilitait la vie. En fait, ça me redonna surtout la bougeotte. Jusqu'à présent je m'étais imaginé que je travaillerais sur le fleuve le restant de mon existence. J'étais là depuis deux ans et je n'avais pas raté un jour de boulot. Je me sentais heureux de participer au domptage du Mississippi. Beaucoup d'hommes allaient et venaient, mais si vous m'aviez demandé mon avis je vous aurais dit que j'aimais bien ça et que j'aurais pu continuer jusqu'à la fin de mes jours. Et voilà qu'à présent, en conduisant mon chariot sur la même route toute la journée, je me posais des questions sur le monde que je n'avais jamais vu et je me disais qu'il me restait peu de temps pour ça.

Un jour, après mon travail, je partis acheter un autre mulet. Un gars qui avait fait quelques économies avait décidé de rentrer chez lui. Sa bête était parfaite et j'avais toutes les raisons de me l'offrir. Mais voilà, j'y renonçai. Je n'avais plus le cœur à ça, tout simplement. Cette impatience que je ressentais ne m'avait plus quitté, et maintenant j'étais forcé de l'écouter.

Le lendemain matin, je regagnai Memphis avec le chariot du courrier. J'attendis le train un moment. J'achetai à manger pour le voyage, plus quelques bonbons pour les petits, un patron de robe et une pièce de tissu pour ma mère. Cette fois, je pris un train direct qui s'arrêtait à Marshall.

CHAPITRE XI

LE TEXAS, CHAMPION DE LA CONSTRUCTION DE ROUTES

Austin, 22 janvier. Le Texas a construit plus de routes au cours de l'année que n'importe quel autre État dans le pays, d'après le rapport du bureau des Routes du département de l'Agriculture. L'État de l'étoile solitaire [le Texas] en a ouvert mille cinq cents kilomètres alors que la moyenne des autres États se situe un peu au-dessus de trois cent vingt kilomètres.

VOITURES D'OCCASION

2 Ford de tourisme (sans démarreur), chacune	$ 100
1 Ford de tourisme (avec démarreur)	$ 250
1 Ford coupé, comme neuve, avec options	$ 450
1 Dodge de tourisme, belle condition	$ 375
1 Buick de tourisme, modèle '17, bon état	$ 225
1 Buick de tourisme, modèle '20, comme neuve	$ 350
1 Hudson Super Six, parfaite condition	$ 400
1 Willys-Knight de tourisme, belle condition	$ 500
1 Studebaker Special Six de tourisme, une vraie voiture	$ 650

Les modèles ci-dessus sont disponibles immédiatement et garantis conformes à cette description.

NOUS POUVONS PROPOSER UN CRÉDIT INTÉRESSANT
S.E.WOOD, JR. DISTRIBUTEUR STUDEBAKER

The Marshall Morning News,
25 janvier 1923.

Lorsque Richard me donna un autre article, je grommelai :

– Vous n'allez pas encore me demander si je me souviens ?

– Eh bien... commença Richard.

– Fils, vous devriez savoir à présent que je n'ai rien oublié de ce que j'ai vu dans ma vie ! Je ne sais pas pourquoi, mais c'est comme ça. Je me rappelle la première voiture que j'ai aperçue, une Ford Model T, noire et brillante. Les pneus, je crois, étaient en bandage plein. C'était à Marshall en 1913.

Lorsque je suis rentré à Marshall en 1923, rien n'avait changé. Ma mère apprécia son patron de robe, mes frères et sœurs leurs bonbons, et dès le lendemain j'étais dans les champs comme si je n'avais jamais quitté la maison. Je n'avais plus de tâches régulières, si bien que quelques jours plus tard j'apportai du coton à la ville.

C'était l'heure du déjeuner. J'avais le coton dans mon chariot et j'attendais le retour des acheteurs. Maintenant il y avait davantage de voitures et de routes pavées à Marshall. Mais comme le mulet semblait s'y être habitué, je n'y fis plus attention. Je ne fus donc pas tellement surpris de voir un homme arriver dans une Model T et se garer à ma hauteur. Lorsqu'il m'adressa la parole, je me rendis bien compte qu'il n'était pas de Marshall. Ce gars-là était du genre à ne pas aimer attendre. En tapotant son volant avec ses doigts il me demanda :

– Tu sais quand le directeur revient ?

– Non, monsieur. Je pense qu'il a dû aller manger.

Ce Blanc n'avait pas de coton à vendre. Il avait plutôt l'air d'un voyageur de commerce. Bien sûr, je ne lui posai pas de question. Il était plus prudent que je m'occupe de mes affaires.

– Où est-ce que je peux trouver de l'eau pour ma voiture ? ajouta-t-il.

– Laissez-moi vous aider, dis-je.

J'allai remplir un seau à la pompe, sur le côté de l'usine, et le lui rapportai. Il avait déjà soulevé son capot. Il remplit son radiateur.

– Merci, fit-il. La journée va être chaude et je dois rouler cet après-midi.

Là-dessus, il me proposa quelques *cents*. Je ne pensais pas que ce que je venais de faire méritait un salaire et je le lui dis. Avec la plupart des gens, j'imagine que ça se serait arrêté là. Mais pas avec lui. Il avait l'air d'aimer discuter.

– Eh bien j'apprécie, dit-il. Tu as déjà conduit une voiture ?

– Non, monsieur.

– Tu as envie d'essayer ?

– Vous voulez dire cette voiture ? Conduire la vôtre, là ?

Il éclata de rire.

– Eh bien, oui. Sauf qu'elle n'est pas vraiment à moi. C'est mon véhicule de travail. Elle appartient à ma compagnie, alors je m'en fiche un peu.

L'idée me plaisait, mais je n'étais pas très à l'aise.

– Bon, si tu ne veux pas ou si tu n'es pas sûr d'en être capable... dit-il. Tu vois, mon boulot c'est d'en vendre. Alors plus de gens en conduisent, et plus j'en vends.

– Je comprends. Mais je dois vous avouer que je n'ai pas d'argent pour en acheter une.

– Aucun problème. Je te l'ai dit : plus de gens conduisent, et plus j'en vends. On te verra rouler avec, et du coup quelqu'un aura envie de s'en offrir une. Ça marche comme ça, tout simplement.

L'explication me convenait.

– Ouais, ce que vous dites est sensé. Montrez-moi comment ça fonctionne.

Il était assis sur le siège du conducteur. Il répondit :

– Tu déplaces ce levier dans la direction où tu veux aller. La voiture s'occupe du reste.

À l'époque, toutes les automobiles n'avaient pas un volant comme aujourd'hui. Certaines – et c'était le cas de celle-là – possédaient simplement un long levier de direction qui sortait du plancher. Ça ne me parut pas compliqué. Je la mis en marche avec la manivelle comme j'avais déjà vu le faire, puis je m'installai sur le siège du conducteur. Le gars tendit la main pour desserrer le frein. Je sentis la voiture démarrer. Alors il cria :

– Place ton pied sur l'accélérateur et pousse le levier !

J'obéis. J'avais le vent sur le visage, mais la voiture tournait en cercles. Comme je ne savais pas quoi faire, je poussai davantage le levier, vu que c'était la seule chose où s'agripper. L'homme fit un bon arrière pour ne pas être écrasé. En temps normal, je faisais très attention à ne heurter personne, et surtout pas un homme blanc. Mais là, je dus me contenter d'appuyer mon pied sur la pédale et de garder le levier bien en main. Je me mis à tourner plus vite et il me lança :

– Ramène le levier vers toi et lève ton pied !

Je suivis son conseil, mais quand la voiture partit en ligne droite je découvris que je fonçais vers le gros peuplier qui se dressait à côté de l'usine. Je n'eus pas besoin d'utiliser les freins, car l'arbre les remplaça efficacement. L'homme arriva en courant au moment où je descendais de voiture. Par chance, seul le ressort de suspension s'était tordu. Le forgeron pourrait l'arranger. Rien d'autre n'était abîmé. Peut-être parce que c'était son idée, le Blanc ne parut pas trop en colère. Je me dis que ça lui ferait une bonne histoire à raconter. Quant à moi, j'avais pris ma première leçon de conduite !

Étant le seul Dawson a être jamais monté dans une voiture, j'annonçai la nouvelle dès mon retour à la maison. Même papa n'avait jamais fait ça et tout le monde fut très impressionné, surtout les petits. Cependant je ne m'attardai pas longtemps sur l'épisode de l'arbre...

Il y avait du travail pour moi à la ferme, mais elle avait très bien tourné sans moi. J'en fus rassuré. Ce besoin de bouger que j'avais ressenti sur le chantier du Mississippi me reprit assez vite. J'aidai les miens pour les plantations de printemps mais ça n'était plus comme avant : je savais déjà que je ne serais pas là pour les récoltes.

Je n'en avais parlé à personne, mais un matin, alors que je ramenais l'eau, maman me dit :

– Je suis contente de te revoir à la maison, George. (Je souris. Mais elle n'avait pas terminé.) Je sais que tu ne resteras pas très longtemps...

C'était à peu près ce que je pensais depuis un bout de temps, mais je répondis :

– Que veux-tu dire ?

– Depuis ton retour, je vois bien que tu es différent. Tu as grandi, mais tu dois encore trouver ta propre voie.

Je ne savais pas exactement où j'en étais à ce moment-là, mais elle venait de décrire assez correctement la situation. Elle me serra dans ses bras et murmura :

– Tu pourras toujours revenir voir ton père et ta mère, mais il est important que tu vives ta vie maintenant.

Deux jours plus tard, quand Johnny amena du sirop de canne à la ville, il m'avait comme passager.

– Comment va notre équipe de base-ball ? lui demandai-je.

– Bien, George. (Il me dévisagea.) Tu sais, notre receveur ne se débrouille pas mal, mais tu pourrais vraiment être encore utile à l'équipe.

Le base-ball me manquait, mais je secouai la tête.

– Non, pas pour l'instant. (J'ajoutai :) Johnny, tu vas nous quitter et essayer de passer professionnel ?

Johnny me sourit. Je vis qu'il était ravi que je lui aie posé cette question.

– Ouais, j'y pense, murmura-t-il, mais on a trop de travail à la ferme. Et je peux avoir une place à la filature cet été. Ils paient bien. J'ai entendu dire qu'il y avait une nouvelle équipe à Dallas. Mais je ne crois pas qu'il me soit possible d'être pro pour le moment...

– Je vois ce que tu veux dire, répondis-je en riant.

Il y avait quelques bonnes équipes noires, mais elles n'avaient pas beaucoup d'argent. Certains de leurs joueurs étaient très bons. Hélas, les équipes blanches n'étaient pas pour nous.

– C'est quoi, tes projets ? me demanda Johnny.

Ça me fit tout drôle de m'entendre répondre :

– Je n'en sais rien.

Et c'était vrai. J'avais dans l'idée de filer vers le sud, peut-être jusqu'au Mexique, mais à part ça... Ne pas avoir d'idée précise là-dessus ne me gênait pas, mais j'avais du mal à l'expliquer à quelqu'un. Johnny me déposa à la gare avant de livrer notre sirop : je compris qu'il n'avait plus besoin de mon aide. En un sens cela rendit mon départ plus facile – mais beaucoup plus dur aussi.

Une fois à la gare, j'attrapai mon sac de couchage et sautai à terre. Johnny m'imita.

– Où que tu ailles, sois prudent, George.

– Oh, oui ! promis-je.

On était gênés d'attendre là tous les deux. Johnny me serra dans ses bras et murmura :

– Et n'oublie pas, j'aurai toujours besoin d'un bon receveur...

Je compris que c'était une invitation à rester, mais je répondis :

– Un jour, peut-être. Pour l'heure, il faut que je parte.

Chargé de deux tonneaux de sirop, le chariot s'éloigna lentement. J'aurais pu courir et remonter dedans. Une part de moi-même voulait rentrer à la maison. Mais je ne bougeai pas. Même si je n'étais pas vraiment sûr de ma destination, j'avais besoin d'entreprendre ce voyage.

Le chef de gare fit comme si je n'existais pas, jusqu'à ce que je lui montre que j'avais de l'argent. C'est drôle : même quand les gens ne vous aiment pas, ils sont toujours d'accord pour vous vendre quelque chose. Certains Blancs détestaient l'idée que les Noirs soient capables de voyager. Et celui-là aussi aurait certainement bien voulu nous voir rester chez nous. Il me regarda avec un mépris évident, mais mes dollars l'intéressaient.

– Où est-ce que tu vas, mon garçon ?

J'étais un homme, mais ça ne comptait pas pour ce gars. Même si je ne savais ni lire ni utiliser une carte, je connaissais bien la région car j'y avais beaucoup pêché et chassé. Mon dernier déplacement au Tennessee, c'était vers l'est. J'envisageai donc un instant de filer de nouveau par là-bas. Puis je songeai à monter vers le nord. Pourtant, les gens – du moins les Blancs – qui avaient déjà visité cette région disaient que les Yankees, là-haut, n'étaient pas chaleureux et qu'ils n'aimaient pas les natifs du Sud. Bien sûr, beaucoup de familles continuaient la « guerre » dans leur tête. Et pour beaucoup, ce terme désignait la guerre civile et non la guerre mondiale qui venait juste de se terminer. Partir pour le Nord n'était peut-être pas une si bonne idée.

– Je vais vers le sud, monsieur, répondis-je.

– Jusqu'à Houston, ou plus loin, vers Brownsville ?

Je n'étais même jamais allé à Houston. À la façon dont il m'avait posé cette question, il laissait entendre qu'il ne me croyait pas capable de partir si loin tout seul. Il ne dit pas ça avec des mots, bien sûr, mais c'était évident au ton de sa voix.

Ça m'énerva suffisamment pour que je réponde :

– Oui, Brownsville, après Houston. C'est là que je veux me rendre, monsieur.

Dissimulant tant bien que mal ma colère, je continuai à m'adresser à lui avec respect. Je me rendis soudain compte que je l'avais surpris, et cette idée me plut beaucoup même si ma décision m'obligeait à dépenser davantage d'argent.

– Le train ne part pas avant trois heures. Tu peux revenir ou attendre ici.

Je pris donc un siège dans la section réservée aux Noirs. Je n'avais pas de montre et je ne voulais absolument pas rater le train. La plupart des gens n'aiment pas attendre à la gare. Moi, ça ne me dérange pas. Je regarde les rails et je me dis qu'ils filent vers des endroits que je n'ai encore jamais vus. Je reste assis et je savoure à l'avance ce que je vais découvrir. Vous comprenez, j'aime tellement le voyage que j'aime même l'attente à la gare ! Le seul fait de savoir que je me retrouverai bientôt dans un lieu inconnu me met de bonne humeur. Je suis capable de patienter quelques heures, et même si ça durait un jour ou deux je serais tout aussi content !

Houston était une grande ville, ça oui ! Je le sus rien qu'à voir la gare, bien plus vaste que celle de Marshall ! Comme l'arrêt devait être long, les gens descendirent et je les imitai. L'endroit n'avait pas la même odeur que Marshall. Ça sentait les voitures et le diesel. Je mangeai un morceau de tarte puis remontai dans le train avec soulagement.

À cette époque, il y avait d'un côté les villes et de l'autre la campagne. Aucune banlieue entre les deux comme aujourd'hui. Dès qu'on quitta Houston, le paysage me redevint familier. Le long de la voie, on croisait de petites agglomérations qui n'auraient jamais existé sans la ligne de chemin de fer. Passé Houston, les routes n'étaient plus pavées ni même très bien reliées entre elles. Les habitants des campagnes ne voyageaient guère, mais quand c'était le cas ils prenaient le train.

On s'arrêtait souvent. Très peu de gens montaient ou descendaient. Ces bleds n'avaient même pas l'électricité. Une fois la nuit tombée, les rares lumières venaient des lanternes des maisons. On distinguait parfois les lueurs d'une ferme isolée. Partout ailleurs, il faisait vraiment très sombre. Je passai une nuit tranquille jusqu'à Brownsville.

Brownville, le terminus de la ligne, était la plus grande des bourgades traversées depuis Houston. Je m'offris un solide petit déjeuner. On me servit des haricots frits avec mes œufs, au lieu du gruau de maïs qu'on mangeait à Marshall. Beaucoup de gens, ici, parlaient l'espagnol. Le serveur de ce restaurant, par exemple, comme tous les employés du chemin de fer. Ce n'était pas très courant à Marshall, mais je ne me débrouillais pas trop mal avec cette langue parce que chez moi j'avais fréquenté un certain nombre de Mexicains – des ouvriers de la filature et des travailleurs agricoles. Lorsque je me mis à chercher du travail, je découvris que tous les employés étaient mexicains. Comme à Marshall, ou dans le Tennessee, les propriétaires des entreprises et les contremaîtres étaient blancs. Sauf que chez nous les travailleurs étaient noirs...

Je n'arriverais pas à me faire une place ici. Peut-être parce que, outre que je ne trouverais pas de travail, tout avait l'air endormi dans ce coin-là. Brownsville était une ville triste et pauvre. Même la rivière boueuse qui la traversait était lente. En revanche, le pont était emprunté par beaucoup de monde dans les deux sens. Sur l'autre rive on était au Mexique, et la ville avait un nom différent. N'empêche que c'était vraiment une seule agglomération. Cela me fit penser à Texarkana dont une moitié était au Texas et l'autre en Arkansas, sauf qu'ici Brownsville s'étendait sur deux pays. Le pont était assez large pour laisser passer un chariot ou une voiture. Mais il y avait peu de rues pavées et peu d'automobiles. Je n'en vis aucune sur le pont, sans doute parce que les rues étaient encore pires de l'autre côté. La plupart des gens traversaient à pied.

Beaucoup de colporteurs arrivaient du Mexique avec leurs marchandises et s'installaient côté américain. Ils ne prenaient avec eux que ce qu'ils pouvaient transporter. Ils vendaient des légumes, du pain, des bijoux, des couvertures, des vêtements et diverses autres petites choses. Certains montaient même des stands où manger. Je n'avais besoin de rien, mais je fis un tour pour y jeter un coup d'œil et à midi je m'offris du riz et des haricots. Le stand où je m'arrêtai était tenu par une famille qui venait travailler ici tous les jours. Par eux, j'appris qu'il y avait des trains de l'autre côté de la frontière. Il fallait simplement franchir le pont à pied. Puisque la voie ferrée continuait au Mexique, autant poursuivre mon voyage !

Le pont était bondé, mais je me faufilai dans la foule et réussis à le traverser. À l'autre bout, mon cœur se mit à battre car on devait passer devant un policier avec un fusil en bandoulière. Durant toute ma vie à Marshall et au cours de mes voyages, j'avais veillé à rester à bonne distance de la police. Comme tous les Noirs, j'avais appris ça dès mon plus jeune âge. En regardant autour de moi, je vis que pour revenir sur mes pas il me faudrait fendre la foule à contre-courant. Cela attirerait inévitablement l'attention sur moi – et ça aussi, un Noir savait l'éviter. Même si ça ne me plaisait pas, je me laissai entraîner vers le policier et fis la queue dans la file. Il échangeait quelques mots avec tous ceux qui se présentaient devant lui. Il ne semblait pas y avoir de problèmes, mais ça ne voulait rien dire. J'étais habitué aux ennuis et je savais que les règles du jeu étaient différentes pour les Blancs et les Noirs. Hélas ! je risquais ici d'en violer certaines dont je ne savais rien.

– *Buenas tardes, señor*, dit le policier.

– *Buenas tardes*, répondis-je.

– *¿ No vive usted aquí ?* (Vous ne vivez pas ici ?) me demanda-t-il.

Je pensai : Et voilà, ça commence... Mais je me contentai d'expliquer :

– *No, señor, vivo en Texas.*

Il me sourit :

– *Buena suerte y buen viaje en Mexico.* (Bonne chance et bon voyage au Mexique.)

Comme aucun policier ne m'avait encore jamais souhaité bonne chance, je fus à peine capable de répondre :

– *Muchas gracias...*

Et puis il me fallut avancer pour laisser la place à la personne suivante. J'étais stupéfait de ce qui venait de m'arriver, mais je n'eus pas le temps d'y réfléchir. Une nouvelle surprise m'attendait : les gens que je croisais me saluaient d'un signe de tête ou me lançaient :

– *¡ Buenas tardes, señor !*

Jusqu'à présent, je m'étais toujours persuadé qu'il valait mieux que personne ne fasse attention à moi.

Dans le cas contraire, cela aurait surtout annoncé des embêtements... Mais là, on me traitait correctement et il n'y avait aucun problème. Je ne peux pas dire que ça m'embêtait, mais je ne savais pas trop non plus comment réagir. Avec le peu d'espagnol que je connaissais, je trouvai le courage de demander la direction de la gare à un inconnu qui sortait d'un magasin. Comme la ville n'était pas grande, elle ne se trouvait pas très loin. En fait, l'homme m'accompagna jusque-là. La gare n'était pas immense mais il y avait un train au départ. Je l'indiquai du doigt au guichetier :

– *¿ A dónde va ?*

– *Va a Valle Hermosa, señor.*

Je haussai les épaules : ce nom ne signifiait rien pour moi. Alors il ajouta :

– *Està en las montañas, señor. Es muy bonito.*

Je n'étais jamais allé en montagne et je trouvai l'idée bonne.

– *¿ Qué clase, señor ? ¿ Más barato o más caro ?*

J'en connaissais assez pour répondre : « *Barato* » – le tarif le moins cher –, mais je ne savais pas comment demander où était la voiture réservée aux Noirs. L'employé ne me dit rien non plus à ce sujet. Le chef de train, lui, le saurait, et comme il était là pour prendre mon billet je ne me faisais pas vraiment de souci. Il m'envoya vers une des voitures, à l'arrière. J'y montai. Elle n'avait rien d'extraordinaire. En fait, elle était plutôt en mauvais état et cela ne me surprit pas particulièrement. Mais lorsque les passagers commencèrent à s'installer, là oui, je fus soudain inquiet. Certains Mexicains avaient la peau foncée – c'étaient des Indiens, vu la façon dont ils étaient habillés –, mais d'autres avaient le teint très pâle. Étais-je entré par erreur dans un wagon réservé aux Blancs ? Je ne voulais surtout pas avoir d'ennuis, mais comme personne ne me disait rien, je décidai de rester là où j'étais. Le train continuait à se remplir mais je cessai de me poser des questions quand je vis qu'on faisait grimper des chèvres sur le toit et que des voyageurs arrivaient avec leurs poules. Personne ne semblait beaucoup plus riche que moi, mais tout le monde se montrait amical. J'achetai quelques tortillas à une femme et me rassis.

J'avais suffisamment entendu les ouvriers mexicains parler espagnol à Marshall pour suivre sans trop de mal ce qui se disait autour de moi. Il m'était plus facile de les comprendre que de leur parler. Mais tous ces gens étaient très gentils et voulaient engager la conversation avec moi. Ils me demandèrent d'où je venais et ce que je faisais ici. Lorsque je leur expliquai que je voyageais pour mon plaisir, ils me donnèrent un million d'idées de destinations – même si, à mon avis, aucun d'eux n'avait jamais dépassé les vallées voisines. Les enfants m'observaient en silence. Je compris que c'était à cause de la couleur de ma peau. Juste de la curiosité. Cela ne me dérangeait pas du tout.

Les trains n'étaient pas faits pour la vitesse, mais celui-là était probablement le plus lent dans lequel je sois jamais monté – surtout lorsqu'il commença à grimper. Les montagnes étaient escarpées et je n'aurais pas cru possible qu'on puisse y construire une voie ferrée. Il y avait de sacrés précipices et j'espérai qu'on n'aurait pas de problèmes. Les villages devenaient de plus en plus petits. Aucune route ne les reliait. À tous les endroits, même minuscules, où le sol était plat, des gens pouvaient faire signe au train et y monter avec leurs fagots de bois de chauffage, ou de la citronnade et des *tamales** à vendre aux voyageurs. Le relief était couvert de jungle, sauf autour des villages, qui avaient l'air encore plus pauvres que chez nous.

* Crêpes de maïs fourrées à la viande. *(N.d.T.)*

Le paysage ne changea pas jusqu'au lendemain matin, quand on franchit un col et qu'on arriva dans une ville s'étendant sur les deux flancs de la vallée. J'avais bien dormi mais j'étais content de pouvoir me dégourdir les jambes. Je ne savais pas exactement où aller. Les gens qui débarquèrent avec moi riaient et bavardaient entre eux, mais ils ne m'oublièrent pas. Ils me proposèrent de les accompagner. Les maisons étaient petites et construites en adobe. Elles s'élevaient si près de la route que lorsque je passais devant leurs portes ouvertes j'avais l'impression de me trouver dans la cuisine ou la pièce principale. Ça ne semblait gêner personne, d'ailleurs. Leurs habitants, qui préparaient des tortillas ou qui prenaient leur petit déjeuner, levaient les yeux et me souriaient. Il y avait beaucoup d'enfants et les plus jeunes se précipitaient sur le seuil pour m'examiner de plus près.

Au centre-ville, outre quelques magasins et un café, je trouvai un bassin alimenté par une source. Il était très tôt, mais des gens venaient déjà y remplir leurs seaux. D'autres mettaient juste leur bol sous le jet, ou encore se contentaient d'y boire en avançant la bouche. Comme j'avais soif moi aussi, je cherchai autour de moi un autre jet pour les gens de couleur, mais je n'en vis nulle part.

Dans beaucoup de petites villes du Texas il n'y avait ni toilettes ni fontaines pour les Noirs et il ne nous restait qu'à poursuivre notre chemin. J'avais l'habitude. Mais ici je n'avais aucune idée de la direction à prendre pour trouver un autre point d'eau. L'homme à côté duquel j'étais assis dans le train s'approcha. Il se nommait Jorge comme moi, mais en espagnol. Il me tapota l'épaule.

– *¿ Tienes sed ?* (Tu as soif ?)

Espérant qu'il allait me montrer où était la fontaine

réservée aux Noirs, je fis oui de la tête. Mais il se contenta de me tendre un bol qu'il sortit de son sac.

– *Gracias, dis-je. ¿ Pero a dónde voy por el agua ?* (Où dois-je aller pour trouver de l'eau ?)

– *Aquí. Es buen agua.* (Ici. Cette eau est bonne.)

Bien que très bronzé, Jorge n'était ni indien ni métis : il était blanc. Donc s'il me disait d'utiliser cette fontaine, c'était parfait. Mais partager le même bol ? Là, je n'étais vraiment pas sûr et je le lui rendis.

– *Lo siento. Solo hay una taza* (Je suis désolé, je n'en ai qu'un), me dit-il.

J'éclatai de rire. Dans quel étrange pays étais-je tombé, où un homme blanc m'offrait de partager un bol et s'excusait même de m'obliger à boire dans le même que lui ? Je ne savais vraiment plus quoi penser. Personne à Marshall ne voudrait me croire quand je raconterais cette histoire !

Jorge fronça les sourcils en me voyant rire. Je compris que je l'avais vexé en ayant l'air de refuser son offre.

– *Sí, yo tengo sed*, m'empressai-je de répondre. *Si permite, su taza esta bien, gracias.* (Oui, j'ai soif. Avec votre permission, votre bol est parfait, merci.)

Son air préoccupé fit place à un sourire. Je me mis dans la queue, derrière ceux qui attendaient leur tour pour se servir, certains avec de vieilles gourdes et d'autres avec des seaux. Patienter ainsi ne m'avait jamais ennuyé. Soudain, une femme me fit signe de la suivre et me plaça devant tout le monde.

– *Señor, para usted el frente de la linea. ¡ Estoy segura que tiene usted mucha sed de su viaje !* (Pour vous, c'est devant. Je suis sûre que vous êtes assoiffé après votre voyage !)

Je connaissais ma place et tout ça, et je ne m'étais encore jamais retrouvé en tête d'une file d'attente. Je me sentais tout drôle, mais je comprenais que je l'offenserais elle aussi si je n'acceptais pas son offre. Les autres me saluèrent ; ils n'étaient pas du tout furieux, comme j'aurais pu l'imaginer. Après toutes ces années, c'est toujours la meilleure eau fraîche que j'ai jamais bue. Peut-être l'ai-je appréciée encore plus parce que je suis passé devant tout le monde ? Je ne sais pas.

Jorge récupéra son bol et me demanda :

– *¿ Ahora, tienes hambre ?* (Tu as faim, maintenant ?)

– *¡ Sí, seguro !* (Oui, sûr !)

– *¡ Entonces, ven !* (Alors viens !)

Cette fois, je me laissai convaincre. On marcha jusqu'à un petit restaurant dont les tables débordaient dans la rue, devant la porte. Jorge entra, mais je m'arrêtai sur le seuil pour étudier l'intérieur avec soin. Servaient-ils les Noirs ici ? Impossible de savoir. Mais déjà Jorge se retournait vers moi :

– *¡ Ven !*

Je le suivis sans plus réfléchir. On s'assit à une table et je me détendis quand une femme arriva pour prendre la commande.

– *Dos platos de huevos y fríjoles.* (Deux assiettes avec des œufs au plat et des haricots.)

Elle nous sourit et je compris que j'avais le droit d'être là. Pendant qu'on attendait, je regardai par la porte de derrière. Un feu était allumé dans un fourneau en argile. Une grande marmite avec des haricots était suspendue sur un côté du foyer. Elle plaça une poêle à frire sur les flammes et y cassa des œufs. Cette vision me fit soudain prendre conscience que j'étais affamé, et je me convainquis que si personne ici ne se souciait de la couleur de la peau des clients, je n'avais pas de raison de m'en soucier non plus. D'ailleurs je ne pouvais poser aucune question à ce sujet étant donné que je ne savais pas dire « lois Jim Crow » en espagnol, mais, à l'évidence, les choses n'étaient pas pareilles ici qu'au Texas.

Jorge et moi, nous discutions à présent comme des gens normaux, même s'il était blanc et moi noir. Jorge était agriculteur. Il m'expliqua qu'il y avait toujours des places dans les plantations de café pour les hommes courageux. C'était mal payé, mais j'avais l'habitude. La récolte commençait bientôt. Lui et sa famille vivaient dans une ferme du village voisin. Ils faisaient aussi de l'élevage. Ils n'allaient pas tarder à récolter leur maïs. Ça serait une bonne année, mais ils étaient métayers et devraient d'abord donner sa part à leur propriétaire.

Je n'avais aucun projet, et donc, notre repas terminé, j'accompagnai Jorge chez lui. Les routes étaient escarpées et creusées d'ornières. On croisa quelques chariots, mais si on n'avait pas un lourd chargement, on allait aussi vite à pied... On parcourut quelques kilomètres sans se presser. Vers midi, on acheta des tortillas et on s'assit au bord d'une rivière pour manger. La route ne fut bientôt plus qu'un sentier. Un moment plus tard, on aperçut enfin des maisons. Elles étaient construites en adobe et très proches les unes des autres. Jorge avait raison : son village était tout petit. Et très pauvre. Il y avait une place centrale, une fontaine et quelques rares magasins. Les rues étaient si tranquilles que les chiens pouvaient dormir en plein milieu sans être dérangés. Comme le matin, je pus boire au même endroit que les Blancs. Tout le monde connaissait Jorge. Il me présenta son frère, Emilio, qui fabriquait des couvertures et dont la ferme était plus modeste que la sienne.

Jorge n'était pas tellement plus âgé que moi, mais il avait déjà trois enfants. Il y avait très peu de place dans leur maison. J'acceptai de rester quelques jours pour les aider à ramasser le maïs, en échange du vivre et du couvert, mais il me logea chez son frère et sa femme qui, eux, n'avaient pas d'enfants et avaient donc une chambre supplémentaire. Et ainsi, chaque matin, je partis aux champs avec eux. Le maïs de ce pays était un peu différent. Le nôtre servait surtout à nourrir le bétail ; le leur était un peu plus doux.

D'autres ouvriers arrivaient du village au petit jour, des Blancs ou des métis. Lorsque le maïs de Jorge serait rentré, il aiderait son voisin à son tour. Comme à Marshall, tous les enfants sauf les très jeunes travaillaient avec les adultes. C'étaient eux qui faisaient le plus attention à ma couleur. La plupart étaient timides. Ils ne pouvaient pas s'empêcher de m'observer avec curiosité. Certains me demandaient :

– Pourquoi ta peau est si noire ?

Je répondais en haussant les épaules :

– C'est comme ça, c'est tout...

Personne ne m'avait jamais posé cette question auparavant. Ça ne me dérangeait pas. À Marshall, on ne me disait rien sur ma couleur, mais ma vie n'était pas la même à cause d'elle. Il y avait des gens, là-bas, qui ne m'aimaient pas juste pour cette raison. J'avais pris l'habitude d'être prudent, d'attendre que tout le monde soit là pour le repas, de ne toucher à la nourriture que lorsqu'on m'y autorisait et de me servir le dernier. Ici, même si j'étais un employé, tout le monde me traitait en invité. Comme à Marshall, on mangeait dans les champs à midi. Mais ici, les gens faisaient attention à moi. J'avais l'habitude de continuer à travailler après les autres, mais il y avait toujours quelqu'un pour me crier :

– *¡ Jorge, basta alto !* (George, ça suffit !)

Et ensuite, ils me servaient le premier. Il n'y avait que du riz et des haricots avec des tortillas de maïs, mais je me sentais comme un roi. Le travail était identique, et pourtant je n'étais plus seulement l'ouvrier de quelqu'un. Ça faisait toute la différence.

Leur village avait toujours été pauvre. Ils me racontèrent que Pancho Villa et ses troupes l'avaient traversé environ cinq ans plus tôt après avoir lancé des raids contre des villes du Texas. L'armée U.S. était à leurs trousses et les villageois leur avaient donné à manger. Ils avaient même abattu une chèvre pour eux. Pancho Villa leur avait promis des changements et plus de justice et certains hommes l'avaient suivi. Ensuite, les federales mexicains étaient arrivés. Ils avaient confisqué la nourriture et le bétail dont ils avaient besoin, et la situation avait empiré. Le général Pershing n'avait jamais coincé Pancho Villa. C'était le gouvernement mexicain qui venait de le trahir et de le faire assassiner. Bien sûr, après sa mort, chaque village du Mexique prétendit qu'il était passé par là et qu'on l'avait nourri et logé. Si toutes ces histoires étaient vraies, il aurait dû vivre encore plus vieux que moi rien que pour avoir le temps de dormir et de manger dans tous ces endroits ! Bien sûr, je ne fis jamais cette réflexion à haute voix.

La récolte ne dura qu'une semaine. On me proposa de rester et j'y réfléchis un moment. Je me voyais bien m'installer ici, trouver une femme, avoir des enfants et finir ma vie en ces lieux. Je n'avais jamais éprouvé ce genre d'envie auparavant, mais j'imagine que c'est ce qui peut arriver quand les gens vous traitent si gentiment. Hélas ! j'avais bien conscience qu'il n'y avait pas beaucoup de nourriture dans cette région et que je ne serais jamais capable de m'y fixer.

Et puis je savais que je retournerais toujours au Texas. Parfois, je ne m'y sentais pas vraiment le bienvenu à cause des Blancs, mais là-bas était mon foyer.

Un jour, dans la fraîcheur du petit matin, je mis un ballot de maïs sur mon dos et je partis à pied avec Jorge et quelques autres pour le vendre à la ville. Ensuite je pris le train pour aller voir l'océan, et là je ne fus pas déçu !

Pêcher dans la mer n'a rien à voir avec la capture des poissons-chats, mais c'est très amusant quand même. Il y avait des tas de poissons différents, mais à part les maquereaux je ne me souviens pas de leur nom. Il faisait assez doux et je pouvais dormir sur la plage. Il ne pouvait rien y avoir de mieux, et tout ce dont j'avais besoin se trouvait là. Je fis très attention à mon argent, je conservai dans ma botte la somme nécessaire pour les billets de train et ne dépensai le reste qu'avec parcimonie.

Je fréquentais deux cafés, pas tellement par besoin, mais parce qu'on acceptait de m'y servir. Je savais que j'étais dans un autre pays quand je franchissais la porte et que je m'asseyais où je voulais. J'aimais ça. La vie était belle, mais j'étais trop habitué à travailler et au bout d'une semaine je repris le train pour le Texas.

CHAPITRE XII

Scène 1 : Le président des États-Unis, Calvin Coolidge, mettant à l'eau son bateau de pêche avec son chien. Il déclare aux journalistes : « Le pays va bien et l'avenir sourit à tout le monde. Ma tâche est de m'assurer que le gouvernement ne fait rien pour contrarier cette prospérité. Moins le gouvernement interviendra, mieux l'Amérique se portera. Et donc, messieurs, vous voyez, c'est quand je travaille le moins possible que je fais mon meilleur boulot. »

Scène 2 : Dans une ruelle, des hommes déchargent des tonneaux d'un camion et les roulent vers un barman en tablier qui leur fait signe. Tout le monde disparaît par la porte arrière d'un bâtiment de brique. La caméra filme ensuite le devant de l'immeuble, sur Main Street, où les clients se bousculent pour entrer s'amuser dans un club.

Le commentateur : « Que cette idée soit valable ou pas, la Prohibition ne marche pas. Elle crée simplement une société où il est normal de violer les lois et d'encourager le développement de la criminalité. Plus la Prohibition durera et moins les citoyens de ce pays auront de respect pour les lois de notre nation. »

Actualités cinématographiques, 1923.

Calvin Coolidge ? Oui, je m'en souviens. Mais il occupe peu de place dans ma mémoire. En revanche, je ne me rappelle certainement pas la prospérité de l'Amérique de l'époque !

La Prohibition ? Ça, c'est autre chose. J'ai rarement bu d'alcool, mais je suis prêt à parier qu'au cours de cette période dite d'abstinence la plupart des gens en ont consommé plus que jamais. Je ne sais pas pourquoi, mais c'est la vérité.

De retour du Mexique, je ne fus pas fou au point d'entrer dans n'importe quel restaurant ou de boire à toutes les fontaines – même si cette liberté me manquait. Le Texas était mon foyer, et cependant je ne me sentis pas tellement le bienvenu lorsque j'y revins. J'y restai assez longtemps pour réparer chez nous un certain nombre de clôtures et aider aux plantations, mais voilà, si vaste soit-il, le Texas était désormais trop petit pour moi. Je n'étais pas encore prêt à m'y réinstaller. Je n'en parlai presque pas, mais cette fois personne ne fut surpris de me voir repartir.

Je tombai sur le même guichetier à la gare, et je m'attendis à ce qu'il me reconnaisse. Et puis je compris qu'il n'avait pas réellement fait attention à moi la fois précédente. Il se contentait d'encaisser mon argent. Ça me rendit furieux, mais je n'en laissai rien paraître.

– Mon garçon, tu as ce qu'il faut pour acheter un billet ?

La situation était assez étrange. J'étais un parfait inconnu pour lui, alors que moi je me le rappelais très bien. Je savais même les questions qu'il allait me poser ensuite ! Mais je ne pouvais pas le lui faire remarquer, et encore moins le mettre dans l'embarras.

– Oui, monsieur.

– Bon, alors, où est-ce que tu veux aller ?

Sortir du Texas : voilà ce que j'eus envie de lui répondre.

– Chicago. Un billet pour Chicago, s'il vous plaît.

J'ignorais tout de cette ville, sauf que c'était la principale destination vers le nord. Mais je savais que l'employé aurait été furieux si je lui avais dit : « Le Nord, n'importe où du moment que je quitte le Texas. »

– On n'a rien pour Chicago aujourd'hui, mon garçon. Ce qui t'en rapprochera le plus, c'est un train pour Saint Louis, sur la ligne de Cleveland.

J'acquiesçai. Au fond je m'en fichais éperdument, et je pouvais très bien me contenter de ça. Le guichetier se renfrogna. Il aurait aimé que cette information m'attriste d'une façon ou d'une autre. Du coup, je me demandai s'il n'y avait pas un train pour Chicago dont il ne me disait rien ! Mais ça n'avait pas d'importance. Ça n'allait pas ruiner mon existence. Je lui souris comme s'il n'avait pas pu me faire plus plaisir.

– Cleveland, c'est parfait pour moi, monsieur

– Un aller simple ou un aller-retour ? s'enquit-il avec une hargne nouvelle.

– Un aller-retour, monsieur.

Je me surpris moi-même de m'entendre lui répondre ça vu que je n'avais aucun plan. J'avais très envie de partir et je me moquais de ce que certaines personnes pouvaient penser de moi, mais je savais aussi que mes racines étaient au Texas. Même si les Noirs étaient maltraités ici, certains Blancs détestaient les voir partir s'installer dans le Nord. Et ils étaient nombreux à le faire. On aurait pu me causer de sérieux ennuis si on m'avait vu déménager dans le Nord. Je n'avais pas de raison de le contrarier davantage en lui posant la question, mais j'aurais juré qu'il n'avait jamais mis les pieds à Cleveland et sans doute même pas à Saint Louis. Je me contentai donc de lui répondre en souriant :

– Tous mes remerciements.

Je fis disparaître le billet de retour dans ma botte. Vous savez que ça n'était pas mon premier voyage en train, mais j'éprouvais une sensation particulière au creux de l'estomac chaque fois que je me retrouvais dans une gare. J'attendis dans la section réservée aux Noirs, et j'avoue que ça ne m'aurait fait ni chaud ni froid qu'on m'autorise à m'asseoir sur les banquettes des Blancs ! Ne pas savoir ce que je découvrirais, qui je rencontrerais, ni ce que j'apprendrais : d'infinies possibilités s'ouvraient à moi. Dieu seul pouvait connaître ce qui allait se passer – même si j'imaginais bien qu'Il avait des préoccupations plus importantes et qu'Il laissait sans doute les chemins de fer se débrouiller tout seuls... Je n'avais pas l'habitude de me plaindre, mais après les trains du Mexique j'eus l'impression que celui-ci était vraiment luxueux – y compris le wagon réservé aux Noirs ! Le garçon m'expliqua que lorsque les voitures étaient trop vieilles, on les vendait aux chemins de fer mexicains.

On fila vers le nord et on laissa bientôt derrière nous les vastes forêts de pins du Texas. Le garçon annonça qu'on était en Oklahoma. Outre quelques lacs, il n'y avait ici que des sols très pauvres, presque impossibles à cultiver. Les maisons auraient eu besoin d'une nouvelle couche de chaux et certaines semblaient près de s'effondrer. Les granges étaient en meilleur état.

Le train ne roulait pas vite et il s'arrêtait souvent à la demande. On était au tout début de l'été mais il faisait déjà très chaud. Les gens vivaient dehors. En fait on passait si lentement qu'on avait l'impression de faire partie de leur vie. Un enfant cessa de biner la terre pour nous saluer de la main et nous observer. Je lui rendis son salut. Son père s'arrêta aussi pour regarder le train, mais il ne me fit aucun signe. Il avait l'air usé, l'image même du désespoir.

Trois fois par semaine le train traversait leur existence, mais il ne changeait rien à leur condition. Tout ici semblait figé. Dans cette région, les Blancs n'avaient guère plus d'avenir que les Noirs. Un peu plus loin, je fis un signe de tête à un Noir qui conduisait son chariot sur une route de terre. On arriva à la hauteur d'une automobile.

Elle n'avait ni toit ni pare-brise, et son conducteur portait de grosses lunettes. Il serrait son volant et semblait vouloir faire la course avec nous. Dans les côtes il nous dépassait, mais dans les descentes il ne pouvait pas rivaliser avec le train qui accélérait. Sa voiture était très belle, mais elle n'était pas de taille à lutter avec une locomotive. Ce gars-là mettrait plus de temps que nous à atteindre Tulsa, me dis-je tandis que le garçon passait dans les wagons en criant :

– Tulsa ! Tulsa ! Oklahoma !

Il faisait traîner sa voix sur le mot « Oklahoma », et ajoutait :

– Deux heures d'arrêt ! Vous pouvez laisser vos bagages. Attention, le train n'attendra personne !

En général, les voies de chemin de fer passaient dans les villes par les quartiers réservés aux Noirs, mais il me fallait m'en assurer. Je voulais simplement avaler quelque chose en toute tranquillité. Il y avait deux restaurants à proximité de la gare, mais comment savoir ? Un homme que j'avais remarqué dans mon wagon semblait chercher la même chose que moi. Je lui tendis la main et me présentai :

– George Dawson.

C'est en voyageant qu'on apprend à aborder comme ça un inconnu et à engager la conversation. À Marshall, je n'aurais jamais osé faire une chose pareille – pas avec un Noir et encore moins avec un Blanc. Mais je n'étais plus à Marshall.

– Artis, Artis Smith, me répondit-il.

Il ne portait pas de vêtements tissés à la maison comme les miens ; il était très élégant et il avait même des chaussures cirées. Mais on était noirs tous les deux et on voyageait, donc on avait assez de choses en commun pour pouvoir causer !

– Tu connais un endroit où casser la croûte ? fis-je.

Il y avait deux restaurants tout près, mais un Noir comprenait immédiatement ce genre de question. Elle signifiait : un endroit où l'on serve les Noirs. Artis haussa les épaules.

– Oui, mais ça fait un moment que je ne suis pas passé à Tulsa. Viens, on peut déjà vérifier ces deux-là.

On marcha jusqu'au premier. Artis lut le panneau accroché à la porte :

– Pas d'Indiens. Réservé aux Blancs.

Bon, voilà qui était nouveau pour moi et je le regardai d'un air interrogateur.

– Ils ont beaucoup d'Indiens par ici, m'expliqua-t-il. Et ils n'ont pas la peau blanche non plus. Pas de problème, suis-moi.

Quand on passa devant le deuxième restaurant, Artis ne prit pas la peine de lire le panneau à haute voix et je compris que c'était la même chose car il reprit sa marche. Quatre pâtés de maisons plus loin, on trouva l'établissement qu'il cherchait. Je le laissai commander le premier. Il prit des travers de porc avec du pain de maïs et des pommes de terre. Je reposai mon menu comme si je l'avais lu et déclarai :

– Ça me paraît bien. Pareil pour moi, mais pas de café. Une tasse de chocolat chaud m'irait tout à fait.

Ça changeait agréablement des sandwiches qu'on trouvait dans le train. Les garçons nous avaient assuré que ses cuisiniers étaient bons, mais le wagon-restaurant était réservé aux Blancs. Pour un long voyage, les Noirs emportaient souvent un panier avec de la nourriture. Quand leurs provisions étaient épuisées, ils cherchaient dans les gares un restaurant acceptant les Noirs. Certes des colporteurs passaient dans les voitures pour vendre des sandwiches et tout ça, mais un long voyage posait toujours des problèmes pour manger.

Artis avait une montre et on regagna le train à temps.

Après Tulsa, les villes furent plus petites. À la lueur de la lune, les maisons paraissaient en moins mauvais état. J'avais une banquette pour moi tout seul, où je pus m'allonger. Pendant la nuit, je sentis le train s'arrêter à plusieurs reprises, mais je ne me réveillai vraiment qu'à l'aube, une fois à Joplin

Le coin était chouette. Il y avait surtout des maisons en bois, bien propres, peintes ou passées à la chaux. N'ayant pas de montre et Artis étant parti de son côté, je restai à la gare pour surveiller la vapeur de la locomotive. Je me rendis au comptoir où l'on vendait à manger et achetai quelques petits pains et des pommes. J'attendis l'appel du garçon et j'embarquai quelques minutes avant le départ du train. Ça me donna l'impression d'être un voyageur expérimenté. Des gens bloquaient l'allée. Je n'avais pas l'intention d'écouter ce qu'ils disaient, mais je ne pouvais pas avancer davantage et je n'avais pas le temps non plus de redescendre pour passer par l'autre côté.

– Maman, papa, vous feriez mieux d'y aller. Tout ira bien.

– Dans le panier, tu as suffisamment de provisions jusqu'à Saint Louis.

– Merci, maman. Je suis prête à parier qu'il y en a pour une semaine !

Le père était de profil et je le vis sourire en disant :

– Ta mère prend bien soin de toi et de nous tous. (Puis, tendant une lettre à sa fille, il ajouta :) Donne ça à ma sœur. Et quand tu seras là-bas, travaille bien et sois gentille.

– C'est promis, papa. Bonne chance pour ton sermon de dimanche.

Le fait que le père soit pasteur expliquait qu'ils parlaient comme des gens instruits. Une fois le couple parti, je parvins enfin à gagner ma banquette et je m'assis. J'essayais de ne pas regarder la jeune fille mais notai malgré moi qu'elle était vraiment très bien habillée. Elle aurait été jolie même dans des vêtements fabriqués à la maison... Pour ma part, je portais les mêmes depuis des jours. J'avais une chemise propre dans mon sac de couchage, mais il n'y avait aucun endroit ici pour se laver ni se changer. J'espérais que la demoiselle ne ferait pas attention à moi. Elle sortit un livre et se plongea dedans avant même le départ du train. Impossible, donc, d'engager la conversation. Alors je fis semblant de m'intéresser au paysage : comme dans un miroir ou un étang, je voyais très bien son reflet en me penchant un peu en arrière et en tournant légèrement la tête. Soudain j'entendis son livre tomber par terre lorsqu'elle ouvrit son panier. Je me précipitai pour le ramasser.

– Oh, merci, c'est vraiment gentil de votre part, dit-elle.

– Pas de problème.

J'avais eu envie de répondre quelque chose d'intelligent, mais je n'avais rien trouvé de mieux. Elle attendit que j'ajoute quelque chose. Beaucoup de gars, du côté de Marshall, vous diront que je ne suis pas mauvais pour raconter des histoires. Mais là, ma langue et mon cerveau étaient comme paralysés. Rien ne venait. Finalement, ce fut elle qui se jeta à l'eau. Elle me tendit le livre pour me montrer sa couverture et me demanda :

– Vous l'avez lu celui-là ?

Je le pris et fis semblant de l'étudier un instant.

– Non, dis-je. Il est bien ?

Je me sentais déjà assez campagnard comme ça dans mes habits tout froissés, et je n'avais aucune envie de lui avouer que je ne savais pas lire. Je l'écoutai avec plaisir me parler du livre. Des gens qui, dans la vie quotidienne, ne se seraient jamais adressé la parole engageaient facilement la conversation dans les trains. Je réussis à retrouver l'usage de ma langue pour me présenter. Outre qu'elle était jolie, elle avait l'esprit vif. Elle était institutrice et allait prendre son poste à Springfield, Missouri, où elle habiterait chez sa tante. Mon voyage m'avait paru intéressant, mais soudain tous mes déplacements me semblèrent futiles. Je n'aurais jamais pu faire comme elle ! Je faillis lui demander la permission de m'arrêter à Springfield et de lui rendre visite, mais je compris que mon illettrisme faisait de nous des êtres trop différents. Lorsqu'elle descendit, je l'aidai à porter ses bagages. Je ne l'ai jamais revue.

On arriva à Saint Louis ce même après-midi, mais aucun train n'en repartait ce jour-là. La gare était au centre-ville. Quelle incroyable cité ! Il y avait beaucoup d'immeubles en brique et certains étaient très hauts. Un grand nombre d'automobiles roulaient dans les rues, qui toutes étaient pavées.

J'allai acheter quelque chose à manger dans une épicerie. Les prix étaient plus élevés qu'à Marshall. J'avais déjà mon billet de train, et je pouvais rester deux jours sans nourriture si nécessaire. Et puis, jusque-là, j'avais toujours trouvé un emploi facilement. Je n'étais donc pas trop inquiet. La gare n'était guère éloignée du fleuve. C'était le Mississippi, sur la rive duquel j'avais déjà travaillé au sud de Memphis. Il avait été dragué et l'endroit était devenu un port très actif.

Je m'installai au bord du fleuve, posai mon sac de couchage et sortis mon repas : un petit bout de pain, deux pommes et un morceau d'une viande assez épicée. Des Noirs déchargeaient une barge juste en face de moi. Ils transportaient des caisses en bois sur le quai – deux hommes par caisse. Le contremaître, près de la planche de débarquement, les vérifiait, puis les hommes les rangeaient à l'arrière d'un camion, où un autre Blanc ne cessait de consulter sa montre.

Il sauta finalement sur le sol. Il passa si près de moi que j'aurais pu le toucher juste en tendant le bras, mais apparemment il ne me vit pas. Il hurla au contremaître :

– C'est trop lent ! On prend du retard. Il faut que ces camions partent au plus tôt !

– Pas de problème ! répondit l'autre. Simplement, un de mes hommes ne s'est pas pointé aujourd'hui. Ça veut dire qu'il nous manque une équipe puisque mes gars travaillent par deux.

Le Blanc du camion répliqua :

– Ravi de l'apprendre ! Mais ils ne nous paient pas pour qu'on s'excuse. Ils te donnent suffisamment de pognon pour que tu offres de bons salaires, alors tu me trouves quelqu'un !

Là-dessus il s'éloigna. J'étais assez proche pour entendre l'homme de la barge jurer.

– D'abord j'ai un connard paresseux qui ne vient pas bosser, et ensuite ce fils de pute m'explique ce que je dois faire !

Je souris. Il criait tellement fort que je pouvais l'entendre. Ce n'était pas de ma faute.

– Hé, Louis ! lança-t-il à un ouvrier qui s'apprêtait à déplacer une caisse. (Il les alignait pour permettre à ses compagnons de les décharger.) Va me chercher un autre gars pour bosser avec toi !

– Pardi, patron, où ça ?

– Bon sang, comment je le saurais ? Je ne peux pas tout faire ici ! Y a une place libre, alors tu files sur les quais et tu me déniches quelqu'un.

Louis n'avait pas l'air ravi. Il marmonna quelque chose mais je l'entendis répondre :

– D'accord, patron.

C'était suffisant pour moi. Je ramassai mon sac de couchage, fis disparaître mon casse-croûte dans mes poches et me levai. Je m'éloignai de la barge de façon à croiser le chemin de Louis. Au contraire des deux Blancs, il me repéra aussitôt du coin de l'œil.

– Hé, toi, là-bas ! me lança-t-il en me faisant un signe de la main. Tu veux...

Je lui souris et finis sa phrase à sa place :

– Un boulot !

Il éclata de rire.

– Tu l'as entendu, je pense. Difficile de faire autrement. Donc, maintenant t'as une idée du caractère du contremaître. Mais si tu...

– C'est parfait, dis-je. Ça ira.

Il haussa les épaules.

– O.K. Tu veux connaître le salaire ?

J'acquiesçai.

– Un dollar par jour. Un cuisinier fait le repas de midi, et aussi celui du soir quand on travaille tard. On en a probablement pour deux jours.

– Pas de problème, murmurai-je.

– C'est bon. Je vois que t'as un sac de couchage. Si tu n'as nulle part où loger, t'as qu'à rester sur la barge. Je fais ça moi aussi.

– Ça me paraît bien, dis-je.

Alors qu'on retournait ensemble vers le bateau, j'observai Louis. Il devait avoir à peu près mon âge. Il était un peu plus grand que moi, mais pas beaucoup. Et il n'avait pas l'accent du Texas.

– D'où tu es ? demandai-je.

– De Malden. C'est près de la frontière avec l'Arkansas.

– Tu es à Saint Louis depuis longtemps ?

– Non, à peine deux semaines. Il n'y a guère de travail à Malden.

Dans ces années-là, beaucoup de Noirs quittaient les fermes pour les villes du Nord. Et tous le faisaient pour la même raison : avoir une meilleure vie. Je ne sais pas si ça marchait, hélas !

– Il y a de bons boulots à Saint Louis ?

– Oh, oui ! C'est une grande ville.

Je préférai ne pas lui demander pourquoi, dans ce cas, il avait choisi de décharger des barges pendant deux jours... Mais bizarrement, vos interlocuteurs s'empressent souvent de répondre aux questions qu'on ne pose pas...

– Je pourrais être à Malden en ce moment même, dit-il. Les récoltes vont bientôt être terminées et il n'y aura plus rien jusqu'au printemps prochain. De toute façon, une bonne part de ce qu'on ramasse va aux propriétaires.

Beaucoup de gens n'étaient pas aussi heureux que nous, les Dawson, qui possédions nos terres. Les métayers n'avaient droit qu'à une partie de leur récolte. C'était une situation très courante, et il n'y avait aucun moyen de changer ça.

– Ici j'ai une chance... poursuivit Louis.

Voilà ce que nous voulions tous : une chance.

La barge était plus grande que ce qu'on pouvait penser à première vue. La planche de débarquement était en son milieu. Le contremaître, lui, était à l'avant.

– Patron, j'ai quelqu'un ! annonça Louis.

– Quoi, déjà ? Tu n'es parti que depuis trois minutes !

Louis n'était pas irrespectueux au point de lui faire remarquer qu'il avait réglé le problème plus vite que lui ne l'aurait fait. Mais je vis qu'il appréciait le fait de s'en être mieux sorti – parce que c'était son employeur ou parce qu'il était blanc, ça, je ne savais pas. Je me tins un peu à l'écart et j'attendis jusqu'à ce qu'il annonce :

– Voici George.

Le contremaître m'observa et me demanda :

– Mon garçon, tu es un bon travailleur ?

– Oui, monsieur.

– Ça te gêne, le travail pénible ?

– Non, monsieur.

Avec les patrons, et surtout quand ils étaient nouveaux, je veillais toujours à être bref. J'étais capable de penser aussi bien qu'eux, mais je n'oubliais pas qu'ils me tenaient en piètre estime à cause de ma couleur.

– Louis, il bossera avec toi. Montre-lui ce qu'il faut faire.

Ce n'était pas difficile à comprendre. Je me contentai d'attraper l'autre bout d'une caisse. Il y en avait un grand nombre d'une extrémité à l'autre de la barge. Seul le milieu était libre. Deux équipes déchargeaient celles de l'avant. Louis et moi, on s'occuperait de l'arrière. Les caisses n'étaient pas énormes, mais elles étaient lourdes. Il y avait des étiquettes dessus.

– Louis, qu'est-ce qu'il y a là-dedans ?

– Je ne sais pas.

– Comment ça, tu ne sais pas ?

Tout en continuant à travailler, il jeta un coup d'œil autour de lui avant de murmurer :

– Personne ne m'a rien dit, mais je pense que c'est de l'alcool.

C'était bien possible. Je ne trouvai rien d'autre à répondre que :

– Il y en a beaucoup, alors !

– Il paraît que depuis la Prohibition il y a pas mal d'argent à se faire dans le trafic d'alcool.

Je restai silencieux, mais Louis dut comprendre ce que je pensais, car il ajouta :

– Hé ! je suis juste payé pour décharger ces caisses !

À cet instant, poser davantage de questions m'aurait certainement causé de graves ennuis.

Les autres ouvriers vivaient sans doute en ville ; ils partaient le soir et revenaient le lendemain matin. Moi j'aimais dormir sur la barge. On sentait l'automne : des journées chaudes et des nuits fraîches, un peu plus douces qu'au Texas, mais ça n'était pas insupportable.

Comme Louis me l'avait indiqué, on termina le travail en deux jours. Lorsque le contremaître nous paya et que j'eus deux dollars à mettre dans ma poche, ce fut bien agréable. Autrement dit, je n'aurais pas à toucher l'argent que je gardais dans ma botte pour les temps difficiles. Puis le patron annonça :

– Cette barge ne part que lundi. On est vendredi. Alors, si vous pouvez passer le week-end ici pour la surveiller, je vous donnerai quatre pièces à chacun et en plus vous pourrez vous servir dans le garde-manger de la timonerie.

Il n'avait aucune envie de rester là lui-même, mais son offre était une chance pour moi.

Le lendemain matin, Louis me proposa :

– Et si on allait plutôt au stade ? Y a les Cardinals qui jouent aujourd'hui.

Sachant que je reprendrais bientôt la route, je ne voulais pas dépenser quelques *cents* pour ça. Louis lut dans mes pensées.

– Ça ne coûtera rien, m'expliqua-t-il. Au contraire, si on arrive à temps on trouvera du boulot là-bas... et on sera quand même payés pour garder la barge. Jimmy a fait ça le week-end dernier.

– Je suis prêt, alors.

– Parfait. Y a moins d'une heure de marche et on n'aura pas besoin de prendre le tramway si on part assez tôt.

Le stade, en brique, était presque entièrement recouvert de lierre. À notre arrivée, une seule porte était ouverte. Il était encore trop tôt pour les spectateurs, et seuls les employés étaient déjà là. Devant l'entrée, Louis s'exclama :

– Hé, Jimmy !

Jimmy avait travaillé avec nous sur la barge. Il s'approcha.

– Jimmy, y a moyen d'avoir un boulot ?

– Ouais, j'en suis presque sûr. Attendez-moi là.

Il ne tarda pas à revenir en courant.

– Le patron dit que vous pouvez entrer et nous aider pour les citronnades. Il va faire chaud. Et après le match, vous restez là et vous rejoignez l'équipe de nettoyage des gradins. C'est quatre pièces, le match gratuit, et dans les gradins tout ce que vous trouverez sera à vous !

Je n'ai jamais coupé autant de citrons de ma vie, et en plus je dus charrier d'énormes sacs de sucre ! Je ne fus pas chargé du mélange, mais vous pouvez me croire si je vous dis qu'on en vendit des litres et des litres. La glace fondait rapidement, mais il y en avait assez pour que la boisson reste fraîche. Ils faisaient ça dans de gros pots en faïence qu'ils apportaient ensuite à différents comptoirs. Et de là où j'étais on voyait bien le terrain.

Mon travail était de veiller à ce qu'il y ait toujours assez d'ingrédients, mais une fois que la ruée se calma je pus suivre tranquillement le jeu. Ce fut un beau match. Les Cardinals contre les Chicago Cubs.

Il y eut beaucoup de monde aux stands et on vendit toute notre citronnade. Je ne me souviens plus qui a gagné – ce fut juste du bon base-ball. Le nettoyage des gradins dura aussi longtemps que le match lui-même. On remplit des sacs et des sacs de déchets. Je trouvai des clés de voiture – une DeSoto, d'après Jimmy –, deux ours en peluche, quelques montres, deux portefeuilles et plusieurs chemises. J'apportai tout ça au bureau. Il y avait des noms dans les portefeuilles, mais on me dit que je pouvais garder une chemise s'il y en avait une à ma taille. Comme j'avais entendu qu'il pouvait faire froid dans le Nord, j'en choisis une jolie, bleue avec une doublure en laine.

Le lundi matin, Louis me dit :

– Va y avoir encore du boulot sur le fleuve. Et si tu restes dans le coin un moment, tu pourras trouver un vrai travail.

– Ça vaut la peine d'y réfléchir, c'est sûr. Mais mon billet va jusqu'à Cleveland.

– Y a quoi, là-bas ?

– Je ne sais pas, mais je veux voir la neige. On n'en a jamais eu au Texas.

– Ouais, dit Louis, et je ne crois pas que t'en auras à Saint Louis non plus. Moi, j'en ai vu une fois quand je chassais dans les montagnes autour de Malden.

– T'as aimé ça ?

– Oui, c'était super !

Je ramassai mon sac de couchage et ma nouvelle chemise. On se serra la main.

– Peut-être qu'on se retrouvera quand je repasserai à Saint Louis au retour, dis-je.

– Regarde les barges sur le fleuve. Un de nous deux au moins est assez malin pour ne pas laisser échapper un bon boulot ! s'exclama-t-il en éclatant de rire.

CHAPITRE XIII

Désireuse de s'isoler et de vivre en pleine nature, O'Keeffe enseigna pendant quatre ans près d'Amarillo, dans la Panhandle, la bande de terre aride du Texas entre l'Oklahoma et le Nouveau-Mexique. [...] Avec ses peintures de crânes dans le désert, le fantastique naît d'une contradiction : la force de l'image et la précision du rendu s'opposent aux idées qu'on associe normalement à un squelette.

Abraham A. DAVIDSON,
The Story of American Painting.

Aujourd'hui, je travaille dur à l'école. Le dimanche matin, je vais à l'église. Le samedi je range la maison, et maintenant que le printemps est là je pars à la pêche. Samedi dernier, j'ai bricolé dans la cour et j'ai reçu quelques visiteurs. Ce soir-là, pour changer, j'ai décidé de me coucher tôt. Il faisait déjà nuit lorsque j'entendis tambouriner à la porte.

– Qui est là ? Qu'est-ce que vous voulez ? criai-je sur un ton prouvant que je ne plaisantais pas.

À notre époque on ne sait pas ce qui peut se passer dans la tête des gens, et il est impossible de faire confiance à tout le monde. Je me dis que j'avais probablement fait fuir mon visiteur, mais voilà qu'on frappa de nouveau.

– C'est moi, Richard. On devait se voir. Est-ce que c'est toujours d'accord ?

J'ouvris la porte. Oui, c'était bien lui.

– Je vous attendais beaucoup plus tôt. Du coup, j'ai pensé que vous ne viendriez pas ce soir, contrairement à ce qu'annonçait votre lettre.

– Mon avion a eu du retard, et en plus j'ai eu un mal de chien pour récupérer les bagages.

– Tout va bien, dis-je en débloquant la moustiquaire. Entrez. Vous avez de la chance que je ne possède plus de fusil de chasse.

En général, sauf quand il vient avec son matériel de pêche, Richard voyage léger – mais moins que moi lorsque je partais avec mon seul sac de couchage... Cette fois, il avait une valise. Et un sac à dos, que je ramassai. Il était énorme et devait peser dans les quinze kilos. Je le transportai dans le salon et le posai sur le canapé.

– Qu'est-ce que vous avez là-dedans ? demandai-je. Votre collection de plombs de pêche ?

– Non, des bouquins, répondit-il.

– Fils, si vous vouliez quelque chose à lire, j'ai ça chez moi à présent.

Je me sentais fier de pouvoir dire une chose pareille, je l'avoue.

– Merci, c'est parfait, fit Richard. Mais j'ai apporté ces livres-là parce que je souhaitais les partager avec vous.

– J'ai toujours tout partagé, dis-je, mais jamais des livres. Ça va être vraiment super !

J'en sortis quelques-uns de son sac à dos.

– Ils sont gros, ça oui ! ajoutai-je.

– On appelle ça des « livres pour table basse ».

– Et ça veut dire quoi ?

– Qu'ils font bien dans votre salon, j'imagine.

– C'est cher payé, juste pour les laisser sur une table !

– Sans doute. Je les ai pris à la bibliothèque.

Ils étaient lourds, et je me demandai si ça valait vraiment le coup. J'en ouvris un au hasard. Richard avait pris la peine de me l'apporter de très loin et je me sentais désolé pour lui. Mais finalement on trouva quelque chose d'intéressant.

– Ça, je reconnais, murmurai-je. Un crâne de vache. Qui a fait ça ?

– Georgia O'Keeffe, répondit Richard. Cette toile s'intitule *Crâne de vache. Rouge, blanc et bleu.*

– Ouais, ça ressemble tout à fait à ces crânes décolorés qu'on retrouve après une longue sécheresse... Ah ! j'aime bien ça aussi, m'exclamai-je.

– Edward Hopper, dans les années trente. Ça s'appelle *Tôt le dimanche matin*.

– La plupart de ces tableaux ne ressemblent pas à ce que je voyais dans le Sud en ce temps-là, dis-je. Mais celui-là me fait penser à Marshall dans les années vingt. On avait la même enseigne de coiffeur, et tout ça.

Richard me demanda si c'était l'époque où j'étais parti à Saint Louis. En réalité, cette fois-là, j'avais décidé de monter plus haut vers le nord, mais ça n'a pas vraiment été un succès. Mon billet était bien en sécurité dans ma botte. Je le sortis en arrivant à la gare de Saint Louis et demandai au guichetier :

– À quelle heure part le train pour Cleveland ?

– À trois heures. Tu veux acheter un billet, mon garçon ?

– Non, monsieur. J'ai fait une halte à Saint Louis, mais j'en ai déjà un qui va jusqu'à Cleveland, dis-je en le lui passant sous la grille.

Il l'examina et fronça les sourcils.

– Pas question, mon garçon !

Je compris qu'il y avait un problème. Le questionner risquait d'envenimer les choses, et pourtant j'avais envie de savoir ce qui se passait. Après tout, j'avais peut-être renoncé à un bon boulot à Saint Louis pour continuer mon voyage.

– Monsieur ? dis-je d'un ton interrogateur, mais sans la moindre nuance de protestation.

– C'est un billet aller-retour Marshall, Texas-Saint Louis, Missouri que je vois là. N'essaie pas de me faire marcher, d'accord ?

– Non, monsieur. Mais je vous assure que j'ai vraiment payé jusqu'à Cleveland.

– Dans ce cas, pourquoi es-tu descendu à Saint Louis ?

– Parce que votre collègue de Marshall m'a expliqué que je devais changer de train à Saint Louis.

– Non, mon garçon. Ton ticket n'est valable que jusqu'à Saint Louis.

– Eh bien je vous assure que j'ai payé un billet pour Cleveland.

– Je ne sais pas ce que tu as payé. (Il me rendit le billet.) Tu n'as qu'à lire toi-même. Y a écrit Saint Louis là-dessus, et pas Cleveland.

Je regardai le petit bout de papier mais ne lui dis pas que je ne savais pas lire.

– Sauf, monsieur, que j'ai payé le...

– Mon gars, tu accuses le guichetier de Marshall de t'avoir volé ?

Je venais de découvrir que c'était le cas, mais je répondis :

– Non, monsieur.

– Parfait. Alors, maintenant, mon gars, tu quittes cette gare, à moins que tu préfères que j'appelle la police ?

J'obéis. Je n'avais pas le choix. Je m'éloignai le long de la voie. J'espérais retrouver un jour ce guichetier de Marshall, car c'était lui le coupable. Et puis je me dis que même si je croisais son chemin de nouveau je ne pourrais pas me permettre d'accuser un Blanc de vol.

Il y avait plusieurs trains à l'arrêt. Personne en vue. Je longeais un convoi de marchandises. D'autres gars en faisaient autant. Lorsque je trouvai un wagon dont la porte était ouverte, je jetai un rapide coup d'œil autour de moi et j'y grimpai. Il faisait sombre à l'intérieur. Le plancher était couvert de fientes de poules, mais ça aurait pu être pire, car elles étaient vieilles et sèches, et elles ne sentaient plus tellement.

De plus en plus de hobos montaient en cachette : le train n'allait sans doute pas tarder à démarrer. Pour que la police ferroviaire ne me remarque pas si elle se pointait, je me dissimulai au fond du wagon et j'attendis. Un moment plus tard, j'entendis la locomotive cracher sa vapeur. Deux gars me rejoignirent dans mon wagon. Ils étaient blancs, mais ce n'était pas un problème. Ils me saluèrent d'un signe de tête et se réfugièrent à côté de moi pour être hors de vue eux aussi. Enfin l'un d'eux me tendit la main et annonça :

– Jerry.

Le second dit :

– Alex.

– Tu vas jusqu'à La Nouvelle-Orléans ? me demanda Jerry.

– Je ne connais pas la destination de ce train, répondis-je.

Ils rigolèrent.

– Bon, nous on espère que c'est La Nouvelle-Orléans, dit Alex.

– Si ce soir on a quitté le Missouri et qu'on s'arrête à Cairo, alors on est dans le bon train, précisa Jerry. Mais si on arrive à Kansas City, ça voudra dire qu'on file vers le Nebraska.

Alex agita la main.

– Dans le Nebraska, ils sont plutôt vaches avec les vagabonds comme nous. J'espère vraiment qu'on est sur le *Spirit of New Orleans*.

Quand il souriait, on voyait qu'il lui manquait deux dents de devant. Sur le visage, il avait des bleus qui paraissaient assez récents. Je ne dis rien mais il comprit mon regard et les montra du doigt en expliquant :

– Le flic, à la gare d'Omaha, avait un énorme bâton. Il me l'a écrasé sur la gueule avant de me virer du train. Ça c'est passé y a moins de deux semaines et je n'ai aucune envie de retourner là-bas. Ça, non !

– J' suis d'accord, dit Jerry. (Puis, à mon intention :) On va être aux petits oignons sur le *Spirit of New Orleans*, tu verras.

– J'espère que tu as raison, répondis-je en riant.

Dès qu'il eut quitté la gare, le train prit de la vitesse. Le soleil frappait fort et le vent qui entrait dans notre wagon était le bienvenu. Saint Louis était une grande ville, mais bientôt les immeubles diminuèrent de taille, et on ne vit plus que des usines et des habitations qui ressemblaient à des taudis. J'aperçus des enfants sur les escaliers de secours ou penchés aux fenêtres. Assis à la porte de mon wagon, je les saluais tous de la main.

Plusieurs campements de vagabonds se trouvaient à la limite de la ville, pas très loin des rails. D'autres hobos embarquèrent. À cet endroit, le train était forcé de ralentir et ils le savaient. Pourtant, si on ne faisait pas attention, on risquait d'y laisser ses jambes, voire d'être tué, même avec un train qui roulait lentement.

Lorsqu'on arriva à Cairo, notre wagon était bondé. J'avais sympathisé avec Jerry et Alex. On se tenait un peu à l'écart, mais tout le monde s'entendait bien. Je prêtais l'oreille à toutes les conversations. Il y avait des gars des quatre coins du pays. Certains voyageaient depuis des années. On apprenait beaucoup rien qu'en les écoutant. Ceux qui avaient quelque chose à manger partageaient volontiers avec leurs voisins. Ça faisait un étrange mélange – des saucisses, du pain, des pommes. Quelqu'un avait pillé un champ de maïs, et ses épis furent les bienvenus. Ce n'était pas énorme, mais ça nous permit de passer la nuit.

Je fus surtout très attentif à ce qu'ils racontaient sur La Nouvelle-Orléans. Ils s'accordaient à dire que Chicago était la grande ville par excellence, mais c'était La Nouvelle-Orléans qui était sur toutes les lèvres. Même la nourriture était différente là-bas. D'après eux, c'était le royaume de la musique, du jeu et des femmes. Natif de Marshall, je n'avais pas grand-chose à dire sur tout ça, je n'y connaissais rien, mais leurs histoires ne tombaient pas dans l'oreille d'un sourd.

Dormir dans un train de marchandises est une expérience unique. L'air du dehors entre par la porte ouverte et hante vos rêves. Quand on se réveille, on regarde défiler les étoiles. Savoir qu'aux premières lueurs de l'aube on contemplera une autre partie du monde fait de cette aventure quelque chose de très spécial.

Le dépôt ferroviaire de La Nouvelle-Orléans était vaste et les policiers n'y étaient pas très vaches. Mais il y en avait toujours quelques-uns pour adorer leur boulot. Ceux-là aimaient fracasser les crânes des vagabonds à coups de bâton, si bien qu'il fallait quand même être prudent. Aussi, quand le train commença à ralentir, les hobos sautèrent des wagons comme des doryphores sur un champ de pommes de terre.

Quel spectacle ! Ne voulant pas arriver dans la gare elle-même et tomber sur les policiers, je les imitai. Descendre d'un train de marchandises en marche est plus compliqué qu'il n'y paraît. Si on ne court pas dès que l'on touche le sol, on a du mal à garder l'équilibre. Je le sais parce que c'est ce qui m'arriva. Je tombai et roulai sur moi-même – le long du convoi et non vers les rails, heureusement. Jerry m'aida à me relever et on se mit à courir entre deux trains à l'arrêt. On dépassa le fourgon de queue de celui dont on venait de sauter et on vit le dépôt.

Avant de le traverser, Jerry et Alex s'arrêtèrent un instant au coin d'un fourgon.

– Et maintenant on prend quelle direction ? demandai-je.

– N'importe laquelle, dit Jerry.

– J'ai un peu d'argent, intervint Alex. Ça ne me dérangerait pas de louer une chambre dans une pension et de prendre un bain.

– Qu'est-ce qui t'arrive ? Tu sens la merde de poule ? rigola Jerry.

Alex haussa les épaules.

– Ouais, en quelque sorte.

– Le campement sera encore là demain... dit Jerry. J'aimerais bien un bain moi aussi.

Ils se tournèrent vers moi et m'observèrent. Ils ne dirent rien, mais je devinai ce qu'ils pensaient. Je demandai quand même :

– Moi aussi, j'ai de l'argent. Est-ce que ça ira ?

Ils secouèrent la tête tous les deux.

– Désolé, grommela Jerry.

– C'est pas grave, murmurai-je. (Je compris que c'était une pension réservée aux Blancs.) Dites-moi simplement où je peux aller.

Alex m'indiqua la direction opposée.

– Suis ces gars-là, ils vont au campement.

Je vis des Blancs et des Noirs traverser le dépôt en courant. Je serrai la main de mes deux compagnons. Quand on voyageait dans les trains de marchandises on était unis. Mais dès qu'on quittait la gare on était de retour dans le monde de la ségrégation. Même les amis ne pouvaient pas franchir cette limite.

Il y avait là une demi-douzaine d'hommes. Je me joignis à eux. On s'arrêta à la dernière voie de garage. Un train y était stationné. On s'accroupit dessous pour vérifier s'il n'y avait pas de flics dans les environs. Et puis on fonça. À cet instant, un policier sortit de derrière un wagon. Il tira un coup de feu en l'air. Il ne nous visait pas, mais c'est sûr que ça nous fit détaler encore plus vite ! On dépassa le train et on se précipita le long de la voie. On ralentit un peu l'allure quand il fut clair qu'on ne nous poursuivait pas. Les autres savaient certainement où aller. Je restai donc avec eux. Lorsqu'on se mit à marcher, certains commencèrent à bavarder et à rigoler.

– Z'avez vu ce flic ? demanda l'un d'eux.

– Ouais, il n'aurait pas abattu un éléphant dans un couloir !

– J' sais pas. N'empêche que t'as pris tes jambes à ton cou quand il a tiré.

– Eh bien, je...

Et ils continuèrent sur ce ton jusqu'à ce qu'on arrive à destination. Ils semblaient tous se connaître, mais je me sentis quand même comme chez moi dans ce campement qui était plus grand que ce que j'avais imaginé. Il se trouvait dans un ravin, mais pas aussi loin des voies qu'on aurait pu le croire. Partant de celles-ci, un sentier y conduisait, creusé par la fréquence des passages. En le suivant je serais arrivé là même si j'avais été tout seul. À part qu'il était situé tout près des voies, ce camp-là ressemblait aux autres où je m'étais arrêté au cours de mes voyages. Les hobos s'étaient installés autour d'un grand foyer. Certains avaient construit de petits abris avec des caisses en bois, mais la plupart s'étaient contentés de dérouler leur sac de couchage par terre. Quelqu'un partit acheter à manger et je lui donnai les quelques pièces que j'avais encore dans ma poche. Je ne touchai pas à ma réserve dans ma botte, car je ne savais pas où me conduirait mon voyage.

Il ne faisait pas vraiment froid, mais à la tombée de la nuit les hobos allumèrent un feu et firent cuire un ragoût. Quelqu'un devait savoir où il y avait un magasin – ou une ferme. Ça sentait très bon et il y avait même de beaux morceaux de viande dans la marmite.

Comme souvent dans les endroits traversés par le Mississippi, c'est le long du fleuve qu'on avait le plus de chance de trouver du travail. Le lendemain matin, donc, je ne perdis pas de temps. Je me mis en route avant le lever du jour avec un Noir nommé Larry. Comme il vivait à La Nouvelle-Orléans depuis des années, je savais que tout se passerait bien et qu'on n'aurait pas d'ennuis.

Dans les villes fluviales, plus haut vers le nord, on voyait surtout des barges. Ici, à La Nouvelle-Orléans, il y avait aussi des navires – et des gros. Larry m'expliqua qu'il connaissait pas mal de monde sur les quais. Il avait appris que le *New London* avait jeté l'ancre pendant la nuit et qu'il faudrait le décharger. On rejoignit les docks. Le soleil était presque levé quand on arriva au *New London*. Il y avait déjà un petit groupe de gens qui espéraient se faire engager. Larry se mit à rigoler et me dit :

– Reste avec moi.

Il se fraya un passage dans la foule et je le suivis. Quand il fut au bord de l'eau il cria :

– Red, c'est toi ?

Un Blanc grand et gros avec des cheveux rouquins lui sourit :

– Hé ! Larry, ça fait une paye que je t'avais pas vu !

– Je viens juste d'arriver. Tu n'aurais pas un boulot pour nous ?

– Sûr ! Dans un moment, j'envoie quelqu'un pour monter une équipe. (Il me montra du doigt et ajouta :) C'est un ami à toi, Larry ? Il veut bosser aussi ?

– Ouais, fit Larry.

Le rouquin lança une échelle de corde le long du bateau et Larry grimpa aussitôt. Je fis de même. Je n'avais jamais fait ça, mais ce n'était pas très compliqué.

Red indiqua la foule qui grossissait.

– Dans cette pagaille, il faudra une bonne heure à mon gars pour trouver les hommes qu'il nous faut. En attendant, le cuisinier va vous servir un petit déjeuner.

Et peu après, on était attablés devant des œufs, du gruau de maïs et des petits pains. Larry avait déjà voyagé jusqu'en Amérique du Sud avec Red. Je ne savais pas exactement où ça se trouvait, mais j'avais dans l'idée que La Nouvelle-Orléans envoyait ses navires tout autour du monde.

On déchargea des noix de coco. Elles étaient entassées dans d'immenses casiers. On les transvasait dans des caisses plus petites qu'on descendait sur le quai. Ça n'était pas très lourd, mais dès le milieu de la matinée le soleil commença à taper fort. La chaleur ne m'avait jamais gêné, pourtant. Peut-être parce que mon arrière-arrière-grand-mère était arrivée d'Inde dans un bateau d'esclaves. J'avais entendu dire qu'il y faisait encore plus chaud que lors des pires sécheresses du Texas. La canicule de La Nouvelle-Orléans avait quand même un avantage : le travail s'arrêtait tôt, au milieu de l'après-midi.

– C'est vraiment gentil de leur part de penser un peu à nous, dis-je.

Larry éclata de rire.

– Ah, ça oui ! Ils ne veulent surtout pas qu'on meure sur place cet après-midi ! Comme ça on pourra revenir trimer demain matin !

Vu que Larry connaissait Red, on eut droit à une petite avance sur notre paye. J'ai toujours aimé ce sentiment de repos bien mérité après une bonne journée de travail. Alors vous pensez, quitter le navire avec un peu d'argent en poche pour aller se promener en ville ! J'avais l'impression d'être le plus heureux des hommes.

Je n'avais jamais vu une ville pareille. Elle était vaste et animée, mais Saint Louis l'était aussi. Non, c'était autre chose – elle était différente, tout simplement. On marchait dans les rues, et une partie des gens qu'on croisait ne parlaient même pas anglais. Larry comprenait ce qu'ils disaient – ou, du moins, il faisait semblant.

– Par ici, il y a des gars qui parlent français, d'autres créole et d'autres encore espagnol, m'expliqua-t-il.

– Ils ne connaissent pas l'anglais ? dis-je.

– Eh bien, les Cajuns sont moitié anglais et moitié français. Ils utilisent l'anglais quand ils veulent, mais ils s'en fichent. Les gens, ici, n'en font qu'à leur tête.

Je voyais bien qu'il avait raison. Les rues étaient bondées. Les maisons donnaient directement sur les trottoirs. Les portes étaient grandes ouvertes et les gens étaient installés sur leurs vérandas.

Je n'étais pas affamé, mais les odeurs des restaurants devant lesquels on passait envahissaient les rues. Ça sentait très bon, même si je ne connaissais aucun de ces parfums. La Nouvelle-Orléans vivait la nuit, mais à la fin de l'après-midi les patios des restaurants étaient déjà pris d'assaut par les clients. Cependant on poursuivit notre chemin. Larry savait où il allait. Pas question de le quitter d'une semelle. Il s'arrêta enfin.

– Nous y sommes, annonça-t-il.

On se trouvait devant une maison que rien ne distinguait des autres. Ses murs étaient blanchis à la chaux, mais à vrai dire elle aurait eu bien besoin d'une nouvelle couche. Comme partout ici, elle avait une véranda avec une balustrade en fer. La porte était ouverte et Larry cria :

– Gloria, tu es là ?

Presque aussitôt, une vieille Noire apparut sur le seuil, l'air bougon.

– Et alors ? Qui c'est qui hurle mon nom comme ça quand j'ai une jolie sonnette sur ma porte pour les gens civilisés ?

Larry lui adressa un grand sourire.

– Bon, comme c'était grand ouvert...

– C'est toi, Larry ? Attends, laisse-moi voir. Mais oui, c'est bien toi !

Elle descendit de la véranda et serra Larry dans ses bras.

– Je devrais être très en colère contre toi, depuis tout ce temps que je suis sans nouvelles ! ajouta-t-elle.

– Ah ! tu sais comment c'est.

– Ne me sers pas ce genre d'histoires, tu veux ? Je n'ai aucune illusion sur les hommes, ça non ! Toujours à courir les routes et à abandonner de jolies femmes derrière eux ! Heureusement que je te connais depuis que tu es tout petit. Je sais que as aussi de bons côtés. (Elle nous regarda en rigolant.) Tu n'as pas envie d'entendre ça, n'est-ce pas ? (Puis, sans attendre sa réponse, elle ajouta :) Qui c'est, ton ami ?

– Il s'appelle George. Il est O.K.

– J'imagine que vous voulez une chambre, vous deux ?

– Exact. On a trouvé un boulot qui a l'air pas mal et on va rester en ville un petit bout de temps, répondit Larry.

– Tu dis toujours ça, répliqua Gloria avec humeur. Ce n'est pas aussi ce que tu as raconté à Alice ?

– Ben, à ce moment-là, je le pensais. À propos, où est-elle ? Tu l'as vue récemment ?

– Fiche la paix à cette fille. Elle t'a oublié.

– Tu ne m'as pas répondu. Elle est toujours dans le coin ?

Gloria croisa les bras :

– Non. Elle a trouvé un homme bien et il est resté avec elle comme elle le mérite. Ils se sont mariés et ils sont partis en Alabama. Il a un travail, là-bas.

Elle le fixa. Larry répliqua :

– C'est parfait. Je posais juste la question.

– Humm... Tu parles !

– Allez, Gloria ! Je débarque à l'instant. Sois sympa avec nous. Si tu louais des chambres à deux gars qui ont un bon boulot ?

Je n'avais encore jamais eu un tel logement. J'étais au rez-de-chaussée. Une fenêtre ouvrait sur le jardin de derrière. Comme elle était basse, je pouvais entrer par là, si je voulais, ou par-devant, en traversant la maison. Larry était au bout du couloir. On posa nos affaires et on partit manger.

Devant une grosse assiette de *jambalaya* *, Larry m'expliqua que le principal intérêt de la maison de Gloria tenait à son emplacement non loin de Bourbon Street, la rue des clubs. Ce n'était pas comme à Marshall. Il y avait de la musique toutes les nuits à La Nouvelle-Orléans. Les gars fréquentaient ces établissements à toute heure du jour et de la nuit. Et on y croisait aussi beaucoup de jolies femmes.

Ayant grandi à Marshall, j'avais toujours fait comme tout le monde : je travaillais toute la journée et je me couchais. Et comme tout le monde aussi, je n'écoutais de la musique qu'à l'église, le dimanche. Pas dans les boîtes de nuit. J'étais heureux, là-bas, et je ne savais pas qu'on pouvait faire autrement. Ensuite, pendant quelques années, je m'étais débrouillé tout seul et

* Plat de riz avec du jambon, des poivrons, des tomates et des crevettes. *(N.d.T.)*

j'avais vécu comme j'avais voulu, mais ce n'était pas grand-chose. Jusqu'à ce que je débarque à La Nouvelle-Orléans. Je découvris assez vite que cette ville représentait tout ce contre quoi notre pasteur nous avait mis en garde. Mais c'était super ! Je n'avais jamais vu un endroit pareil !

J'avais toujours travaillé dur et je m'étais passé de ce genre de distractions. Je n'y avais jamais réfléchi. Les gens vivaient comme ça à Marshall. Ici, je ne voulais oublier ni le pasteur ni mon père et ma mère, non, mais La Nouvelle-Orléans paraissait très loin de la maison et je pouvais mettre de côté certains de leurs discours. J'étais arrivé dans cette ville au bon moment de ma vie, et j'y fis la connaissance de tas de gens qui s'amusaient beaucoup. Ici, on n'aurait certainement pas deviné que le pays était soumis à la Prohibition. Je n'ai jamais beaucoup bu, juste un petit verre de temps à autre. Mais je fréquentais les clubs parce que j'aimais la musique et la danse.

Ma façon de vivre commença à changer. En fait, je devins ce que vous appelleriez un « homme à femmes ». Une fois le *New London* déchargé, je n'ai plus travaillé très souvent, je l'avoue. Je sortais trop la nuit pour avoir envie de partir au boulot le matin !

À cette époque, cet endroit avait ce genre d'influence sur quelqu'un. J'étais un bon travailleur et j'en tirais de la fierté, mais je pouvais faire ça n'importe où ailleurs. Heureusement, j'avais quelques économies. La musique était formidable. Et puis je rencontrais beaucoup de femmes dans ces clubs. Elles étaient très belles à La Nouvelle-Orléans. Je n'avais pas été élevé ainsi, mais je découvris que j'adorais les grandes villes. En plus, on ne vous surveillait pas tout le temps comme à Marshall.

À La Nouvelle-Orléans on aimait jouer aux cartes et aux dés. On ne pouvait pas vivre ici sans essayer.

Je finis moi aussi par m'y mettre. Parfois je gagnais un peu d'argent, mais il était facile aussi d'en perdre. Pourtant, je ne me suis jamais laissé prendre par la passion du jeu. Certains soirs il y avait de grosses sommes sur la table et je me contentais de regarder. Ça faisait partie de l'excitation. De temps à autre, une grosse nuit de jeu attirait une foule différente. Des gens qui vivaient en marge – pas les clients habituels – pouvaient créer des ennuis.

Bien sûr, des embrouilles se produisaient même quand il y avait peu d'argent en jeu. Lorsque ça arrivait, tout allait très vite. Je me souviens d'une nuit chez Crawdaddy, un club où on pouvait écouter de la musique, danser, commander une montagne de crevettes et jouer dans le fond de la salle. J'étais à La Nouvelle-Orléans depuis moins d'un mois et je m'amusais bien. J'étais venu là avec Larry, mais il était en grande discussion avec une fille et je lui avais fiché la paix. Je partageais des crevettes avec une jeune femme et ne faisais guère attention au reste. Lorsque le premier coup de feu partit, on plongea sous la table, mais un gars accoudé au bar eut moins de chance. Il fut touché au bras. Il y eut deux ou trois autres coups de feu très rapprochés. Et puis ce fut terminé. Plus tard, je demandai à Larry ce qui s'était passé, parce qu'il était plus près que moi de la bagarre. Il haussa les épaules.

– Oh ! C'était juste un genre de malentendu, tu vois.

– Il y a eu une fusillade, un homme a été blessé. Ça veut dire quoi, un malentendu, dans ce cas-là ? insistai-je.

– À La Nouvelle-Orléans, ça arrive tout le temps.

– Pourquoi ?

– Oh ! C'est toujours à cause d'une femme ou du jeu, et parfois des deux. Tu es nouveau dans cette ville. Il faut que tu fasses attention à toi, George.

– Je ne triche jamais et je ne fréquente pas les

femmes qui ont déjà un homme. Je sais éviter les ennuis.

– C'est bien, murmura Larry. Dommage que ça ne soit pas aussi simple que ça.

– Que veux-tu dire ?

– Tu peux très bien ne te mêler des affaires de personne et avoir quand même besoin de te protéger.

– Et alors ?

– Et alors, voilà ce que tu dois faire.

À ces mots, Larry sortit un petit revolver de sa veste.

– Laisse-moi voir ça, dis-je.

Il posa son arme sur la table, entre nous deux. Je la ramassai et la soupesai. J'étais plutôt habitué aux fusils de chasse d'une bonne taille, et ce pistolet me parut ridicule.

– Je suppose que tu peux abattre un écureuil avec ça, ou peut-être un raton laveur. Mais pas un daim, ou alors au bon endroit et à bout portant !

– C'est pas le but de cette arme, George. Elle n'est pas faite pour tuer quelqu'un, mais pour te protéger toi. Quand un gars voit que tu es armé, il te laisse tranquille. Voilà à quoi elle sert.

– Je crois que je comprends, dis-je.

Le lendemain après-midi, on prit un verre dans le patio d'un restaurant avec un homme qui nous proposa deux revolvers. Même si je savais qu'il ne devait pas être très efficace et qu'il coûtait quinze dollars, je m'offris celui avec une crosse en nacre. Dès lors je le portai à ma ceinture. Et Larry avait raison : personne ne m'embêta jamais et je n'eus pas besoin de m'en servir.

La Nouvelle-Orléans était comme ça. J'y croisais beaucoup de jolies femmes mais j'avais une petite amie nommée Nora. On fréquentait les clubs, on écoutait de la musique, on dansait et on jouait un peu. Lorsqu'il était tard et que je ne voulais déranger personne en traversant la maison, j'avais pris l'habitude de regagner ma chambre par la fenêtre du jardin. Et je n'avais pas besoin de me lever aux aurores pour donner à manger aux poules, comme à Marshall.

Je m'engageais parfois sur des bateaux. Pour la première fois de mon existence, je ne passais plus tout mon temps à travailler : je le faisais seulement quand j'en avais besoin. Une fois, je dus décharger des cacahuètes et des noix de coco du Brésil. Ça ne dura que quelques jours, mais je dus impressionner le capitaine car il me proposa d'embarquer avec eux. D'accord, j'adorais La Nouvelle-Orléans, mais il y avait ce navire qui partait pour l'Inde, le pays d'où venait mon arrière-arrière-grand-mère... Je savais que c'était très loin, mais depuis toujours je rêvais d'y aller. On n'appareillait pas avant une semaine, et je pensais prendre du bon temps d'ici là. Je parlai à Nora de cette opportunité. Je pensais que c'était une idée formidable. Mais elle se mit en colère et conclut :

– C'est pas grave, George. Je te quitte.

On se disputa un moment et elle me largua pour de bon. Elle sortit comme une furie du club où on se trouvait. Bah ! je n'y pouvais rien. S'il ne me restait plus qu'une semaine à La Nouvelle-Orléans, autant en profiter. Et ce fut le cas.

Le jour du départ, je rendis ma chambre et transportai toutes mes affaires sur le bateau. Mais on n'appareillait que le soir et je ne vis aucune raison de ne pas m'amuser encore un peu à terre. En fait, je passai un très agréable moment à essayer d'impressionner deux jolies filles en leur parlant du voyage que j'allais entreprendre. Je pense que je me laissai un peu emporter. Du coup, le bateau partit sans moi. À ce jour, je n'ai toujours pas mis les pieds en Inde.

Je n'avais plus de travail, plus de chambre et plus de petite amie. Je n'étais pas insensible aux signes : il était temps pour moi de reprendre le train.

CHAPITRE XIV

En 1925, le sentiment anti-évolutionniste s'exacerba à un point tel que ce devint un crime, au Tennessee, d'enseigner autre chose dans les écoles que la version biblique de la création. John Scopes, un professeur de lycée, viola cette loi et fut arrêté. Le procès qui suivit fut le symbole de cette rupture entre la religion traditionnelle et la science.

Events That Shaped the Century : Our American Century, par les rédacteurs de Time-Life Books.

La photo et l'article que Richard me montra étaient tirés de ce bouquin qui raconte toute l'histoire du XXe siècle. Je pense qu'il avait envie de feuilleter ce livre avec moi parce que j'ai vécu chaque année de ce siècle et même deux du précédent.

À côté de cet ouvrage, il y en avait un autre sur la table, encore plus gros. Je demandai à Richard ce que c'était. Il me répondit qu'il s'agissait d'un manuel de civilisation pour la classe de seconde.

– Il est énorme, murmurai-je. Ils le lisent en entier ?

– En principe. Mais pour certains c'est trop difficile. Ils ne savent pas tous lire correctement en classe.

– C'est le même problème à Dallas, dis-je. À peu près la moitié des élèves de ma classe de lecture ont eu leur diplôme de fin d'études au lycée, et pourtant ils n'ont jamais appris à lire. Ils ont seulement suivi les cours et ils sont systématiquement passés dans la classe supérieure. Voilà pourquoi, maintenant, ils étudient avec moi...

– Eh bien, ce n'est peut-être pas aussi terrible dans mon établissement, dit Richard, mais certains ont un mal de chien à déchiffrer ce texte. Et il y en a encore plus qui se fichent complètement de l'histoire. Ils n'étaient pas là quand ces événements se sont déroulés et ils n'ont aucune envie de savoir ce qui s'est passé... Au fait, vous vous souvenez du procès Scopes ? Il eut lieu en 1925 et on le surnomma le « procès du siècle ».

– Non, avouai-je.

– Cela se passait dans le Tennessee, mais on en parlait dans les journaux de tout le pays.

– Je ne lisais pas les journaux à l'époque, fils.

– C'est vrai, dit Richard. Mais j'ai pensé que vos amis auraient pu en parler.

– Ce professeur était noir ?

– Non, blanc.

– Bon, alors, dans les années vingt, c'étaient des nouvelles pour les Blancs, ça. Les Noirs ne se sentaient pas concernés.

– Mais cela appartient à l'histoire américaine ! protesta Richard.

J'éclatai de rire.

– Sans doute, fils, mais pas à l'histoire américaine que je connaissais... Sinon je m'en souviendrais. Il y avait déjà beaucoup de procès en ce temps-là, mais les Noirs ne s'intéressaient qu'à ceux où l'un des nôtres était accusé d'avoir violé une Blanche. Ces procès-là étaient fabriqués de toutes pièces, mais les pendaisons qui suivaient n'étaient hélas ! que trop réelles. Ne le prenez pas mal, fils, mais je ne crois pas qu'on s'inquiétait beaucoup de ce qu'un Blanc était autorisé à enseigner ou non... De toute façon, la plupart d'entre nous n'avaient jamais eu la chance d'aller à l'école. Dans ces années-là, je visitais le pays pour mon plaisir... Non, désolé, jamais entendu parler de ce truc-là...

Je me dirigeai vers le dépôt ferroviaire où j'étais arrivé plus d'un an auparavant. Depuis que j'étais à La Nouvelle-Orléans, je n'y étais jamais retourné une seule fois. Ce coup-ci, je savais ce que je faisais, ou du moins je le croyais. À part mon pistolet à la ceinture, toutes mes affaires étaient en route pour l'Inde ! Je m'arrêtai au stand d'un colporteur. J'y achetai une salopette à ma taille et l'enfilai par-dessus mes vêtements : en arrivant quelque part après un voyage en train, il me suffirait de l'enlever pour être encore propre. Mon séjour à La Nouvelle-Orléans m'avait appris à soigner mon apparence. Je n'avais aucune envie de ressembler à un hobo en descendant du train !

À la gare, j'eus l'impression d'être un vieil habitué. Je n'eus pas besoin de demander ma direction au guichetier. Je me joignis près du dépôt à un groupe de vagabonds qui attendaient un train. Personne ne semblait d'accord sur sa destination, sinon qu'il montait vers le nord. Personnellement ça me suffisait. Au bout d'un moment le convoi démarra et tout le monde se mit à courir. Je ne fis plus attention aux autres ; j'étais concentré sur le wagon que j'avais choisi et sur la barre que je voulais attraper. Pas question de laisser mes jambes sous les roues.

Je me souviendrai toujours de ces moments où je quittais le sol, un pied contre le wagon et une main serrant la barre. Pendant un instant je n'étais pas encore dans le train et déjà plus sur la terre ferme. Je n'ai jamais oublié cette sensation. Il n'y a rien qui ressemble à ça. Le déplacement de l'air et le mouvement du train t'entraînent sous les roues. Tu as besoin de toutes tes forces pour leur résister et te hisser dans le wagon. Parfois il y a quelqu'un pour t'aider, et parfois non. Mais dans l'un et l'autre cas c'est une impression merveilleuse quand tu te retrouves à l'intérieur et que tu t'assois. Oui, quelque chose de vraiment spécial.

C'était le petit jour et le vent qui entrait dans le wagon était froid. Je m'en moquais. C'était si bon de savoir que je roulais, de voir le dépôt disparaître et de n'avoir aucune idée de l'endroit où j'allais ! Je restais à côté de la porte pour regarder défiler le paysage. On était plusieurs et tout le monde discutait. Ces hommes racontaient de gros mensonges, vous pouvez me croire !

Ce train-là ne stoppa presque jamais. Quelqu'un nous assura que c'était un express. Ça, au moins, c'était exact. Le convoi remonta le Mississippi et il n'y eut que quelques rares arrêts à la demande. Je descendis à Birmingham pour aller acheter à manger. Mais même là on ne resta pas longtemps en gare. On traversa le Tennessee pendant la nuit. Le lendemain matin, un gars reconnut le Kentucky. Le panorama n'était pas très différent, mais cela vous donne une idée de notre vitesse.

On franchit la rivière Ohio et on s'arrêta à Cincinnati. C'était le terminus. Le train changeait de voie et repartait vers le sud. Pour continuer notre voyage, il nous fallait en trouver un autre. Personnellement ça m'allait. J'avais bien dormi, mais j'avais envie de m'allonger quelque part après ces deux jours passés dans un wagon.

Je ne connaissais pas encore l'Ohio, et je souhaitais me promener un peu en ville. J'ôtai ma salopette et la dissimulai dans les buissons à la sortie de la gare. De cette façon, pensais-je, je n'aurais pas l'air d'un vagabond. Mes vêtements étaient propres et je me sentais plutôt content de moi tout en filant vers le centre-ville. Cincinnati est une grande cité avec quelques très beaux magasins. Je jetai un coup d'œil sur la vitrine de l'un d'eux. On ne fabrique plus de chapeaux de cette qualité aujourd'hui.

À La Nouvelle-Orléans, j'aurais pu en porter un, mais pour voyager dans les trains de marchandises ça n'avait aucun sens. Pourtant, je m'attardai à regarder l'homme qui fabriquait ces feutres à larges bords. Surtout, je notai que les Blancs et les Noirs fréquentaient les mêmes boutiques et les mêmes restaurants. Quelques-uns de mes compagnons de voyage avaient dit que la ségrégation n'existait pas dans l'Ohio. Mais comme ces gars-là racontaient aussi d'énormes bobards, j'étais perplexe. Par la grande baie vitrée d'un restaurant, il me fallut bien constater qu'il y avait des Blancs et des Noirs dans la même salle. D'accord. Et aussi au comptoir. Impossible de douter de ce que je voyais de mes propres yeux, néanmoins je n'osai tout de même pas tenter ma chance. Ç'aurait été plus simple pour moi de dénicher un établissement réservé aux Noirs. J'avais été élevé comme ça. Mais si tout le monde vivait ainsi en Ohio, je finirais bien par m'habituer.

J'avais faim, mais juste pour m'assurer que je ne m'étais pas trompé j'étudiai encore deux ou trois restaurants avant d'en choisir un qui avait l'air confortable. J'entrai. Il n'y avait pas beaucoup de clients. Un Noir était installé au comptoir et deux Blancs à une table. Au moment où j'atteignis le comptoir, le Noir se leva et paya sa note. Je m'assis et jetai un coup d'œil autour de moi. Un large passe-plat était ouvert dans le mur. Le cuisinier était blanc. Il faisait frire quelque chose et ne s'intéressait pas à moi. Et cependant j'avais l'impression de ne pas être à ma place ici.

Un serveur – blanc, lui aussi – s'approcha avec un torchon pour essuyer le comptoir. J'attendis la suite. Il me demanda simplement :

– Un café ?

– Non merci.

Il posa un menu devant moi. Je n'y touchai pas. J'essayai de savoir ce qu'ils proposaient ici. Mais de là où j'étais je ne voyais pas ce qu'il y avait dans les assiettes des deux Blancs. Et le serveur avait déjà débarrassé celle du Noir qui venait de partir. Je pouvais consommer à peu près tout ce que je voulais et j'avais assez d'argent en poche pour ça, mais je ne savais pas ce qu'on mangeait ici ! En général, je montrais l'assiette de quelqu'un et je demandais la même chose. Mais là c'était impossible.

– Que désirez-vous ?

Il avait sorti son carnet et il attendait.

– Jambalaya ?

– Désolé, mon gars, mais on n'est pas à La Nouvelle-Orléans.

Je me sentis un peu stupide.

– O.K. Alors des côtelettes de porc avec du gruau de maïs.

– Hé ! Comme l'indique le menu, « on ne sert des côtelettes de porc que le vendredi ». Et pour le gruau de maïs, on ne trouve pas ça chez nous, dans le Nord. Essayons de nous simplifier la vie et choisissons quelque chose qui est sur le menu, d'accord ?

J'acquiesçai. En cet instant, j'aurais donné n'importe quoi pour savoir lire. Mais je répondis :

– Finalement, je crois que je n'ai pas si faim que ça...

– On est désolés si notre nourriture n'est pas assez bonne pour vous !

J'avais vraiment l'air d'un idiot. Je filai vers la sortie sans demander mon reste. Au coin de la rue il y avait une petite épicerie. J'achetai un pain, un bout de viande et une pomme. C'était parfait. À l'avenir, je devrais me débrouiller de cette façon. Ces restaurants, dans le Nord, servaient les Noirs, d'accord, mais pas ceux qui ne savaient pas lire.

Une fois ma faim calmée, je décidai que j'en avais vu assez de Cincinnati et je retournai à la gare. Je récupérai ma salopette dans les buissons. Mais cette fois je me présentai au guichet. Je devais bien ça à mon amour-propre. J'avais tellement eu honte de moi dans ce restaurant que, même si j'avais pris goût aux déplacements dans les trains de marchandises, je n'avais plus envie de voyager au rabais. Je veillais toujours à économiser mon argent pour des temps plus difficiles, mais cette fois je décidai d'en utiliser une partie pour acheter un billet. Sans toucher à ma réserve, dans ma botte, je sortis de ma poche deux dollars d'argent et un peu de monnaie.

– Avec ça, jusqu'où puis-je monter dans le Nord, monsieur ? demandai-je au guichetier.

– Jusqu'au terminus, mon gars. Ce train n'entre pas au Canada. Il s'arrête à Toledo, sur le lac Érié. Il part dans quarante-deux minutes, mais vous pouvez monter quand vous voulez.

Il me l'indiqua du doigt. La locomotive crachait déjà de la vapeur. Je marchai jusqu'à la dernière voiture. Au moment où j'allais m'asseoir, je remarquai un Blanc et, un peu plus loin, un couple – des Blancs eux aussi. À la vue de la femme blanche, je rebroussai chemin.

J'étais ravi de m'en être tiré sans ennuis. Je redescendais sur le quai quand un Noir s'avança vers la portière. Je l'attrapai par l'épaule :

– C'est pas notre voiture. Vous avez failli monter dans le mauvais wagon.

– Que voulez-vous dire ? Ce train va à Toledo ? demanda-t-il, étonné.

– Oui, mais ce n'est pas la voiture réservée aux Noirs, ici. C'est pour les Blancs.

– Laissez-moi passer. De quoi parlez-vous ?

Il était fou, ce gars-là ! Je souhaitais juste l'aider.

– Allez-y, alors ! Mais je voulais vous avertir et vous éviter des ennuis.

Soudain, il se mit à sourire.

– D'où êtes-vous ?

– Du Texas, dis-je.

– Vous avez vécu là-bas toute votre vie ?

– Non. (Je n'avais aucune envie de fanfaronner ou quoi, néanmoins j'ajoutai :) J'ai visité aussi le Tennessee et La Nouvelle-Orléans.

– Ici, vous êtes dans l'Ohio. Il n'y a pas de wagons réservés aux Noirs. C'est juste un train pour tout le monde. Venez avec moi. Où allez-vous ?

– Toledo.

– Parfait. Remontez dans cette voiture. Je vous suis.

Toledo était une grande ville, mais pas aussi grande que Cincinnati. C'était l'après-midi et j'espérais trouver tout de suite un bateau pour le Canada. Je rencontrai un homme qui vendait des pommes et qui savait où était le port.

– À trois pâtés de maisons vers le nord vous tournez à droite, m'expliqua-t-il. Puis vous faites un demi-kilomètre jusqu'au *Red Apple Diner*. Vous pigez ?

– Ouais.

– Un pâté de maisons après ce restau, vous verrez un panneau qui dit « Stade ». Vous prenez cette direction sur huit pâtés de maisons, et là vous tombez sur un autre panneau qui dit « Port ». Attendez, c'est mieux si je vous l'écris. Ça fait une bonne trotte. À peu près une heure.

Je me dirigeai donc vers le nord sur trois pâtés de maisons, puis je marchai un demi-kilomètre, mais je ne vis aucun *Red Apple Diner* nulle part. J'essayai différentes rues. Pas de veine. J'aurais pu continuer comme ça pendant des heures, ça n'aurait rien donné. Lorsque je tombai finalement sur le *Red Apple* en question, je ne savais plus par où continuer.

Comme je ne voulais pas entrer dans un restaurant qui servait des plats que je ne connaissais pas, j'attendis dehors. Un moment plus tard je demandai de nouveau mon chemin à un client qui sortait.

Je parvins au port avec l'impression d'avoir traversé la moitié de Toledo. La nuit tombait et j'avais raté le dernier bateau. Je cherchai une épicerie. En vain. J'avais faim, mais je ne me sentais pas le cœur de m'aventurer dans un restaurant. Sur la jetée, je trouvai un coin derrière une pile de cordages où m'installer pour la nuit, en espérant qu'il y aurait un bateau le lendemain matin. Et ce fut le cas.

Je compris pourquoi on disait que le lac Érié faisait partie des « Grands » Lacs. Au Texas on n'en a pas de cette taille. Au début, il y avait du brouillard et il faisait froid, mais même lorsque le temps se leva la rive côté Canada était si éloignée qu'elle restait invisible ! Je pris un petit déjeuner sur le pont et ce fut un voyage plutôt plaisant. À l'arrivée, il fallut faire la queue et passer devant des hommes en uniforme.

– D'où êtes-vous ?

– Du Texas.

– Raison de votre visite ?

– Je veux voir la neige.

Il éclata de rire et répondit :

– Vous êtes au bon endroit, mais juin n'est pas le meilleur mois de l'année pour ça ! Eh bien je vous souhaite quand même un agréable séjour, monsieur.

Je ne savais pas grand-chose sur le Canada, mais j'appréciais qu'on m'appelle « monsieur ». On m'avait donné des noms bien pires au Texas ! La gare n'était pas loin et je grimpai dans un train de marchandises. En écoutant les conversations des vagabonds, j'appris qu'il allait à Toronto puis qu'il se dirigeait vers l'ouest.

Une fois à Toronto, on mit un peu d'argent en commun et on acheta du poisson et des frites. Le vendeur y ajouta du vinaigre et servit le tout dans du papier journal. Ça n'était pas mauvais, mais ça n'avait rien à voir avec les grillades du Texas !

Je montai jusqu'à Sudbury, où je passai quelque temps. Je pêchais beaucoup. Je rapportais pas mal de poissons au camp des hobos, surtout de gros sandres. J'étais le seul qui en ramenais, mais ça n'impressionnait pas pour autant mes compagnons :

– Il a bon goût mais il n'est pas aussi gros que celui que j'ai attrapé à North Bay l'automne dernier, me dit un jour l'un d'eux.

Dans ce genre de campements, les types s'asseyaient en cercle et discutaient toute la journée. J'aimais bien les écouter. Il y avait de sacrés durs et je préférais ne pas argumenter avec eux. Les femmes étaient encore plus grossières que les hommes. Voilà la vérité. Malgré tout, j'ai passé de bons moments avec ces gens. Je débarquais quand je voulais. Je partageais ce que j'avais et je trouvais toujours ce dont j'avais besoin. Tous étaient pauvres, mais généreux.

Le Canada est un pays de grands espaces. La population n'est pas méchante, mais certaines personnes sont d'un naturel distant. Je n'avais jamais vu de prairies aussi plates. Les sols étaient fertiles et le blé magnifique, mais les douces collines du Texas me manquaient. Là-bas, je ne croisai pas beaucoup de Noirs. J'étais parti depuis longtemps et je commençais à avoir envie de rentrer chez moi. Je ne savais pas si un natif du Texas était déjà monté aussi loin vers le nord. À ce moment-là, si j'avais eu assez d'argent pour m'offrir un billet pour Marshall, je l'aurais immédiatement acheté.

Dans certaines petites villes de la prairie, les habitants me regardaient comme s'ils n'avaient jamais vu un Noir de leur vie. Aucune loi ne disait que je ne pouvais pas travailler, mais personne ne m'embauchait non plus. Les Canadiens n'étaient pas inamicaux, mais j'avais le sentiment qu'ils n'avaient pas l'habitude des étrangers.

J'ai beaucoup aimé Calgary. La ville s'étend dans la prairie, au pied des montagnes. Ils ont un beau rodéo, là-bas. Je regrettais de ne pas avoir un cheval à moi, sinon je m'y serais volontiers inscrit. Après le rodéo je montai de nouveau dans un train. À la lueur de la pleine lune, les ombres de tous ces pics montagneux faisaient vraiment un sacré spectacle. Avant de m'endormir, je me couchai sur le dos et regardai les sommets défiler. C'était l'été, mais je n'avais jamais connu une nuit aussi froide.

Quand on s'arrêta à Banff, à l'aube, je découvris à quel point la température était basse dans les montagnes. Même le plancher de mon wagon était gelé. Le soleil n'éclairait rien jusqu'à ce qu'il soit monté au-dessus du premier pic. Je marchai donc jusqu'à l'autre extrémité du dépôt pour profiter de ses premiers rayons.

Au Texas, on est toujours à la recherche d'un peu d'ombre pour ne pas être grillé par le soleil. Ici, c'était le contraire. Le froid me pénétrait les os. Sur un rocher énorme, je trouvai un endroit où m'allonger comme un lézard jusqu'à ce que le soleil m'ait un peu réchauffé.

À Banff, l'air lui-même me sembla différent. Je n'aurais jamais pensé qu'il pouvait changer d'une ville à l'autre, et pourtant c'était le cas. Je me sentais si bien que j'entrai dans un restaurant au lieu de chercher une épicerie. Dans la salle étroite, des ouvriers prenaient leur petit déjeuner. Il y avait beaucoup de nourriture sur les tables et sur le comptoir. Je pus donc choisir tout à mon aise sans avoir besoin du menu. Je commandai un chocolat chaud, des œufs et des pommes de terre. Comme je ne voyais de gruau de maïs nulle part, je me gardai bien d'en demander. Ils n'avaient pas de petits pains non plus, mais des sortes de grosses bûches avec un glaçage sur le dessus. Elles étaient un peu trop sucrées, mais bonnes. Les parts dans les assiettes étaient très copieuses.

Ça n'était pas du luxe avec ce genre de clients. Ils étaient presque tous bûcherons. Chaussés de brodequins de cuir, ils portaient par-dessus leurs longs tricots de corps des chemises de travail bleues ou rayées avec une fermeture Éclair. Leurs manches étaient coupées au-dessus du coude pour éviter les accidents. Au cas où un bouton se serait coincé dans une chaîne de serrage, leur bras aurait fini écrasé par une grume.

– D'où tu viens ? me demanda l'homme installé à côté de moi au comptoir.

– Du Texas.

– C'est où ?

Ces gars n'avaient jamais quitté leur région et quand ils rencontraient quelqu'un qui débarquait de loin ils se montraient curieux. Il n'y avait aucun Noir avec eux, et ceux que j'avais croisés n'étaient pas vêtus comme des bûcherons. Pour moi aussi la situation était étrange : j'étais assis au même comptoir qu'un Blanc et je causais tranquillement avec lui.

– Le Texas, c'est dans le Sud, dis-je.

L'homme à ma gauche intervint à son tour :

– Et qu'est-ce qui t'amène par ici ?

D'autres types s'étaient retournés et nous écoutaient. Chez moi, au pays, j'avais toujours essayé de ne pas me faire remarquer pour éviter les ennuis. Mais ici c'était différent, et ça ne m'inquiétait pas. Je répondis simplement :

– Je suis venu au Canada pour voir la neige.

Pour je ne sais quelle raison, ils semblèrent adorer cette idée.

– T'es à l'endroit qu'il faut, ça oui, mon gars ! s'exclama l'un d'eux.

– Ouais, et essaie d'en prendre un peu avec toi quand tu rentreras ! lança un autre.

Mon voisin me demanda :

– Eh bien, t'es content maintenant, t'as eu ta dose ?

Je haussai les épaules.

– Non, je n'ai encore rien vu du tout.

– Comment ? On n'a peut-être pas grand-chose ici, mais c'est pas la neige qui nous manque ! T'es là depuis quand ?

– Oh ! un mois environ.

Depuis une table un peu plus loin quelqu'un cria :

– C'est l'été, mais on peut quand même lui en montrer, si c'est ce qu'il veut !

Mon voisin me tendit la main et dit :

– Jack.

– George.

– Tu n'as qu'à nous accompagner, George. Grimpe avec nous dans notre mocheté ! Les champs de neige sont sur la route de notre coupe. On te lâchera là-bas. (Il me sourit.) On ne peut pas t'avoir au Canada sans que tu touches la neige, quand même !

Un autre paya mon petit déjeuner.

– C'est O.K., dit-il. Garde ton drôle de fric pour ton voyage de retour.

Pour moi, c'était leur argent à eux qui était bizarre avec toutes ses couleurs, mais je le remerciai quand même. Ils avaient le camion le plus défoncé que j'aie jamais vu, et c'était sans doute pour ça qu'ils l'avaient surnommé « mocheté ». À l'intérieur il y avait des bancs pour s'asseoir, et c'était tout. Leurs scies et leurs haches rebondissaient sur le plancher et ça n'arrangeait rien. Les bancs étaient nus et il y avait de la boue partout. Mais le véhicule était solide, capable d'affronter les pires fondrières. Dans les plus grosses ou dans la boue, on était secoués comme des pruniers. Ces gars-là y étaient habitués. Ils bavardaient comme si de rien n'était et continuaient même à se servir du café avec leur Thermos ! Ils me bombardaient de questions sur le Texas. Je finis par dire :

– Vous devriez tous venir me rendre visite un jour.

Bien sûr, je savais que ça n'arriverait jamais, car à cette époque peu de gens voyageaient aussi loin que moi. On s'arrêta à la hauteur d'une clairière dans la forêt. Quelqu'un cria :

– C'est là, George ! Ce champ de neige est là toute l'année, même en été. Nous on continue, mais il y a des pistes. Tu pourras les suivre.

Je le remerciai et sautai de l'arrière du camion. L'une des pistes suivait un ruisseau bouillonnant. L'eau était glacée et avait un goût agréable, mais je ne vis aucun poisson. Le chemin était bon et j'avançais sans mal. Vers midi, un vent froid se leva. Enfin j'atteignis le glacier. L'eau sortait d'en dessous et la terre était détrempée. Je touchai la neige. C'était froid et ça ressemblait à la glace du pauvre*. Je commençai à grimper vers le sommet. Je pensais que je glisserais, mais mes pieds s'enfoncèrent jusqu'à la cheville et je n'eus aucun problème d'équilibre.

La neige recouvrait la totalité de ce flanc de colline mais là où je me trouvais la pente n'était pas très escarpée. J'entendis bientôt un drôle de bruit. Un peu plus haut, je découvris un canyon au fond duquel coulait un ruisseau très rapide. Tout autour, la neige avait changé de couleur ! Elle était bleu clair. C'était extraordinaire. Je n'ai jamais revu une chose pareille de ma vie. Et je n'ai jamais non plus raconté ça à personne. Tout le monde au Texas aurait pensé que

* On râpe un pain de glace dans un bol et on la parfume avec du sirop. *(N.d.T.)*

j'étais devenu fou si j'avais commencé à parler de neige bleue ! Mais je sais bien ce que j'ai vu.

Je me sentais à l'aise sur la neige, mais je ne tardai pas à déchanter. Maintenant, elle n'était plus aussi poudreuse et une couche de glace la recouvrait. Je tombai, me mis à glisser et compris que je prenais de la vitesse. La neige descendait vers le canyon. Il fallait absolument que je m'arrête. Finalement, je parvins à me retourner sur le ventre et à planter mes mains et le bout de mes bottes dans la neige. J'étais juste au bord du canyon. La peau de mes doigts était arrachée et mes jambes tremblaient. Au-dessous de moi, c'était très profond et le torrent coulait plus vite que ce que j'avais imaginé.

Si on tombait là-dedans, on ne pouvait en ressortir qu'avec l'aide de quelqu'un et d'une corde, or j'étais absolument seul ! Mes doigts saignaient, mais je me mis quand même à creuser. Je me collai le plus possible contre la neige, y enfonçai les pieds, ainsi je pus remonter la pente en faisant des pauses. Je parvins enfin à m'éloigner suffisamment du rebord et pus me relever. J'étais trempé et gelé.

Soudain, je me demandai pourquoi j'étais venu si loin pour voir la neige. Il était moins dangereux de regarder dans les yeux un serpent à sonnettes du Texas ! Il était temps de rentrer à la maison.

CHAPITRE XV

Dans un wagon de marchandises en Californie, un hobo nommé Smith se rendant au Texas attend qu'on règle un problème de freins sur le train dans lequel il est monté. Les « chevaliers de la route » se sont vite adaptés au rail et au nouveau cheval de fer du XIXe siècle.

Légende d'une photo parue dans
Railroads, The Great American Adventure,
de Charlton OGBURN.

On était en 1928. Un billet Saint Louis-Marshall était caché dans ma botte, mais il ne pouvait pas me servir à grand-chose au Canada ! Je grimpai donc dans un convoi qui se dirigeait vers le sud. Il gelait déjà en montagne. Il ne faisait pas chaud non plus dans ce train. Lorsqu'il traversa le Montana, j'appris qu'il filait vers la Californie. Je n'avais qu'une envie : me retrouver dans un pays où il faisait plus chaud. Au cours des longs arrêts je me débrouillais pour récupérer un peu de nourriture, mais chaque fois je revenais à temps pour le départ. Je voulais absolument rentrer chez moi et je me disais que la Californie me rapprocherait de la maison.

Dès qu'on quitta les montagnes, la température remonta. Deux jours plus tard, on traversait des kilomètres et des kilomètres de plantations d'orangers. J'avais envie de tendre le bras et de cueillir les oranges au passage. Quand on s'arrêtait un moment, je ne m'en privais pas. Elles étaient juteuses et sucrées. Je m'en souviens encore aujourd'hui. Soixante-dix ans plus tard, je n'en ai toujours pas retrouvé d'aussi bonnes...

En ce temps-là, les plantations semblaient s'étendre jusqu'aux limites de Los Angeles. C'était une très jolie ville, mais je n'avais qu'un désir : revoir les miens. J'appris qu'il me faudrait prendre un train pour l'Arizona. Le problème, c'est qu'il n'y en aurait plus avant quelques jours. Un des policiers ferroviaires moins brutal que les autres m'expliqua que la ligne était coupée suite à l'écroulement d'un pont.

Au campement de hobos, je mangeai des tacos et décidai de m'engager le lendemain matin avec des journaliers qui partaient en camion pour Santa Monica. On m'avait dit que cette ville était au bord de l'océan. Je me fichais un peu du travail que j'allais faire : je désirais surtout voir l'océan. Et ça aussi, ce fut quelque chose !

L'eau était tiède et poissonneuse, et je pouvais dormir sous la promenade en planches ou même sur la plage. Le temps était génial. Si je n'avais pas eu autant envie de rentrer à la maison, ça ne m'aurait pas dérangé qu'on ne reconstruise jamais ce fameux pont !

Le lendemain, quelqu'un me prêta une canne et je me mis à pêcher dans les vagues. Une famille s'était installée sur le rivage, un peu plus loin. Elle avait étendu une couverture sur le sable et une ombrelle protégeait un bébé. Tous les enfants pêchaient, mais pas le père, trop occupé à démêler les lignes, à fixer les appâts aux hameçons ou à aider l'un de ses gosses à remonter un poisson. Ils avaient tous besoin de lui et il avait à peine le temps de lancer sa propre ligne.

J'attrapai plus de poissons que lui, mais j'aurais bien échangé sa place contre la mienne. Attention ! Comprenez-moi bien : j'aimais la liberté que m'offraient les voyages, mais je commençais à souffrir de la solitude. Je voulais être avec les miens et fonder mon propre foyer.

J'avais pêché beaucoup de poissons et j'en apportai quelques-uns à mes voisins. Ça les étonna, mais ils furent ravis. Ils faisaient déjà griller les leurs et ils les partagèrent avec moi. Je ne gardai aucune de mes prises pour plus tard. J'avais prévu de pêcher encore un moment, mais je décidai soudain de rentrer à Los Angeles en stop. Là, j'appris que la ligne de l'Arizona serait rouverte le lendemain. Cette nuit-là, je dormis dans un wagon de marchandises. À l'aube, j'étais déjà en route.

Je n'avais jamais souffert de la chaleur, mais traverser un désert était une autre histoire ! D'après un de mes compagnons de voyage, celui-ci se nommait le désert Mojave. Je ne sais pas si c'était vrai, mais en tout cas la température, dans notre wagon, était insupportable. Certains d'entre nous furent malades. Je ne me sentais pas très bien non plus, mais je tins le coup. J'avais envie de sortir de là, or il n'y avait pas un arbre en vue. Ensuite la situation s'améliora et je pus rester dans le même train jusqu'à Amarillo.

Là, je retrouvai un paysage familier de collines et de pâturages. Je pus aller au restaurant et commander des plats que je connaissais. Je m'offris ma première grillade depuis longtemps. Puis je dépensai mes dernières économies pour acheter un billet pour Marshall. Ça faisait des années que je n'avais pas vu ma mère et je voulais faire les choses bien.

Bien sûr, pendant tout ce temps, je n'avais pas eu la moindre nouvelle des miens. Je ne savais pas écrire, et de toute façon une lettre n'aurait pas servi à grand-chose puisque mes parents ne savaient pas lire non plus. Passé Wichita Falls, j'eus du mal à rester tranquille sur mon siège. Je n'avais plus un *cent* pour acheter un sandwich. Dans un wagon de marchandises, j'aurais au moins pu faire les cent pas...

Le chef de train annonça Fort Worth, Dallas puis de petites villes comme Kaufman, Canton et New Hope. À Longview, je vérifiai le contenu de mon sac. Le tissu et le patron que j'avais achetés à Los Angeles pour ma mère étaient bien là. Je savais qu'elle les aimerait.

Il ne faisait pas encore nuit quand le train arriva à Marshall. Aujourd'hui je ne marche pas trop mal, mais alors ! Je crois que je touchais à peine le sol ! Ce que je voyais, ce que je sentais et même l'air que je respirais m'étaient familiers. Je savais ce que ça ferait de se retrouver à la maison. Je me demandais si mes parents seraient dehors, en train de terminer les travaux de la soirée, ou si je leur ferais la surprise en entrant dans la cabane sans prévenir.

En fait, la surprise fut pour moi. Je descendis de la colline dans un étrange silence. Cela m'étonna. J'ouvris la barrière. Aucun animal n'était en vue, mais je la refermai quand même derrière moi. Ce n'était pas simplement mon père et ma mère que je voulais retrouver : à mon départ, j'avais treize frères et sœurs. Je m'approchai de la maison, mais tout était désert. Du coin de l'œil, j'aperçus un daim qui détalait à travers champs. Je me rendis compte alors que mon chien non plus ne se manifestait pas. Des oiseaux chantaient et une chouette hululait. Quand je vivais ici, ces volatiles restaient plutôt à l'écart des bâtiments et des humains.

J'allai d'abord jeter un coup d'œil à la grange. Elle était fermée. En début de soirée c'était très exceptionnel. J'ouvris la porte. Aucun bruit, aucune odeur.

J'attendis que mes yeux se fassent à l'obscurité : la grange était vide !

Par habitude, je refermai la porte derrière moi et me dirigeai vers la cabane – mais avec moins d'enthousiasme. Elle était silencieuse, trop silencieuse. Je m'arrêtai devant dans l'espoir d'entendre la voix de mes parents ou de mes frères et sœurs. Avec les petits, la maison était toujours bruyante. Rien. Ce n'était pas normal. Je ne savais plus quoi faire, je restai planté là, aux aguets.

Cette maison c'était mon foyer, et j'aurais pu me contenter d'entrer. Mais, je ne sais pas pourquoi, je me mis à frapper à la porte ! Je n'avais plus guère d'espoir que quelqu'un me réponde – et malheureusement j'avais raison. Une partie de moi me disait qu'il fallait demeurer là et une autre que quelque chose clochait et que je ferais mieux de m'enfuir. Je soulevai le loquet et la porte, toujours bien graissée, s'ouvrit.

La lumière du soir pénétrait par une fenêtre, mais la majeure partie de la pièce était dans l'obscurité. Elle était vide : plus de table, plus de chaises, plus rien du tout. Manifestement, ma famille avait déménagé. J'ignorais pourquoi. Cependant, je me persuadai qu'il ne s'était rien passé de grave étant donné qu'ils avaient tout emporté avec eux.

J'aurais pu rester là, mais comme il n'y avait plus personne je n'en avais aucune envie. Une de mes tantes vivait de l'autre côté de Marshall et je décidai de me rendre chez elle. Je voulais apprendre ce qui était arrivé aux miens et où les retrouver. Je n'avais aucun autre endroit où aller et je pouvais aussi bien marcher toute la nuit. Par chance, ce ne fut pas nécessaire. Je rencon-trai sur la route un fermier qui me fit monter dans son chariot.

Une fois chez ma tante, j'appris que je n'avais raté les miens que de deux semaines. Les prix agricoles étaient au plus bas et les temps difficiles. Toute ma famille avait dû déménager à Kaufman, où papa avait pris un travail. Personne n'avait eu de mes nouvelles depuis plus de cinq ans, mais ma tante m'accueillit avec affection. Je pris un bain et j'eus droit à un vrai repas – ce qui ne m'était pas arrivé depuis longtemps. Elle me traita gentiment, mais dès le lendemain je pris le train pour Kaufman.

Cette ville est proche de Dallas, mais pas aussi grande. Je n'eus aucun mal à retrouver les miens. Cinq ans c'est long, et les petits n'étaient plus si petits que ça, mais j'étais content d'être de retour. Mes parents n'espéraient plus me revoir. Cette fois, je leur promis que je ne repartirais plus.

J'avais toujours facilement trouvé du travail. Je fis différents boulots, dont certains à la journée, et bientôt je fus engagé aux chemins de fer. Je louais une chambre près de ma famille. Je me levais à l'aube. Après toutes ces années passées à voyager dans les trains de marchandises, le temps était venu pour moi de poser des rails pour que d'autres puissent les utiliser à leur tour ! Mon équipe était chargée de l'entretien de la section Kaufman-Dallas. Parfois on changeait des morceaux de voie et on construisait un nouvel embranchement. La plupart du temps, je plantais de gros clous à la masse.

C'était très dur, mais on s'habituait. On revenait en train à la fin de la journée et on ne parlait pas beaucoup parce qu'on était trop épuisés. Mais le matin suivant j'étais là de nouveau. On travaillait du lever au coucher du soleil, cinq jours par semaine et parfois six. On travaillait énormément, et puis tout à coup, même au beau milieu de la journée, on nous disait de rentrer chez nous et de revenir trois ou quatre jours plus tard. Il arrivait qu'on n'ait rien à faire pendant encore plus longtemps. Les chefs n'avaient pas envie de nous payer à nous tourner les pouces.

Personnellement, quelques jours de vacances ne me dérangeaient pas. Quand je ne travaillais pas, je n'étais pas du genre à regarder le temps passer. J'ai dit qu'on était en 1928, et Dallas était déjà une ville d'une bonne taille. Mais tout autour c'était la campagne. Dès que j'étais libre, je montais vers le nord. Au cours de mes voyages j'avais appris à dresser les chevaux. Dès que j'avais un peu de liberté, je prenais le train et je me présentais dans un ranch. Je ne me faisais pas payer mais en échange de mon aide je pouvais monter.

On l'ignore souvent, mais il y avait beaucoup de cowboys noirs à l'époque. Personne n'était donc étonné quand je me pointais dans un ranch pour demander s'il y avait un cheval à débourrer. Parfois, on me connaissait déjà. À la ferme des Cartwright, par exemple.

Ces gens cultivaient le coton sur au moins cinq cents hectares. Depuis mon enfance, j'en avais largement ramassé ma part. Mais ils dressaient aussi des chevaux sauvages.

Je me souviens d'un petit Appaloosa que personne n'avait jamais monté. Avec ce genre d'animal, on ne savait pas comment ça pouvait se passer. Mais j'étais prêt à tout. La première fois qu'on lui mit une selle sur le dos, il ne rua même pas et resta bien tranquille. J'en conclus que ce serait une partie de plaisir. Mais je découvris bientôt que j'avais affaire à un petit malin. Dès que je fus sur son dos, il galopa jusqu'à la clôture et nous y écrasa tous les deux. Pris de court, je faillis être désarçonné. Ce cheval n'était pas mauvais : il était juste intelligent.

J'eus très mal mais je tins bon. Il revint dans le corral et tourna un moment. La fois d'après, comme je m'attendais à un mauvais coup, je m'y préparai. Ça m'aida un peu, mais la clôture de barbelés me déchira sérieusement les jambes.

L'Appaloosa voulait que je descende et j'avoue que j'en avais bien envie aussi. Mais quand on travaille avec un cheval sauvage il y a toujours des gens qui vous regardent. Mon honneur était en jeu. D'autant que ce jour-là il y avait une très jolie fille parmi les spectateurs. J'espérais qu'elle me remarquerait. Je fis donc tout mon possible pour rester sur le cheval, quitte à me faire malmener. On commença à crier :

– Saute ! Saute !

Ce n'était pas un mauvais conseil, surtout que j'étais épuisé. Et puis j'entendis cette fille s'exclamer :

– Ce gars-là est vraiment fou !

Alors je me sentis heureux. Je ne savais pas son nom mais elle m'avait remarqué. Rien que pour ça il valait la peine de souffrir. D'autant que ma monture finit par se fatiguer. Lorsque je mis pied à terre je n'étais pas au mieux de ma forme, mais je pensais avoir impressionné cette belle inconnue et j'allai la voir. Ôtant mon chapeau, je me présentai :

– Je m'appelle George.

– Moi, c'est Elzenia.

Elle ne m'aidait pas.

– Vous aimez les dressages ? demandai-je.

– Des fois.

– Et ça vous a plu aujourd'hui ?

– Aujourd'hui ? C'est le spectacle le plus stupide auquel j'aie jamais assisté !

– Ah bon ?

J'avais fait de mon mieux pour l'impressionner et voilà ce à quoi j'avais droit !

– Oui, regardez-vous, poursuivit-elle. Vous êtes blessé et vous saignez. Et pour quoi ?

– Pour dompter un cheval sauvage, dis-je. Et c'est ce que je viens de faire. Vous n'aviez jamais vu ça ? D'où sortez-vous donc ?

– Sûr que je connais ! répliqua-t-elle. J'ai toujours vécu ici, au cas où vous ne le sauriez pas.

Elle habitait avec sa mère dans cette ferme où elles ramassaient le coton toutes les deux. Je pense qu'elles étaient métayères. La fille avait seize ans. Je n'étais plus venu ici depuis des années et à l'époque je n'avais pas fait attention à elle. Mais aujourd'hui c'était différent, ça oui ! Elle avait un joli sourire et elle était aussi grande que moi. Pas question de renoncer.

– On va faire un tour ?

– Non. J'ai marché toute la journée.

– Peut-être que je peux vous offrir un soda ?

– Merci. Je suis occupée.

– Ce soir, alors ?

– Euh, je...

Je commençai à perdre les pédales.

– Qu'est-ce que je dois encore inventer pour vous convaincre ? dis-je en soupirant.

Elle me fit face de toute sa hauteur et déclara :

– Rien. Je me suis simplement demandé comment un homme comme vous pouvait être assez bête pour ne pas descendre d'un tel cheval avant d'être blessé.

– Vous n'avez pas vu que c'était pour vous ? Je vous ai aperçue et je suis resté dessus jusqu'à ce que vous me remarquiez.

– Oh ! (Elle me sourit.) La pause de l'après-midi est bientôt finie et je dois retourner ramasser du coton avec maman. Mais un soda ce soir, c'est d'accord. Je vous retrouve devant le magasin.

Là-dessus, elle me tourna le dos et s'éloigna. Je connaissais l'endroit. La ferme Cartwright possédait un petit magasin pour ses ouvriers. On y vendait du soda à l'orange et au raisin. Il y avait une machine pour conserver les bouteilles mais pas l'électricité, et on les rangeait donc sur un bloc de glace.

Elzenia vint au magasin comme elle l'avait promis. On causa pendant des heures. Je savais exactement où j'en étais. J'avais voyagé longtemps, j'avais eu quelques petites amies, et aujourd'hui j'étais prêt à me marier. Je me rendis compte qu'elle m'aimait bien, mais je n'avais aucune raison de brusquer les choses.

Sa mère et elle ramassaient le coton depuis des années, pourtant elles n'avaient pas réussi à mettre assez d'argent de côté pour améliorer leurs conditions de vie. La ferme Cartwright était aussi bien qu'une autre, mais c'était comme ça pour beaucoup de gens : si tout allait bien, votre travail vous permettait de vivre, mais pas plus. On n'avait pas tellement le choix et personne ne se plaignait.

Sa mère la tenait d'une main de fer, et je n'étais pas sûr qu'elle m'aimerait beaucoup, mais je leur rendis visite tous les week-ends et les jours de la semaine où j'étais libre. Au bout de quatre mois pendant lesquels on apprit à se connaître, je sus que c'était elle qu'il me fallait. Et elle aussi.

Une fois fiancés, je me sentis obligé de lui demander un jour :

– Elzenia, tu m'as dit oui parce que tu voulais commencer une nouvelle vie avec moi ou simplement parce que tu voulais quitter ta mère et arrêter de ramasser du coton ?

Elle me sourit et m'embrassa :

– La réponse est oui, murmura-t-elle.

– À quelle question ?

– Aux deux.

– Et lequel des deux oui est le plus gros ?

– C'est encore trop tôt pour le dire.

Un mois plus tard, je l'épousai. À la ferme Cartwright, il y avait une petite église pour les gens qui habitaient sur l'exploitation. On ne se contenta pas de sauter par-dessus un balai comme le faisaient les anciens esclaves. Le pasteur nous maria à l'église. Au mois de mars, par une belle journée de printemps. Nos deux familles et nos amis apportèrent à manger et tout le monde s'amusa bien.

J'avais déménagé à Dallas et Elzenia vint donc y vivre avec moi. Le lundi matin suivant, j'étais de nouveau au travail sur la voie ferrée. J'avais souhaité m'installer quelque part et avoir une famille. C'était chose faite.

Amelia, la première de nos sept enfants, naquit un an plus tard.

CHAPITRE XVI

Scène 1 : Tandis que les policiers essaient de dégager la rue, la foule observe le cadavre d'un homme qui vient de sauter d'un gratte-ciel sur Wall Street.

Scène 2 : Un campement de vagabonds le long d'une voie de chemin de fer.

Scène 3 : Le président Hoover déclarant : « La prospérité est au coin de la rue. »

Le commentateur : « Depuis les cadres supérieurs ruinés jusqu'aux Hoovervilles* qui poussent à travers tout le pays, la dépression économique nous a durement frappés. Des familles qui ont travaillé toute leur vie perdent leur maison ou leur ferme et se demandent de quoi sera fait leur prochain repas. Dans le passé, l'Amérique a survécu à toutes ses épreuves, et ce sera encore le cas cette fois. Nous avons élu un président qui pourra nous guider et nous devons avoir foi en lui. »

Actualités cinématographiques, 1930.

Lors d'une de ses visites, Richard revint avec son magnétoscope. Comme c'était à mon tour de préparer le repas, je m'activais à la cuisine. J'hésitais entre

* Nom ironique donné aux camps de chômeurs et de sans-abri après la crise de 1929. *(N.d.T.)*

un pain de maïs et des crêpes. J'entendis Richard tirer la télévision à travers le salon. Je décidai de l'ignorer et j'optai finalement pour le maïs. J'avais besoin de remuer ma pâte, si bien que je ne pris pas garde aux allées et venues de mon invité. J'aime la pâte bien mélangée et sans grumeaux, mais pas trop liquide.

Elle était parfaite à mon goût lorsque Richard recommença à faire les cent pas dans la pièce d'à côté. Je ne m'occupais pas de lui car j'essayais de trouver le plat qu'il fallait. S'il est trop grand, la pâte est trop fine et le maïs risque de brûler. Mais s'il est trop petit, le milieu n'est pas cuit. Une fois le four refermé, je me rendis compte que le salon était soudain très silencieux, et cela m'étonna. Je découvris Richard assis par terre, en train d'étudier son appareil.

– Ça ne marche pas ? demandai-je.

– Non.

J'ouvris la petite valise qui servait à le transporter.

– Vous avez lu les instructions qui sont collées là ?

– Pas vraiment.

– Comment ça, pas vraiment ? Vous les avez lues ou non ?

– Disons que je les ai parcourues la fois précédente. J'ai pensé que ce serait la même chose ce coup-ci.

– Ah, ah ! murmurai-je. Bon, je sais lire aussi, et j'aime plutôt ça ! Laissez-moi voir ça. Tiens, le paragraphe six indique : « Si la connexion audio de votre magnétoscope ne fonctionne pas, c'est que votre téléviseur est un ancien modèle nécessitant un adaptateur. Utilisez celui qui se trouve dans un compartiment au fond de cette valise. »

Il me regarda sans rien dire. Je ne pus m'empêcher d'ajouter :

– Eh bien, ça n'a jamais fait de mal à personne d'étudier deux fois une notice, n'est-ce pas ?

Il éclata de rire – car cet homme a le sens de l'humour – et je conclus :

– Et maintenant, si vous pouviez régler ça pendant que je vais jeter un œil sur mon maïs...

C'est pareil avec mes enfants. Je me demande parfois comment ils arrivent à se débrouiller sans moi, mais bon... Même si j'ai beaucoup de travail à l'école ces temps-ci, ça ne me dérange pas d'aider les autres. Au contraire.

Dommage que ces actualités cinématographiques n'existent plus aujourd'hui, car c'est grâce à elles qu'autrefois beaucoup de gens apprenaient les nouvelles – surtout ceux qui ne savaient pas lire les journaux. Je me souviens du président Hoover. Ou du moins de ce que disaient les personnes qui parlaient de lui. Quand les temps sont devenus difficiles pour tout le monde, les Blancs se sont mis à le détester, semble-t-il. Mais après tout, comme c'étaient eux qui votaient, ils n'avaient qu'à s'en prendre à eux-mêmes ! Pour les Noirs, la vie était déjà dure, et ça ne changea guère avec la crise.

Beaucoup de Hoovervilles s'étaient développées le long des voies de chemin de fer parce que les vagabonds parcouraient le pays en train. En revanche, je n'ai jamais vu personne sauter du haut d'un gratte-ciel. À Marshall, l'immeuble le plus élevé était sans doute l'hôtel, et quand j'ai déménagé à Dallas, en 1928, la plupart des bâtiments n'étaient pas non plus très impressionnants – dans le quartier noir en tout cas. C'est bien triste que des gens se soient suicidés ainsi. Leurs familles ont dû se sentir affreusement mal. Moi, je n'ai jamais possédé une seule action de toute ma vie. Et aucune de mes connaissances non plus.

– Pourquoi avaient-ils besoin de se tuer ? demandai-je à Richard.

– Ils n'étaient pas obligés, répondit Richard. Simplement, certaines personnes font ça quand elles sont ruinées.

– Parce que ces gens étaient riches avant la crise ?

– Il y en avait de très riches sur le papier, mais quand leurs actions se sont effondrées ils ont été incapables de payer leurs dettes.

– Riches sur le papier... Ah, ah ! Ouais, à cette époque, chaque fois que je pouvais avoir un dollar d'argent plutôt qu'un billet, je le prenais, même si c'était plus lourd à transporter !

– Bon, je ne suis pas sûr de pouvoir vous expliquer ça, avoua Richard. Il ne s'agissait même pas de la monnaie. Juste des feuilles qui représentaient de l'argent. En fait, ils ont perdu d'énormes sommes qu'ils ne possédaient pas vraiment.

Je le fixai sans rien dire.

– Plus j'y pense, plus je doute d'y comprendre quelque chose moi-même, ajouta-t-il.

Je ne pus m'empêcher de lui demander :

– Vous pouvez me rappeler combien d'années d'études vous avez derrière vous ?

Richard leva les mains.

– Je n'ai jamais pris option Économie à la fac !

– Moi non plus. N'empêche qu'il ne me viendrait pas à l'idée de me suicider pour avoir perdu de l'argent que je ne possèderais pas vraiment !

Richard voulut savoir alors quel souvenir je gardais des années trente.

J'ai vécu ça, d'accord, mais cette fameuse Grande Dépression ne m'a jamais vraiment préoccupé. Les temps étaient difficiles. C'était comme ça, on n'y pouvait rien. Je n'y ai pas spécialement pensé et ça ne m'a pas empêché de vivre ma vie. J'étais employé aux chemins de fer depuis 1928. C'était un bon travail, et quand j'avais un congé je dressais des chevaux.

Une fois, je partis vers le nord en direction de la frontière avec l'Oklahoma, avec Elzenia et mon frère Johnny. C'était avant la naissance de mon premier enfant. Johnny venait juste d'acheter une voiture. Elle était assez vieille, mais on était prêts à tenter le coup... Vu les capacités des automobiles et l'état des routes, on n'avait pas besoin d'aller très loin pour goûter aux joies de l'aventure !

Cette région du Nord est sauvage, avec un sol pierreux, sec et peu fertile, mais idéal pour l'élevage des chevaux. Pensant que ce serait un bon moyen de monter un peu, on s'arrêta dans un ranch pour voir s'ils n'auraient pas besoin de nous un jour ou deux. À notre arrivée, une foule était rassemblée autour du corral. Les cow-boys, appuyés contre les clôtures, hurlaient à pleins poumons. On se faufila entre eux pour essayer de savoir ce qui se passait.

C'était un énorme cheval moucheté, très puissant, avec un large poitrail et de sacrés muscles. Il fallait deux hommes pour tenir les rênes pendant qu'un troisième tentait de rester dessus.

Cet animal était rapide comme l'éclair. Il était capable de se cambrer soudain et de ruer pour virer le cow-boy qui le montait ! Et il était du genre revanchard, en plus, à charger un cavalier au sol. Ses sabots pouvaient facilement écraser quelqu'un – et c'était exactement ce qu'il cherchait à faire.

Certains cow-boys étaient avec leur petite amie, d'autres souhaitaient simplement impressionner leurs copains. Mais une fois qu'ils se retrouvaient par terre, on lisait la panique dans leurs yeux tandis qu'ils essayaient d'escalader la barrière pour échapper à ces terribles sabots. Et ils n'y parvenaient que parce que deux de leurs camarades étaient prêts à sauter dans l'arène pour distraire le cheval !

Un gars, à côté de nous, expliqua :

– Le patron a promis cinquante dollars à celui qui réussirait à dompter cet animal, mais y a peu de chances que ça arrive.

Et un autre ajouta :

– C'est une tueuse, cette bête-là. Elle sait exactement ce qu'elle fait. On montera peut-être jusqu'à cinq cents dollars, mais quelqu'un finira par se faire tuer avant qu'on la maîtrise.

L'ironie du sort voulut que le cheval désarçonne un autre candidat juste à cet instant. Il tomba lourdement sur le sol. Deux cow-boys se précipitèrent pour le récupérer. Il fut incapable de se relever et de marcher. Il devait au minimum avoir une jambe cassée.

Ce cheval était intelligent, d'accord. À mon avis, il l'était même plus que la plupart de ces cow-boys. Mais bon, c'étaient des Blancs et j'étais assez malin pour tenir ma langue... Ils étaient déjà en colère et on sentait bien que les esprits s'échauffaient. Après que ce gars se fut blessé, ils commencèrent à frapper l'animal. Plus il résistait, plus ils le battaient. Bien sûr, cela ne servit qu'à le rendre plus sauvage. Bientôt, il fallut encore plus d'hommes pour tenir les rênes pendant que d'autres jouaient du bâton.

Je commençais à bouillir. Elzenia s'en rendit compte et m'administra un bon coup de coude dans les côtes :

– Laisse-les faire... murmura-t-elle en promenant son regard sur les gens qui nous entouraient.

Je compris le message. Le nombre des cow-boys avait grossi, et tous étaient blancs. Elzenia me prévenait silencieusement : Pourvu qu'ils s'acharnent seulement sur le cheval ! Car un mot de trop, et ils pourraient aussi s'en prendre à un Noir.

Elle avait raison, bien sûr. Ce genre de foule aurait pu faire n'importe quoi à des Noirs. Et si ça arrivait, ces derniers n'auraient aucun moyen de se défendre. Les juges n'écoutaient pas les plaintes des Noirs. Elzenia et moi savions qu'il n'était pas prudent de montrer à un Blanc qu'on était plus malin que lui. Donc, même si j'étais sûr d'être capable de monter cette bête-là, je me gardai bien de faire un geste.

Mais un cow-boy venait de troquer son bâton contre une barre de fer, et il s'excitait, frappant le cheval de plus en plus fort. Sa victime hennissait de douleur. Alors je ne pus me retenir. Je grimpai sur la barrière et criai à la cantonade :

– Moi, je peux le monter !

Johnny tenta de me retenir mais je l'écartai. Un cowboy en profita pour se glisser entre nous deux. Il y eut un silence, et puis quelqu'un lança :

– Le nègre croit qu'il saura dompter ce cheval. Voyons ça !

Ce mot « nègre » m'énerva, mais c'était ainsi que les Blancs s'adressaient à nous à l'époque. Je sautai dans le corral. L'homme à la barre de fer me jeta un regard mauvais. Je me demandai un instant s'il n'allait pas la retourner contre moi, et puis il haussa les épaules et s'éloigna vers la barrière. Cela signifiait sans doute : Je laisse cette bête t'administrer à ma place la correction que tu mérites.

C'était O.K. pour moi. Les trois autres cow-boys tenaient toujours les rênes. Quand le cheval eut l'air de se calmer un peu, ils s'éloignèrent de quelques pas. Alors il les chargea. Ils coururent jusqu'à la barrière. L'un d'eux fut un peu plus lent et il en paya le prix. L'animal le colla contre l'enclos, et je crois bien qu'il lui brisa les côtes. Plusieurs hommes soulevèrent le blessé pour le tirer de là.

Tout le monde se mit à hurler, mais à présent je n'y accordais plus la moindre attention. J'eus droit à peu d'encouragements et à beaucoup de sarcasmes, mais ça n'avait aucune importance. Dans le corral, maintenant, c'était entre le cheval et moi que ça se jouait. Je restais immobile et le regardais. J'avais décidé de lui laisser faire le premier mouvement. Lui aussi m'examinait et je me préparais à affronter sa charge. De toute façon, je n'étais pas du genre à reculer.

Il s'écoula une éternité, sembla-t-il. Lorsqu'il s'élança, je plantai solidement mes pieds dans le sol et le fixai droit dans les yeux. Il passa juste à côté de moi, à ma droite. Il voulait juste m'effrayer. Il attendait que je réagisse, mais je me contentai de l'observer. Sa deuxième charge fut identique – sur ma gauche, cette fois. Mais ce coup-ci, au moment où il passait à côté de moi je saisis les rênes des deux mains. Il était puissant, ça oui, assez puissant pour me soulever, mais je tirai de toutes mes forces et il ralentit. On se regarda droit dans les yeux. Il pouvait m'écraser s'il voulait, et pourtant il me laissa le ramener lentement vers la barrière. On était toujours sur nos gardes, on se fixait, mais désormais c'était moi qui le conduisais. Lorsqu'il baissa enfin la tête, je compris qu'on avait trouvé un terrain d'entente. Je montai dessus et chevauchai un moment. Il n'essaya pas de se débarrasser de moi. Je ne le frappai pas – je n'en eus pas besoin. Une fois à terre je l'attachai à la barrière, ce qu'il accepta sans rechigner.

Comme j'ai dit, pendant tout ce temps ç'avait été une affaire entre le cheval et moi. Rien d'autre ne comptait plus, je me sentais vraiment bien. Et puis soudain je pris conscience du terrible silence qui m'entourait, et je vis la foule. Je compris que j'avais fait une terrible erreur. Toute ma vie j'avais suivi un code de conduite simple : ne jamais faire honte à un homme blanc. Violer cette règle pouvait coûter la vie à un Noir. Or je venais de le faire avec une foule entière de Blancs !

En pivotant, je constatai que les hommes occupaient la totalité de la barrière. J'évitai le regard affolé d'Elzenia. Je savais très bien que j'allais payer pour ma conduite. Mais bon, c'était impossible de réécrire l'histoire ! Serrant les dents, je me promis que je ne supplierais personne et que j'assumerais mon erreur. Je savais que je n'avais aucune chance, mais pas question non plus de leur faciliter le travail ! Je ne serais pas le seul à prendre des coups avant d'être lynché.

Curieusement, les couleurs devinrent plus vives autour de moi. J'eus le temps de noter la blancheur des nuages dans le ciel bleu et le brun rouge de la terre à mes pieds. Et je me souviens encore aujourd'hui des moindres détails de tous ces visages qui m'observaient. M'imaginant qu'on allait me sauter dessus par-derrière, je tournais lentement sur moi-même pour surveiller l'ensemble du corral. Et soudain mon frère Johnny fut là, à mes côtés ! Il colla son dos contre le mien et on se mit à tourner tous les deux.

– Qu'est-ce que tu fabriques ? lui murmurai-je.

Il avait une tête de plus que moi. Il répondit :

– J'avais une autre possibilité, d'après toi ? Je ne pouvais tout de même pas rester là à regarder étriper mon grand frère sans rien faire !

Les hommes, sur les barrières, semblaient un peu éberlués. Mais ils avaient tout leur temps et ils se demandaient sans doute ce qu'ils allaient bien pouvoir faire maintenant que Johnny m'avait rejoint. Il était assez costaud pour qu'ils y réfléchissent à deux fois avant de se frotter à lui.

– T'es vraiment dingue ! m'exclamai-je.

Johnny laissa échapper un petit rire.

– Ah bon, je suis dingue ? J'aimerais bien savoir qui est arrivé ici le premier !

– C'était mon choix. Ça ne t'engageait en rien.

– Ouais, d'accord, dit Johnny. Tu crois que je vais retourner à la maison et oser dire à maman que je me suis contenté de te regarder mourir ? Je préfère courir ma chance ici, merci !

– Hum ! Johnny, tes chances ne sont pas terribles, tu sais... Ils sont nombreux.

– Tu crois que je ne le vois pas ? J'espère qu'on pourra quand même en emmener quelques-uns avec nous en enfer !

– C'est ton meilleur plan ?

– Hé, c'est toi qui as commencé ! Alors peut-être que tu en as un autre ?

J'aurais bien aimé, en effet. Il ne nous restait plus qu'à affronter notre destin et à prendre les choses comme elles se présentaient. En cet instant, les Blancs échangeaient des regards. Ils essayaient de voir qui allait nous attaquer, je pense, bien conscients que les premiers y laisseraient des plumes. Le fait qu'on soit deux les avait un peu refroidis, mais ça ne changeait rien au dénouement.

Un cow-boy juste devant moi lança alors :

– Ce nègre a l'air de penser qu'il monte mieux qu'un Blanc !

Et un autre ajouta :

– En essayant de gagner les cinquante dollars qui auraient dû nous revenir, peut-être qu'il se croit plus intelligent que nous ?

Ah ! j'avais oublié cette histoire de prime.

– Hé, George, tu partageras ce pognon avec moi ? me demanda Johnny.

– Johnny, tu peux tout garder !

– Non, je n'en veux que la moitié !

Vu la situation, j'ignore comment on avait encore le courage de plaisanter, mais je répondis :

– D'accord, tu auras ta part.

Johnny et moi on se tut et on attendit l'attaque. Pendant que je me concentrais quelqu'un cria :

– Reculez !

Je crus d'abord que la voix s'adressait à nous, et puis je vis les cow-boys s'écarter pour laisser passer un type qui nous dit :

– Vous avez gagné, les gars. L'argent est à vous.

Il agita un bras en direction de la foule et ordonna :

– Tout le monde se tire, maintenant !

Je compris qu'il s'agissait du contremaître quand je vis les autres s'éloigner et que l'un d'eux grommela :

– O.K., patron. On n'avait pas de mauvaises intentions. On voulait juste rigoler un peu, quoi !

Le contremaître ajouta à notre intention :

– Venez à la grande maison récupérer votre argent. Et si vous voulez rester, vous avez un boulot pour dresser les chevaux.

Elzenia s'approcha. Elle était furieuse.

– Si tu fais ça, ce sera sans moi ! Cet animal aurait pu te tuer !

– Il était bien gros, c'est vrai, mais je crois que les cow-boys étaient plus dangereux que... intervint Johnny.

Elle lui jeta un regard qui lui cloua le bec au beau milieu de sa phrase.

– D'accord, d'accord... dis-je. De toute façon je dois reprendre mon boulot aux chemins de fer.

– Ne t'avise plus jamais de dresser un cheval ! Pas question que je reste là à te regarder te faire tuer !

Je pensais que c'était moi qui portais la culotte à la maison, mais je ne l'avais jamais vue dans un tel état. Elle m'aimait donc à ce point ? Elle était enceinte et je compris alors qu'il était temps pour moi de ne plus penser qu'à nous deux.

Ce fut en effet mon dernier dressage. Aujourd'hui, Elzenia n'est plus parmi nous, mais je n'ai aucune envie de me casser une jambe en domptant un cheval. Ça m'empêcherait d'aller à l'école.

CHAPITRE XVII

Bonnie et Clyde ont été tués au cours d'une fusillade dans l'ouest de Dallas. Cela met fin à une série d'attaques de banques qui a fait de nombreuses victimes. Ils distribuaient une partie de leur argent aux pauvres et leur statut de hors-la-loi y avait gagné une certaine popularité.

Légende accompagnant la photo
des cadavres de Bonnie et Clyde,
Dallas Morning News.

Richard apportait régulièrement des articles pour qu'on les lise ensemble, mais cette fois ce fut mon tour de lui en donner un et il l'étudia avec soin. C'était un vieux truc, d'accord. Je l'avais gardé pendant toutes ces années. La date, dans le coin, indiquait 1938. Il s'agissait de la une du journal parce que tout le monde connaissait Bonnie et Clyde. Ils travaillaient dans une station-service à l'ouest de la ville, tenue par le père de Clyde. On racontait que Clyde avait toujours été sauvage. Dommage pour Bonnie qu'elle se soit entichée de lui. Il paraît qu'elle n'aurait jamais fait ça avant de le rencontrer – tuer, déclencher des fusillades, braquer des banques et tout ça.

Aujourd'hui, beaucoup de gens prétendent que c'étaient des héros. J'ai entendu dire qu'on a même fait un film sur eux. Je ne l'ai pas vu. Je vais très rarement au cinéma. Peut-être qu'ils ont donné un peu de l'argent de leurs hold-up aux pauvres, mais ils ont quand même tué plusieurs personnes et ils en ont terrorisé encore plus. Ce n'est pas bien. La Bible le dit. Donc ils n'étaient pas des héros. Célèbres, oui, mais pas des héros.

Richard me demanda si je me souvenais d'Al Capone, qui a fait parler de lui à peu près à la même époque. Il ne venait pas de Dallas mais on savait tous qui c'était. Il y avait aussi John Dillinger. Ces hommes ont assassiné énormément de gens. Eux aussi étaient célèbres, mais ils ont fait des tas de choses peu recommandables. C'étaient des gangsters. Il y en avait beaucoup en ce temps-là.

Moi j'étais trop occupé pour y prêter vraiment attention. Toutes ces histoires ne nous concernaient guère. Je devais veiller sur ma famille et je ne volais personne. Je travaillais tous les jours pour gagner ma vie.

Quand nous nous sommes installés à Dallas en 1928, j'étais donc employé aux chemins de fer. J'y suis resté quelques années. C'était un bon boulot, mais vers 1930 je fus embauché par la ville. On était en pleine dépression. Les temps étaient difficiles, mais aucune tâche ne m'effrayait et je n'ai jamais été au chômage. Aucun emploi ne m'a jamais déplu, et si j'en changeais c'était pour améliorer ma situation. Avec la mairie, j'espérais faire plus d'heures et avoir un salaire plus élevé. C'est ce que j'avais pensé, mais bon...

Junior était à la maison le jour où j'ai raconté mes souvenirs de cette époque.

– Dis, papa, la ville ne payait pas mieux que les chemins de fer ? me demanda-t-il.

Je ne me rappelle pas exactement, mais je sais que si j'étais resté aux chemins de fer je serais riche aujourd'hui ! Depuis l'âge de soixante-cinq ans je vis avec l'aide sociale. Vous imaginez combien de chèques j'aurais touchés à ce jour si j'avais conservé cette place jusqu'à la retraite ? Mais ça n'est pas grave, je me débrouille.

– J'ai fait ce que j'ai estimé être le mieux pour ma famille, répondis-je à Junior. À la ville de Dallas j'étais dans une équipe de la voirie. On bouchait les fondrières et on réparait les routes.

– C'était un boulot plus facile qu'aux chemins de fer, papa ?

– Eh bien, parfois oui. Mais les jours où je devais surveiller le bitume chaud dans la fournaise de Dallas, ce n'était pas drôle. C'est à peu près le moment où tu es né, Junior. La famille s'agrandissait. Sept enfants à élever !

– Et ça s'est bien passé ? demanda Richard.

– Plutôt ! répondit Junior. On est tous allés au lycée puis à la fac. Notre lycée n'était qu'à six pâtés de maisons d'ici. Je suis sorti quatrième de ma classe.

– Elzenia et moi, on a veillé à ce que nos gamins donnent le meilleur d'eux-mêmes, dis-je.

– Sept, ça fait beaucoup ! ajouta Richard. Du moins selon les critères actuels.

– Oui, c'est vrai. Et même pour l'époque, cela représentait déjà une famille de bonne taille.

Richard alla chercher dans sa chambre un de ces innombrables bouquins qu'il emportait toujours avec lui lorsqu'il me rendait visite.

– Vous connaissez le livre du Dr. Benjamin Spock, *L'Art d'être parents* ? demanda-t-il.

Sallie, la femme de Junior, venait juste d'arriver. C'était un gros ouvrage, mais je ne l'avais jamais vu, non. Junior secoua la tête et Sallie murmura :

– Non, moi non plus.

– Beaucoup de familles dans ce pays ont élevé leurs gosses en suivant à la lettre les conseils du Dr. Spock, expliqua Richard.

– Ben non. Inconnu au bataillon, dis-je.

– Il a été vendu à des millions d'exemplaires.

Sallie l'ouvrit et commença à lire à haute voix :

– *Vous en savez davantage que vous ne le croyez. Votre bébé...*

Et ça continuait comme ça un bon moment, à la façon de certains bouquins.

– J'imagine que vous n'aviez pas de livres pour vous aider ? dit Richard.

– De toute façon, en ce temps-là, j'aurais été incapable de les lire, répondis-je. Non, on n'a pas eu besoin de ça pour soigner nos petits.

Junior éclata de rire.

– Exact ! Mes parents aussi savaient ce qu'ils faisaient.

– C'était notre boulot, dis-je. Alors on l'a accompli.

– À voir ce que vous êtes tous devenus, murmura Richard à Junior, il semble qu'ils ne se soient pas mal débrouillés... Et sans tenir compte de la méthode d'éducation officielle, en plus ! Beaucoup de gens n'ont pas réussi aussi bien.

– Fils, on n'apprend pas tout dans les livres. Le bon sens a encore de beaux jours devant lui. Elzenia et moi, on en avait à revendre ! Et on avait beaucoup d'amour aussi. Une famille a besoin d'amour pour bien fonctionner.

Richard reposa le livre et reconnut :

– Je pense que ça fonctionne, en effet. (Puis il demanda à Junior :) Vous vous souvenez de votre enfance ? De vos rapports avec votre père ?

– Oh ! répondit mon fils, on a toujours été proches. On allait à la pêche ensemble.

– Racontez-moi ça.

– Eh bien papa me réveillait vers quatre heures du matin. Il faisait encore nuit quand on descendait au lac. C'était à plus de trois kilomètres, mais on y allait généralement à pied. On prenait pas mal de poissons. Dès que papa avait un moment de libre, il m'emmenait partout avec lui. Juste lui et moi.

– Sympa. Mais il y avait pourtant d'autres enfants chez vous... s'étonna Richard.

– Oui, dit Junior, mais il se trouve que Darrell, mon seul frère, est né longtemps après moi. Mes sœurs restaient plutôt avec maman, et moi j'étais avec mon père. Ça marchait comme ça à l'époque. On a eu une enfance merveilleuse. Richard, si je pouvais je vous offrirais cette expérience ! Ça a été super pour moi.

– Mais si j'ai bien compris, votre famille était très pauvre. Vous étiez même carrément en dessous du seuil de pauvreté.

– Vous avez raison. Quand j'étais gosse, papa devait presque toujours faire deux boulots en même temps pour qu'on s'en tire. Pourtant, quand il recevait sa paye, il nous donnait à chacun une pièce pour acheter une glace. Je me souviens comme on était excités ces jours-là. On n'a jamais manqué de rien. Personne ne nous disait qu'on était pauvres et on n'imaginait pas une meilleure vie.

– Ça ne devait quand même pas être rose tous les jours ?

– Ouais, ça aussi c'est vrai. Maman veillait à la discipline et c'était toujours elle qui disait non.

– Je passais presque tout mon temps au travail ! me défendis-je. Mais j'étais là quand il le fallait. Junior, tu te rappelles quand je suis allé voir ton principal au lycée ?

– Je pense bien ! Je m'étais attiré des ennuis et on m'avait renvoyé à la maison en début d'après-midi. J'avais seize ans et on pourrait dire que j'étais plutôt imbu de moi-même. Je ne me souviens pas exactement de ce qui m'était arrivé. J'ai compris que j'avais vraiment un problème quand maman a annoncé : « On va attendre que ton père revienne. »

– Exact, dis-je. Ce jour-là, j'ai fait une chose tout à fait nouvelle pour moi. J'ai appelé mon employeur et je l'ai prévenu que je serais en retard le lendemain matin.

– Ça m'a inquiété, assura Junior. Parce que papa ne ratait jamais son travail.

– Je suis donc allé au lycée avec Junior pour rencontrer le principal.

– Ouais, et c'est papa qui a parlé.

– Je lui ai dit : « Je travaille tous les jours et je n'ai pas le temps de venir vous voir régulièrement. J'attends de mon fils qu'il fasse son boulot à l'école. C'est pour ça qu'il est chez vous. Et s'il vous cause des ennuis vous n'avez pas besoin de m'appeler pour me demander l'autorisation de le punir. C'est votre responsabilité de lui apprendre la discipline. Le principal et moi on a regardé Junior et lui s'est contenté de hocher la tête.

– Ouais, reprit Junior, c'est à peu près comme ça que ça s'est passé. Je n'ai plus jamais eu de problèmes et je me suis appliqué. Mon frère et mes sœurs aussi.

– Vrai, repris-je. La plupart du temps, quand je leur disais quelque chose ils m'écoutaient. Et je n'avais pas besoin de me répéter ! Vous voyez, je respectais mon père et je lui obéissais. Et avec mes propres enfants c'était pareil. On était leurs parents. C'était notre rôle de les préparer à affronter ce monde. Un gosse apprend moins par les mots que par ce qu'il voit autour de lui. Les nôtres nous regardaient vivre, Elzenia et moi, et c'est comme ça qu'ils ont appris à faire la différence entre le bien et le mal.

– La vie n'était pas facile dans ces années-là, dit Richard. La ségrégation était légale.

– Nos enfants le savaient. Ce n'était pas juste, mais la vie était comme ça. Violer les règles pouvait se révéler dangereux. D'une façon ou d'une autre, tous les Noirs expliquaient de la même façon à leurs rejetons comment s'en sortir et survivre en ce monde.

– Ça fonctionnait comme ça, confirma Junior. Papa nous avait prévenus qu'il n'y avait qu'un seul moyen de réussir : bosser encore plus dur. Point final. Et on n'avait aucune excuse pour ne pas le faire.

– J'ai travaillé à la voirie jusqu'en 1938, dis-je alors, et puis j'ai trouvé un autre emploi, à la laiterie d'Oaks Farm. J'y suis resté près de vingt-cinq ans. On l'a visitée lors de votre dernière visite, Richard.

– Je m'en souviens.

– Elle a été agrandie en 1963, mais à part ça elle n'a pas beaucoup changé, dit Junior. J'y déposais papa, parfois dès quatre heures du matin, car j'avais besoin de la voiture pour partir au travail après l'école. D'autres fois je venais le chercher à minuit. Il avait des horaires variables et changeait tout le temps d'équipe, mais j'y allais quand même. Papa a passé une éternité dans cette laiterie !

– Fils, tu te rappelles la salle du fond avec ses moteurs énormes ?

– Là où ils nous ont donné des casques antibruit avant d'entrer ? demanda Richard.

– Exactement. Mais pendant toutes ces années, personne ne s'est soucié de mes oreilles. C'était différent à l'époque. Je sais pourquoi je n'entends plus très bien aujourd'hui.

– Comment, tu n'as jamais mis de casque ? s'étonna Junior.

– Non. Le sujet n'a jamais été évoqué là-bas. Bon, je m'occupais des machines. Ils comptaient sur moi. Si un jour je ne venais pas, ils n'avaient personne pour me remplacer. C'était moi qui réglais les jauges pour la pasteurisation. Et je le faisais sans savoir lire. Je savais à quoi les cadrans devaient ressembler. Parfois, j'étais le seul qui pouvais faire fonctionner correctement les moteurs. Je vérifiais tout et je veillais à ce que les machines tournent bien.

– Dans le hall, sur cette photo avec une cinquantaine d'employés, je n'ai vu aucun Noir, fit remarquer Junior. Ils n'en engageaient pas ou c'est juste qu'ils ne les voulaient pas sur leurs clichés ?

– On était à la fin des années trente. Il y avait quatre Noirs, ou peut-être bien sept... J'ai été parmi les premiers à être employés là-bas. Je trouve que ça ne sert à rien de se poser ce genre de questions.

– Au contraire, parlons-en ! répliqua Sallie. Tu as été un des premiers, un pionnier. Ils te traitaient correctement ?

– Ouais ! Ces gens étaient gentils avec moi.

Bon, au début j'ai quand même eu quelques problèmes. Vous voyez, j'écoute bien ce qu'on me dit et j'apprends toujours les choses rapidement. On n'a pas forcément besoin d'aller à l'école pour apprendre. Il suffit d'être attentif.

Il y avait là un certain Luther qui estimait que je ne connaissais rien à rien parce que j'étais noir. En fait, on n'avait pas tardé à me confier la surveillance de la chaudière. Un jour, j'entendis ce Luther protester auprès du contremaître :

– On ferait mieux d'envoyer ce nègre creuser la tranchée derrière le bâtiment et de laisser la chaudière à quelqu'un qui en a l'habitude.

Je sortis sans un mot et me mis à creuser. Moins d'une heure plus tard, le contremaître se pointa et me dit :

– Y a une chaudière qui ne marche pas. Va t'en occuper !

Ce gars ne savait même pas comment l'allumer ! C'était ça le problème. Je m'en chargeai donc et la température monta normalement. Mais d'autres machines ne fonctionnaient pas très bien. Le patron me demanda alors si j'étais capable de m'en occuper.

– Pardi ! répondis-je.

– Il ne peut pas ! s'exclama Luther. Il n'a aucune qualification !

Cette fois encore, je ne dis rien et m'éloignai pour retourner à ma tranchée.

– Attends ! s'écria le contremaître. Je vais laisser George-le-Petit-Noir jeter un œil.

Ils me surnommaient ainsi à cause de ma taille. Je revins donc dans la chaufferie. Deux pompes étaient branchées mais une seule marchait. Je démontai cette dernière pour voir à quoi ressemblait l'intérieur d'une pompe en bon état. Puis je démontai l'autre et je la fis redémarrer après quelques petites modifications. Cela me prit la matinée. Après le déjeuner, je purgeai les tuyaux, nettoyai le plancher et fis redémarrer la chaudière. Ensuite, je m'assis sur une chaise pour surveiller les jauges. Luther et le contremaître ne tardèrent pas à se pointer.

– Regardez-le ! Il est assis là à se tourner les pouces, ricana Luther.

Le contremaître m'observa et haussa les sourcils – sa façon à lui de poser une question. Je leur montrai mon travail sur les pompes et j'expliquai :

– J'étais en train de contrôler les jauges et le bon fonctionnement des chaudières.

Luther se mit en colère.

– C'est un boulot pour un Blanc avec la formation qui convient.

– Eh bien pour l'instant on n'a personne d'autre, répondit le patron.

Vous voyez, j'étais capable de m'instruire juste en regardant. Je faisais très attention et j'apprenais tous les jours. J'allumais ces brûleurs avec un long boutefeu. J'y arrivais toujours et je veillais à bien éteindre mon boutefeu avant de le reposer par terre. Il y avait deux salles avec des chaudières. Bientôt, on m'en confia une. Luther s'occupait de l'autre.

Un jour, Luther eut un problème. Il n'arrivait pas à lancer son brûleur. J'aurais pu l'aider, mais ça l'aurait rendu fou, je le savais. Je lui dis simplement :

– Tu ne devrais pas laisser ton boutefeu allumé traîner sur le sol.

Mais il était bien incapable de m'écouter. Évidemment il ne l'éteignit pas. Une demi-heure plus tard, on entendit un gros *boum !* Je courus voir ce qui se passait. Luther était tout noir. On l'emmena à l'hôpital et il dut s'arrêter trois semaines. On me demanda de régler ses brûleurs. En fait ils étaient en bon état, c'est lui qui avait été imprudent. Je décidai qu'il valait mieux ne rien dire. Je nettoyai tout ça et retournai à ma tâche.

C'était au début des années quarante. Comme je l'ai dit, je suis resté dans cette laiterie pendant près de vingt-cinq ans. Eh bien je n'ai jamais eu aucun ennui – sauf une fois. Un certain type était toujours sur mon dos. Il me disait « George, fais ci » ou « Mon gars, fais ça ». Ça ne me plaisait pas et à ce moment-là je me levais et m'en allais. Mais il ne me lâchait jamais et ça a duré des mois et des mois. Je faisais de mon mieux pour l'éviter. Un jour, pourtant, on se retrouva tous les deux seuls dans l'entrepôt à décharger une grosse quantité de sucre pour la fabrication de glaces.

J'étais debout sur trois palettes, à couper les cordes en chanvre des sacs. J'entendis le contremaître dire au gars :

– Va aider George à décharger le sucre !

Dès que le chef fut parti, l'autre n'arrêta pas de répéter :

– Ils ne vont quand même pas m'obliger à faire un boulot de nègre !

On n'était que tous les deux. Il continuait à râler devant moi. J'avais souvent entendu ce genre de remarque, mais cette fois, pour une raison ou une autre, j'en eus assez. La journée était très chaude et il faisait une chaleur insupportable dans l'entrepôt. Ce fut peut-être pour ça. Toujours est-il que je sautai de mes palettes et réussis par je ne sais quel miracle à retomber sur mes pieds juste sous son nez.

– Répétez un peu ça ? dis-je.

Il me regarda sans un mot. J'ajoutai :

– C'est bien de moi que vous parliez ?

Alors, sur un ton autrement plus respectueux, il demanda enfin :

– Tu vas te servir de ce couteau ?

Je ne m'étais pas rendu compte que je l'avais gardé à la main. C'était idiot de faire un tel saut avec un couteau, mais c'était ainsi. Il était plus court qu'une machette mais il avait quand même une bonne lame. Je n'aurais évidemment jamais menacé personne avec une arme de ce genre. Je souris et répondis :

– C'est le contremaître qui me l'a donné et qui m'a dit de m'en servir...

Il hocha la tête puis chargea un sac de sucre sur le chariot. Après ça, on travailla ensemble sans problème le restant de la journée – et ça a duré plusieurs années. Je ne dirai pas son nom parce qu'au bout du compte il a changé d'attitude et qu'on est même devenus amis. On rigolait souvent de cette histoire. Chaque fois qu'on déjeunait ensemble et que je sortais mon canif pour couper mon sandwich, il me demandait :

– Tu vas te servir de ce couteau ?

Et je répondais :

– C'est bien possible.

Alors on éclatait de rire. Quand on était à table avec des tas d'autres gens, personne ne comprenait.

À la laiterie, quelques ouvriers blancs ont dû faire un effort pour me côtoyer. Mais la plupart étaient gentils avec moi. Je n'ai jamais eu à me plaindre. Mes employeurs aussi me traitaient correctement. Vous voyez, j'ai toujours pensé qu'il fallait offrir à quelqu'un la chance de travailler, et puis voir ce dont il était capable. Ils ont fait ça pour moi. J'ai eu une bonne place et, en près de vingt-cinq ans, je n'ai jamais été en retard. Ils ont pu compter sur moi. Personne ne connaissait ces machines mieux que moi. Tout le monde était correct. Je n'ai pas à me plaindre. J'ai toujours été un simple ouvrier. Rien de mal à ça.

Peu à peu les choses ont évolué. J'ai vu des Noirs devenir contremaîtres. Comme j'étais un bon travailleur, j'ai eu moi aussi la possibilité de monter en grade – sauf que j'étais incapable de remplir les formulaires. Je n'avais aucune envie d'avouer que je ne savais ni lire ni écrire. Je ne connaissais pas l'alphabet et je ne pouvais pas signer de mon nom. Personne n'essayait de m'empêcher de progresser ; simplement, j'avais des problèmes avec les papiers. Mais je voyais qu'on engageait de plus en plus souvent des Noirs et qu'ils étaient promus à de meilleurs postes, et ça me faisait chaud au cœur. J'avais été un des premiers et je m'étais toujours montré très sérieux. Peut-être que ça a aidé ceux qui ont suivi ?

Je suis resté là jusqu'à ma retraite, en 1963. J'avais soixante-cinq ans et on m'expliqua que d'après la loi j'étais trop vieux pour continuer. J'aurais dû travailler vingt-cinq ans de plus pour avoir une vraie retraite.

À ce point de mon récit Junior éclata de rire.

– Dis-lui quel choix tu as fait !

– Je pouvais recevoir un chèque mensuel pendant le restant de mes jours ou toucher une certaine somme en une seule fois. J'ai préféré la deuxième solution. On ne sait jamais de quoi demain sera fait !

Junior rigola de plus belle.

– Papa, je crois que tu devrais lui dire combien tu as reçu.

– Ils m'ont donné mille huit cents dollars. Il y a longtemps que j'ai tout dépensé. Si j'avais su que je serais encore là à parler de ça à cent deux ans, j'aurais opté pour le chèque mensuel ! Mais bon, je bénéficie de l'aide sociale et je n'ai pas à me plaindre.

CHAPITRE XVIII

Photo : Une marche pour les droits civiques dans les années soixante. Violente confrontation entre la police et les manifestants tenus à l'écart par d'énormes chiens d'attaque.

Events That Shaped the Century :
Our American Century,
par les rédacteurs de Time-Life Books.

Le film de Zapruder sort de la chambre froide où il était conservé. Le document de vingt-six secondes sur l'assassinat de Kennedy sera bientôt disponible dans les vidéo-clubs.

Seattle Post-Intelligence, 8 juillet 1998.

Chaque jour nous faisons tous de notre mieux. L'important, quoi qu'il arrive, c'est de ne pas avoir honte de ce qu'on est. J'ai toujours travaillé pour gagner ma vie et donné le meilleur de moi-même, et lorsque j'ai dû partir à la retraite en 1963 je n'ai pas vraiment arrêté. Même si j'avais voulu, j'en aurais été incapable. Alors je me suis mis à jardiner chez les gens. Quelle que soit ma tâche et quelle que soit la paye, j'ai toujours essayé d'être le plus efficace possible.

Je me souviens d'un jour où j'étais chez une dame. Elle avait une très jolie maison, une de ces vieilles habitations aux vastes vérandas dans un beau quartier, au milieu d'un grand terrain à la végétation luxuriante. Ce matin-là, à mon arrivée, elle m'expliqua ce qu'elle voulait. Il y en avait largement pour plus d'une journée. Je me mis au boulot. Il commençait à faire chaud et elle retourna vers la maison pour s'y réfugier.

– Je ne sais pas comment vous faites pour supporter une telle température, dit-elle. Il faut que je rentre. Dieu merci, j'ai l'air conditionné !

– Oui, m'dame, ça va taper dur aujourd'hui !

– Je pense que la chaleur ne vous dérange pas, vous, les Noirs. Vous avez de la chance d'être capables de travailler dans ces conditions. Mais pour nous c'est trop difficile, surtout quand on vieillit.

J'avais soixante-cinq ans et j'étais au moins aussi âgé qu'elle. Mais comme elle m'employait elle ne pouvait pas imaginer ça – et de toute façon elle n'avait pas vraiment pris la peine de m'observer. Elle devait penser que tout le monde pouvait, comme elle, profiter de sa retraite... Je faillis lui répondre :

– On se crève sous cette canicule parce qu'on est obligés. On n'a pas le choix.

Oh oui, j'aurais pu me mettre en colère, mais je savais qu'elle n'avait pas eu l'intention de me blesser. Même si elle avait beaucoup d'argent, elle avait l'air d'ignorer pas mal de choses. Je hochai donc la tête pour lui montrer que je comprenais, mais juste un léger mouvement : je ne voulais pas qu'elle s'imagine que j'étais d'accord.

– Il fait chaud, poursuivit-elle. Il y a de l'eau, si vous voulez. Je vous préparerai quelque chose à manger pour midi.

– Merci, m'dame.

En général, voilà comment ça se passait : à midi un repas m'attendait, et à la fin de la journée on me payait. Quand il y avait deux ou trois jours de boulot, on ne me réglait qu'à la fin. Cette femme ne m'avait encore jamais employé mais j'avais déjà jardiné pour ses voisins. Comme les gens étaient contents de moi, ils en parlaient autour d'eux. Parfois ils me voyaient m'escrimer dans une propriété et ils me proposaient de passer chez eux le lendemain. C'était comme ça que je m'étais retrouvé chez cette dame.

Le salaire n'était pas mirobolant – rien à voir avec ce que je gagnais à la laiterie –, mais c'était généralement le même partout, vu que tous ces gens se connaissaient. Un jour, Elzenia avait surpris une de leurs conversations. Ils étaient furieux contre une femme qui venait de s'installer dans le quartier et qui payait plus cher les heures de ménage et de jardinage. Ils n'avaient pas envie qu'on les prenne pour des radins. Et il ne fallait pas pourrir les Noirs... Moi, je récupérais mon argent à la fin de ma journée et mon employeur me réglait ce qu'il voulait. S'il était honnête avec moi, c'était parfait. S'il ne l'était pas, c'était davantage son problème que le mien.

Chez moi, je cultivais surtout des légumes. Les riches préféraient les fleurs et le gazon. J'imagine qu'ils pouvaient acheter leurs légumes. En général, ils confiaient leur jardin à des Noirs. Ils nous donnaient leurs directives et on faisait le travail. La plupart du temps ça marchait comme ça.

Une chose est sûre, en tout cas : toutes ces dames avaient des roses et elles voulaient qu'elles soient plus belles que celles de leurs voisines. À les entendre, leurs roses étaient très anciennes. Elles remontaient à la guerre civile – et peut-être même avant. D'après ce que j'ai compris, plus elles sont vieilles plus elles ont de valeur. Au moins, ces femmes avaient quelque chose dont elles pouvaient être fières ! Celle chez qui je travaillais ce jour-là était exigeante à ce sujet :

– Taillez-les, mais pas trop court. Ne les touchez pas sur la façade de la maison jusqu'à ce que je sois sûre que vous sachiez le faire.

J'acquiesçai et me montrai aimable pour pouvoir me mettre au boulot au plus vite. Personnellement, je savais qu'on pouvait couper un rosier au ras du sol avec une hache et que l'année suivante il serait encore plus beau. C'était logique : si ces arbustes étaient si anciens, ils devaient être très robustes. On n'aide pas quelque chose qu'on dorlote ; au contraire, c'est le meilleur moyen pour l'affaiblir. Mais j'étais là pour travailler, pas pour donner des leçons. Je commençai donc à tailler la roseraie. Le sol était très argileux et j'y ajoutai quelques sacs de fumier de poule.

Dès le milieu de la matinée il se mit à faire vraiment chaud. Puisque la dame m'avait proposé à boire, je cherchai la cruche sur la véranda. Il n'y en avait pas et je me dis qu'elle avait dû oublier. Alors j'utilisai le tuyau d'arrosage pour étancher ma soif, même si l'eau était chaude, puis je repris mon occupation. Après le jardin, j'avais aussi un étang à nettoyer et un gros arbre à élaguer. J'avais fait un long trajet en bus pour venir jusqu'ici. J'étais parti aux aurores et n'avais pris qu'un petit déjeuner rapide, si bien que je commençais à être affamé. Je continuai pourtant à piocher jusqu'à ce que le soleil soit juste au-dessus de ma tête.

Comme personne ne m'appelait, je me dirigeai vers l'arrière de la maison, m'imaginant que c'était le genre de femme qui devait préférer voir un Noir entrer par là. À cette époque, les Noirs étaient assez bons pour travailler chez les gens, mais pas assez pour avoir droit à la porte principale.

Je ne vis personne et, comme je ne voulais pas causer de problèmes à mon employeuse pour le cas où elle aurait été en retard et que ce côté-là était à l'abri du soleil, je ramassai une scie posée contre un grand arbre qui donnait de l'ombre à la maison. J'avais trop faim pour retourner piocher. J'examinai l'arbre avec soin et sciai une branche pourrie suivant un angle qui empêcherait la pluie de stagner à l'endroit de la coupe. C'était un vieil arbre aux puissantes charpentières et le travail me prit un bon moment. J'étais grimpé sur un escabeau à trois marches. La sciure me tombait dans les yeux et, vu que je suais beaucoup, elle me collait au visage.

J'entendis soudain la moustiquaire s'ouvrir et fus ravi de voir apparaître ma patronne sur la véranda. Elle ne m'aperçut pas car j'étais dans l'ombre de l'arbre. Elle posa deux bols par terre pour les deux chiens qui étaient sortis avec elle. Je m'approchai, mais déjà elle retournait à l'intérieur. Elle réapparut bientôt avec un autre bol. Celui-là, elle le posa sur une étagère, hors de portée des chiens. Elle me fit signe de la main puis elle m'indiqua le bol en me disant :

– C'est fait maison !

Là-dessus elle rentra. Je grimpai sur la véranda et pris le bol sur l'étagère. C'était un ragoût avec des pommes de terre, de gros morceaux de viande et du gombo qui flottait dans un jus si épais que la cuillère y tenait presque droite. Ça avait l'air bon et, affamé comme je l'étais, l'odeur me mettait l'eau à la bouche. Je m'emparai du petit pain qui était à côté. Je cherchais une chaise pour m'asseoir et un endroit tranquille pour dire les grâces lorsque je baissai les yeux et vis les deux chiens. C'étaient des bâtards à poil long de labrador et de colley, probablement de la même portée. Ils dévoraient leur pitance en remuant frénétiquement la queue. Dans leur bol il y avait le même ragoût que dans le mien. Cela ne me surprit guère. À l'époque les gens n'achetaient pas de croquettes, et ces animaux avaient simplement droit aux restes de la table.

Ce qui me choquait, en revanche, c'est que cette dame puisse penser que j'allais déjeuner sur la véranda en même temps que ses chiens. Je n'avais aucune envie de m'installer dans sa salle à manger et je me serais contenté d'une petite place dans sa cuisine. J'estimais mériter de prendre mon repas avec des gens, pas avec des chiens. Je remis donc le bol sur l'étagère. Avec la faim qui me tenaillait ce ne fut pas facile. Et ce fut encore plus dur de renoncer au petit pain.

Je sais bien que cette femme n'avait pas l'intention de m'insulter. C'était une attitude normale, pour elle. Mais elle pouvait penser ce qu'elle voulait, je n'étais pas un animal et je n'avais pas l'intention de manger avec ses chiens ! Si je le faisais, elle continuerait à croire ce genre de choses – et peut-être qu'elle aurait raison de le faire. Le ragoût était pourtant bien tentant et redescendre de la véranda ne fut pas chose facile. Mon estomac protestait mais mon amour-propre me criait : « Non ! » Je retournai donc dans la cour et bus de l'eau au tuyau d'arrosage. L'odeur du ragoût flottait jusqu'à mes narines. La sciure, dans mes yeux, me gênait davantage tout à coup. Je pris une profonde inspiration, mais mon estomac se mit à gargouiller.

J'avais presque fini de couper la branche quand la scie se coinça. J'allai en chercher une autre dans la cabane à outils. Pour cela, je fus obligé de repasser devant la véranda et le bol de ragoût qui m'y attendait. C'était sans doute le fruit de mon imagination, mais j'aurais juré qu'il sentait encore meilleur que tout à l'heure. Je poursuivis mon chemin. J'avais faim mais il n'était pas question que je renonce. J'avais ma fierté. Sans elle, je n'avais plus rien.

Je finis par venir à bout de cette branche. Je l'élaguai puis en fis des bûches pour la cheminée. Pendant tout ce temps, j'eus du mal à oublier la nourriture. Je pensais à Elzenia qui devait être en train de préparer le repas de midi. La plupart de nos enfants volaient déjà de leurs propres ailes. On n'en avait plus que deux qui allaient au lycée, mais on mangeait toujours ensemble, comme une vraie famille. Mon cerveau s'emballait. J'essayais de deviner s'il y aurait du poulet et de la purée. Et j'avais l'impression d'en sentir le fumet. Sûr que ça ne m'aidait pas, un estomac vide ! Parfois l'esprit se conduit bizarrement et ne fait plus que ce qu'il veut. J'essayais d'oublier la nourriture mais j'étais incapable de penser à autre chose !

Après tout, j'avais bien mérité le ragoût et le petit pain, et personne d'autre que moi ne saurait jamais comment cette femme m'avait traité. Je n'avais pas participé aux marches pour les droits civiques à Washington et à travers le Sud. Ce n'était tout simplement pas mon style. J'étais déjà vieux en ce temps-là et je n'avais pas appris à faire ce genre de choses. Mais une petite voix me disait : « George, ne remonte pas sur cette véranda. Ton honneur est en jeu. Ces gens ont manifesté pour toi, et aujourd'hui tu n'as pas le droit de les laisser tomber. Ils comptent sur toi. Et puis fais ça pour tes enfants ! »

Je me remis à scier avec encore plus d'énergie. La dame en aurait pour son argent avec moi, ça oui ! Il me fallait défendre mon amour-propre, pour moi-même et pour mes rejetons qui suivaient encore l'exemple de leur père. Je repensais à eux. À l'orgueil que j'avais éprouvé quand Amelia, ma première fille, était née.

Elzenia avait été une bonne maman. Elle semblait toujours savoir exactement quoi faire en toutes circonstances. Elle était restée femme au foyer. Je l'aidais chaque fois que je le pouvais, mais je faisais aussi des heures supplémentaires quand c'était possible. Et c'était bien, parce que après Amelia il y avait eu Novella, puis George Jr. et ensuite Dorothy, Cecilia et Billie Jean. Darrel, notre dernier garçon, a la quarantaine aujourd'hui.

Depuis le début, c'est ma famille qui passe avant tout. Qu'importe le travail que j'abattais. Lorsque je rentrais chez nous j'oubliais tout le reste. On vivait dans une cité à l'époque – des appartements construits par le gouvernement pour des gens à faibles revenus. Je travaillais à plein temps mais je n'avais pas assez d'argent pour payer un loyer et nourrir les miens. Ça nous a beaucoup aidés de nous installer là, dans cet ensemble de grands immeubles tout en briques et tout neufs. C'était un endroit où il faisait bon vivre. Ils ne se sont déglingués que plus tard. On est restés là jusqu'à ce qu'on emménage dans notre première maison.

On traitait bien nos enfants. Je n'avais jamais pu fréquenter l'école, mais je veillais à ce qu'ils y aillent tous les sept. Le soir ils me montraient leur travail scolaire, et je ne voulus jamais entendre la moindre excuse : ils devaient apprendre à être fiers d'eux-mêmes. Je leur avais enseigné ce genre de principes et il n'était pas question, aujourd'hui, que je laisse cette femme piétiner mon honneur. Je leur avais répété : « Ne vous souciez pas de ce que les autres pensent. Faites toujours ce qu'il faut et soyez fiers de vous. »

J'étais toujours aussi affamé et mon estomac me le reprochait, mais je devais être plus fort que lui. Je l'entendais gargouiller, et pourtant je tenais bon.

Lorsque j'eus coupé et rangé le bois, je retournai piocher les nouvelles plates-bandes. Quand la propriétaire sortit de chez elle vers la fin de l'après-midi, je venais juste de terminer. Je n'avais pas entendu la porte, mais j'eus le temps d'ôter mon chapeau.

– Vous avez travaillé dur, dit-elle.

– Oui, m'dame.

– Je pensait qu'il ferait trop chaud.

– Non, m'dame. Je vais bien, répondis-je, même si je savais qu'elle se fichait pas mal de ma santé.

– Parfait. Mon voisin m'avait dit que vous étiez sérieux.

Elle retourna vers la maison après avoir examiné le jardin et regardé le tas de bois. Elle paraissait contente. Elle me donna quelques dollars pliés. Et puis, devant la véranda, elle découvrit le bol de ragoût et le petit pain. Elle eut l'air étonnée.

– Vous n'avez pas vu le déjeuner que je vous avais laissé là ?

Je fis oui de la tête et répondis :

– J'ai vu les chiens manger sur la véranda.

– Mais le repas sur l'étagère était pour vous ! C'était quelque chose de bon.

– Merci, m'dame. J'en suis sûr. C'est juste que je ne mange pas avec les chiens.

À ces mots je la fixai droit dans les yeux, et elle comprit très bien ce que je voulais dire. Elle devint rouge de colère, mais je ne détournai pas le regard.

– Parfait, alors. Vous avez le droit de gaspiller un bon repas. Mais je déteste ça.

Malgré ce que je ressentais, je répondis d'une voix calme :

– Moi aussi, m'dame, je déteste le gaspillage.

Comme j'étais d'accord avec elle, son expression se radoucit un peu.

– Mais je mange avec les gens, ajoutai-je. Je suis un être humain.

Son visage se referma de nouveau et l'hostilité réapparut dans ses yeux. Je sentis peser sur moi un siècle de rage et de peur héritées de son père, de sa mère et de ses grands-parents. Mais je ne bougeai pas et répétai :

– Je suis un être humain.

Elle était si furieuse qu'elle avait du mal à parler. Finalement, elle laissa tomber d'une voix glaciale :

– Inutile que vous reveniez.

– C'est d'accord. Inutile, en effet.

La vie n'était pas toujours facile. Certains Blancs ne changeraient jamais. Pourtant la situation s'améliorait, même si c'était lent. Chacun d'entre nous faisait de son mieux à sa façon.

Il se passa bien des événements à cette époque. Le Dr. King ne fut pas le seul à être assassiné. Quelques années plus tôt, le président Kennedy avait été tué ici même, à Dallas. D'une certaine façon, je pense que c'est ça qui a tout déclenché. Il y a toujours quelque chose qui refait surface à l'évocation de cet attentat. Il paraît que les gens se rappellent où ils étaient quand ils ont appris la mort de Kennedy. Moi, j'étais au lac. Je pêchais. Un homme est arrivé en courant dans le champ et il a crié :

– On a tiré sur le président !

On s'est rassemblés autour d'une voiture dont la radio était allumée.

– *Le président a été abattu alors que son cortège traversait le centre-ville. Le gouverneur du Texas, John B. Connally Jr., a été gravement blessé...*

Personne ne prononça un mot, et puis on entendit :

– *Nous apprenons à l'instant que le président est décédé.*

On resta là à écouter un moment la radio. Puis toutes les voitures s'en allèrent. Je pense que chacun voulait être chez lui, auprès de sa famille. Aujourd'hui, à Dallas, les touristes visitent le lieu de l'assassinat. Il y a un petit parc à cet endroit. Pendant longtemps il n'y a rien eu, là. Mais je pense qu'ils ont compris que personne n'oublierait.

Lyndon Johnson est devenu président. Beaucoup de Noirs considéraient Kennedy comme un vrai ami, et sa mort les a attristés. L'accent blanc du Sud de Johnson a effrayé certains d'entre nous, au début, mais finalement il a été réglo.

CHAPITRE XIX

Menacé d'une procédure d'impeachment quasi certaine par la Chambre des représentants et aussi d'une vraisemblable condamnation par le Sénat, Nixon annonça sa démission le 8 août dans un discours télévisé à la nation. Ce fut le premier président de l'histoire américaine à le faire. Un pardon absolutoire de la part de son successeur, Gerald R. Ford, lui évita l'humiliation supplémentaire d'une éventuelle inculpation criminelle.

Events That Shaped the Century :
Our American Century,
par les rédacteurs de Time-Life Books.

Je lus l'article de Richard. Je me rappelle le Watergate, d'accord, mais contrairement à certains je n'ai pas suivi l'affaire au jour le jour. Je pense que Richard Nixon a peut-être désiré quelque chose trop fort. Il s'est donné à fond pour l'avoir, et en cours de route il a oublié l'essentiel… Il me semble qu'il ne s'est plus souvenu de la raison principale pour laquelle il avait voulu se mettre au service du pays, au début. Il avait trop de pouvoir et il s'y est perdu. Moi, je n'ai jamais eu aucun pouvoir. Et j'ai toujours vu les choses de l'extérieur.

Je feuilletai le dictionnaire des présidents des États-Unis qui était posé sur la table de la cuisine.

Chacun avait droit à une page et à sa photo. Je me souviens de Jimmy Carter. C'était un type correct. À côté d'un cliché de Ronald Reagan, la légende disait qu'il avait permis aux Américains de se sentir bien dans leur peau. Là où je vivais, je n'ai pas vu beaucoup de changements pendant ses mandats, mais je n'ai jamais tellement fait attention à lui...

Celui que nous avons aujourd'hui, le président Clinton, ne figure pas dans ce livre. Beaucoup de gens lui en veulent et il a de nouveau été question d'impeachment. Toute cette histoire ne me regarde pas. Voilà ce que je pense. Vous avez vu ceux qui l'accusent ? Je crois que le mot qui convient ici c'est « hypocrisie ». Ouais, je crois que c'est ça. Les Noirs comprennent ce genre de choses. Qu'un homme fasse son boulot. Pour le reste, il n'a pas besoin de mon approbation. J'ai connu beaucoup de présidents au cours de ma vie, et aussi bien assez de guerres.

J'ai raté la Première Guerre mondiale, quand mon patron m'a fait mettre un X sur un document quelconque, et j'étais trop vieux pour la suivante, qui a créé beaucoup d'emplois dans notre pays. Ils engageaient à tour de bras dans une usine de munitions en Californie, et d'après ce qu'on racontait la paye était bonne. Ma femme n'a pas voulu que j'y aille, pourtant. Je ne pouvais pas lire les journaux, mais on avait la radio et j'essayais de suivre de mon mieux les opérations militaires. Hitler faisait du mal à tout le monde. Je ne sais pas pourquoi il avait tant de méchanceté en lui. Il était certainement fou.

Junior a été incorporé pour partir en Corée, où il est resté trois ans. À son retour il m'a dit :

– Je me battais aux côtés de soldats venus de partout, des Noirs et des Blancs, des hommes de religions différentes. On se soutenait. On était obligés. Notre existence n'était pas facile, mais on était tous traités à la même enseigne. Ce fut une expérience nouvelle, pour moi. Lorsqu'on est rentrés chez nous et que notre train est arrivé dans les États du Sud, il a fallu que je change de wagon et que je monte dans un autre réservé aux Noirs. On pouvait combattre ensemble, mais de retour au pays on n'avait plus le droit de voyager côte à côte !

Je sais qu'il en allait de même pour tous les jeunes Noirs rentrés de Corée, et je me sentais triste pour Junior après tout ce qu'il avait enduré là-bas. Mais ce jour-là je lui répondis seulement :

– C'est la vie, et tu as juste besoin d'un moment de réadaptation.

Inutile de ruminer les choses. C'est vrai, j'ai suivi des tas de guerres, dont celle du Viêt-nam. Comme il est nettement plus jeune que moi Richard m'interrogea un jour là-dessus.

– Je n'y ai pas fait très attention, dis-je. Pas plus d'ailleurs qu'aux grandes manifestations pacifistes. Mais un de mes petits-neveux, Borice Stevens, a été tué là-bas. Je n'ai jamais pensé que cette guerre était nécessaire.

Je crois que tous nos présidents ont voulu marquer le pays de leur empreinte et qu'ils ont essayé de l'aider à leur façon. Cependant, aucun n'a jamais changé ma vie. Ne sachant pas lire, j'ai toujours été en marge de la société. J'entendais ce que disaient les gens, j'écoutais la radio et, plus tard, je me suis mis à regarder la télévision. Mais je n'ai jamais pu me faire une idée personnelle sur tout ça grâce aux journaux.

À la fin des années soixante, je me suis installé dans une maison individuelle. On n'était plus que tous les deux, mon épouse et moi. Mes enfants vivaient leur vie. C'était ma seconde femme, à l'époque. Je l'ai rencontrée à l'église. En fait, mes trois dernières femmes, je les ai connues à l'église.

J'ai été marié quatre fois. Et j'ai été veuf quatre fois. La dernière est morte il y a douze ans. J'ai veillé sur chacune d'elles jusqu'à la fin et je leur ai organisé des funérailles décentes. Voilà pourquoi il ne me reste plus rien de ma pension. J'ai essayé de faire de mon mieux pour elles.

On me demande souvent si je vais me remarier. Je pourrais. Oui, je pourrais... Il y a beaucoup de femmes qui aimeraient m'épouser. Parce que j'ai bien traité les précédentes et que je suis honnête.

J'ai toujours été fidèle. Pour moi, c'est comme la pêche. Certains gars n'arrêtent pas de remonter leur ligne, de changer leurs appâts et d'essayer encore et encore. Moi, je la lance et ensuite je m'y tiens. J'attends et je suis patient. Ça ne sert à rien de tout bouleverser en permanence. Je tente simplement ma chance, et advienne que pourra. On n'a aucun moyen de savoir si un changement va améliorer les choses ou non. C'est vrai pour la pêche et aussi pour les femmes.

Un jour, j'ai décidé de construire une maison. J'avais le terrain et tout ce qu'il fallait. C'était un très joli morceau de terre. Ça allait être super. Pour la première fois de ma vie j'allais vivre dans une maison neuve !

Et puis une de mes filles a eu un cancer. Elle n'avait pas assez d'argent pour le traitement. Son assurance médicale ne voulait pas tout payer. Elle s'est bagarrée avec eux, mais elle n'est arrivée à rien et elle n'avait plus beaucoup de temps devant elle. Alors j'ai revendu le terrain et je lui ai donné l'argent. Je pensais que les soins pourraient l'aider, je ne sais pas. Mais elle ne s'en est pas tirée, c'était trop tard. Le plus terrible, ce fut de voir mon petit bébé mourir... Ça s'est passé il y a longtemps, mais ça me fait toujours mal. Elle vivait en Californie. Je suis allé la voir. C'était la première fois que je prenais l'avion.

Les gens me demandent ce que j'ai bien pu faire pour être encore là à cent deux ans. Rien. Je me suis contenté de me lever chaque matin. On a tous un certain temps à vivre, et quand mon tour viendra je ne protesterai pas. À la mort de ma fille, ma foi m'a aidé à tenir le coup. J'appartiens à la même Église depuis 1928.

Voilà donc pourquoi je suis toujours dans cette maison. Elle ne m'a jamais posé de problème, cela dit. Un jour, il faudra peut-être que je change le toit. Quand il pleut vraiment fort, je suis obligé de mettre des seaux dans le salon. J'ai une pièce où l'électricité est en panne, et le linoléum de la cuisine est très usé. Mais ça va, je n'ai pas tellement besoin d'autre chose.

Mon père est mort à quatre-vingt-dix-neuf ans. Ma mère est restée à Kaufman. Ce n'est pas très loin d'ici. Un jour, à peu près un an après le décès de papa, je lui ai rendu visite avec ma femme, juste comme ça, sans raison particulière. Une de mes sœurs était là, et mon frère est arrivé, et puis mes deux autres sœurs. Je leur ai demandé pourquoi ils étaient tous là en même temps, mais personne n'en avait parlé ni ne s'était concerté. C'était comme ça, voilà tout.

Ma mère était très bien, et puis soudain ma femme lui a dit :

– Maman, lâchez ce balai et reposez-vous un peu. Vous avez l'air fatiguée.

Ma mère s'est assise. On s'est approchés. Elle nous a murmuré :

– Ça ira…

Et elle est morte. D'un coup, comme ça. Je ne sais pas de quoi. De vieillesse, sans doute. On ne s'en doutait pas en venant, mais c'était certainement pour ça qu'on s'était tous retrouvés autour d'elle ce jour-là sans se consulter.

À part mon deuxième fils, Darrell, qui est à Chicago, tous mes autres enfants vivent ici à Dallas. Et donc, même lorsque ma dernière femme est morte, je n'ai jamais été seul. Je travaillais encore dans les jardins des autres. J'ai fait ça pendant plus de vingt ans et je n'ai arrêté qu'à l'âge de quatre-vingt-dix ans. J'ai été obligé de travailler jusque-là, mais j'ai toujours aimé ça.

Un jour, je jardinais pour une femme qui préparait une brocante chez elle le lendemain. À un moment, elle voulut que je pose ma pioche et que je vienne aider son fils à déplacer certains objets dans son garage. Quand ils m'employaient, les gens me demandaient souvent de faire des tas de choses différentes, et ça ne me dérangeait pas. On déménagea donc un gros bureau et, derrière, on trouva un métier à tisser. Son bois était plus beau que celui de ma grand-mère. On le mit contre le mur.

– Ce vieux truc que nous a laissé mémé, je me demande ce que c'est, dit-il.

J'étais content de voir un tel outil après toutes ces années, et je répondis :

– C'est un métier à tisser, pour les vêtements. (Je lui montrai où on attachait les fils, et j'ajoutai :) Il ne manque qu'une navette, mais à part ça on pourrait s'en servir immédiatement.

Ce garçon me regarda d'un air incrédule. Je n'insistai pas parce que je n'avais même pas d'existence réelle à ses yeux. Il avait devant lui un vieux Noir, un jardinier, et il ne croyait pas que je pouvais connaître quoi que ce soit – et encore moins quelque chose dont lui ne savait rien ! Je me tus donc, et il n'apprit plus rien de ma part sur cet héritage de sa grand-mère. Il n'était pas prêt. Ça m'a un peu ennuyé, mais pas très longtemps. Je me fichais de ce qu'on pouvait penser de moi. Il ne me connaissait pas. J'ai donc continué mon travail sans plus m'occuper de lui.

J'avais mon propre camion, et j'avais engagé deux hommes pour m'assister, car j'avais assez de clients pour nous permettre de vivre tous les trois. Ils étaient beaucoup plus jeunes que moi et j'étais ravi de pouvoir les aider. Hélas ! une nuit, ils s'introduisirent dans mon appentis. Ils savaient où se trouvaient mes affaires et ils me volèrent des tas d'outils, y compris ma tronçonneuse et mon fusil de chasse.

De toute façon j'avais décidé de m'arrêter de travailler. Mais après je ne suis pas resté assis à ne rien faire... Je partais presque tous les jours pêcher des poissons-chats au lac Ray Hubbard ou ailleurs. Le lac Ray Hubbard était assez loin de chez moi, mais j'avais une voiture. J'avais été fidèle aux Chevy toute ma vie et j'en avais possédé quelques-unes. Je choisissais toujours des véhicules d'occasion que je réparais moi-même.

Il y a trois ans, quelqu'un a embouti mon auto garée dans la rue. L'assurance m'a versé un peu d'argent, mais j'ai eu des factures à payer avant de pouvoir en acheter une autre. J'étais censé renouveler mon permis pour mes cent ans. Et puis tout le monde s'est tellement excité sur ma fête d'anniversaire que j'ai oublié qu'il allait expirer. Je n'ai plus pris le volant depuis ce jour-là. Et maintenant j'ignore si je pourrais obtenir un nouveau permis. Une voiture, ça ne me manque pas, mais pourtant, de temps en temps...

Un jour qu'on était assis sur la véranda tous les deux, je demandai à Richard :

– Vous avez quoi comme voiture, chez vous ?
– Une Ford.
– Elle est neuve ?
– Non, elle a treize ans.
– C'est assez neuf, dis-je. Vous avez une radio ?
– Oui.

– C'est bien. Vous voyez cette camionnette que vous avez stationnée dans mon allée, je sais ce que je ferais si elle était à moi... J'y embarquerais mon matériel de pêche. On est à quatre heures de Galverson. En partant maintenant, on y serait avant midi.

– Et alors ?

– Alors, on pourrait aller sur le quai et installer nos lignes. Je mettrais un plomb assez lourd. Vous voyez cette maison, de l'autre côté de la rue ? Je suis capable de lancer à cette distance, dans les soixante mètres. Je louerais une chaise à un dollar, ou peut-être que j'apporterais la mienne. L'eau est profonde là-bas, et il y a de gros poissons.

Maintenant, quand je veux pêcher, il faut que je m'organise et que j'aie quelqu'un pour me conduire. Richard m'a déjà emmené deux fois. Mais depuis que j'ai commencé l'école, je fréquente surtout un lac pas très loin d'ici. Il y en a beaucoup dans les environs. J'ai aussi un grand jardin où je cultive mes légumes. Entre les légumes et les poissons, je mange plutôt bien. La plupart du temps, j'ai des prises. Des fois, j'attrape des suceurs* qui sont de la taille d'un poisson-chat, avec une tête aussi grosse et aussi affreuse. Ils ne sont pas beaux, ça non ! mais leur chair est très savoureuse.

Un soir, je montrai à Richard comment cuisiner ce poisson qu'il ne connaissait pas.

– Mettez-le dans une poêle avec...

Richard finit ma phrase à ma place :

– ... un peu de lard.

– Comment savez-vous ça, demandai-je, puisque vous n'avez jamais mangé de suceur ?

– Je vous ai simplement regardé faire. Vous mettez du lard dans tout ce que vous cuisinez.

* Surnom du catostome, poisson américain voisin de la carpe. *(N.d.T.)*

– C'est bien, dis-je. Vous êtes attentif.

Je consomme beaucoup de poissons-chats, mais j'en donne aussi un certain nombre. Quand je pêche, je les pose à côté de moi. L'après-midi, des femmes qui n'attrapent rien m'en achètent quelques-uns. Les hommes ne le font jamais. Question d'amour-propre, je suppose. S'ils sont bredouilles, ils préfèrent s'offrir des hamburgers.

Je peux pêcher des journées entières. Je ne me contente pas d'attendre que ça morde, oh non ! J'observe l'eau. Beaucoup de gens la regardent, mais ils n'y voient pas grand-chose. Pas moi. Car elle n'est jamais identique. Moi, j'y lis l'œuvre de Dieu. Parfois l'eau est parfaitement calme, parfois il y a des bulles, et parfois le vent dessine de petites rides à sa surface. C'est ça, l'œuvre de Dieu : Il permet au vent de l'agiter ou Il veille à ce qu'elle soit calme. Il peut faire tout ça. Et sur tous les lacs qu'Il veut. Si on fait attention, on est tous capables de comprendre ces choses-là au sujet de Dieu. Mais il y a une centaine d'Églises différentes qui voient Dieu à leur façon.

Un dimanche, j'ai emmené Richard dans mon église, qui dépend de la Holiness Church of God, pas pour le convaincre ou quoi, mais pour qu'il voie un peu comment ça se passe chez nous. Bien sûr, les gens ont tout de suite deviné qui il était, vu que c'était le seul Blanc de l'assistance, mais quand le révérend Williams a présenté notre visiteur comme « frère Richard, l'homme qui écrit un livre sur la vie de Mr. Dawson », je me suis senti fier, et pour lui, et pour moi.

Ce fut un bon service. Notre pasteur est capable de prêcher longtemps. On est restés là cinq heures. Richard, qui était notre hôte, a même prononcé quelques mots. Ma petite-fille et mon arrière-petite-fille ont chanté une chanson spécialement pour moi. Tout ça était vraiment très beau !

CHAPITRE XX

> Le vieil homme qui ne savait pas lire vit seul dans une petite maison carrée, dans une zone que certains appellent le ghetto. [...] En 1996, un adolescent est venu frapper à sa porte et lui a expliqué qu'il cherchait des gens pour les cours d'éducation pour adultes, dans l'ancien lycée du quartier.
>
> « Ça fait dix ans que je suis seul, lui répondit le vieillard. Je suis fatigué d'aller à la pêche. Le moment est venu d'apprendre à lire. »
>
> *Seattle Times*, 1er février 1998.

J'ai toujours rêvé d'apprendre à lire. Personne n'a jamais deviné que je ne savais pas, et j'ai su garder mon secret. J'aurais été tout à fait capable de lire et mon cerveau fonctionne aussi bien que celui de n'importe qui. Mais c'est ainsi. Toute ma vie, j'ai trop travaillé pour avoir le temps d'aller à l'école.

Mon esprit carburait dur. Lorsque je voyageais, je ne pouvais pas lire les panneaux. Il fallait que je demande ma route aux gens et que je me souvienne de ce qu'ils m'expliquaient. Je ne pouvais pas me permettre d'oublier quoi que ce soit. Ma cervelle n'était jamais au repos.

Ma femme se chargeait du courrier et payait nos

factures. J'ai veillé aussi à ce que tous nos enfants sachent lire. Quand ils rentraient de l'école, ils trouvaient du lait et des biscuits sur la table de la cuisine. Ils me racontaient ce qu'avaient fait leurs camarades et ce que le maître leur avait dit. Chaque jour, je tenais à savoir ce qu'ils avaient appris. Je les écoutais attentivement et je leur demandais s'ils avaient bien travaillé. La réponse était toujours oui, car ils savaient que c'était ce que j'attendais d'eux : qu'ils bossent dur. Je leur répétais :

– L'école c'est essentiel, et il y a beaucoup à apprendre.

À chacun je murmurais :

– Je suis fier de toi.

Et je les aidais à faire leurs devoirs.

– Comment était-ce possible, puisque vous ne saviez pas lire ? s'étonna Richard.

À cet instant la moustiquaire s'ouvrit sur Junior. Sa chemise était trempée.

– Explique à Richard comment je t'aidais pour tes devoirs, lui dis-je. Il ne veut pas me croire.

Junior éclata de rire et répondit :

– Tous les soirs, papa nous faisait asseoir à la table de la cuisine. On devait lui montrer notre travail quand on avait fini. On n'a jamais deviné qu'il ne savait pas lire. Papa disait : « Lis-moi ce que tu as fait. Ça rentrera mieux de cette façon », et il avait sans doute raison. Je suis sorti quatrième du lycée. Ni papa ni notre mère n'acceptaient la moindre excuse pour ne pas étudier. C'était aussi simple que ça.

– À quel moment avez-vous découvert l'illettrisme de votre père ?

– J'étais au lycée quand il me l'a dit.

– Comment avez-vous réagi ?

– C'était notre père et ça ne changeait rien. Mais on a gardé le secret.

– Pourquoi ?

– Eh bien, il y a des gens qui ne comprennent pas ces trucs-là et on a voulu le protéger, tout simplement.

– C'est donc devenu plus ou moins un secret de famille ?

– Oui, c'est une bonne formule.

– À l'époque, vous pensiez qu'il apprendrait à lire, un jour ?

– Je savais qu'il en avait très envie. En ce temps-là il y avait plus d'illettrés chez les gens de son âge qu'aujourd'hui. De toute façon, personne n'abordait le sujet.

J'écoutais Richard et Junior, et je me disais que beaucoup de gens ne comprennent toujours pas. Ils pensent que j'ai passé ma vie à attendre de pouvoir enfin apprendre à lire. Mais ça n'est pas ça du tout. Je n'ai jamais accordé la moindre attention aux choses sur lesquelles je n'avais aucun pouvoir. Je n'y pouvais rien. Point final.

On me demande aussi pourquoi je ne me suis pas inscrit plus tôt à l'école. Une fois à la retraite, j'aurais eu le temps. J'étais fier que mes enfants aient fait des études. Fier de les avoir élevés correctement. Mais je pensais que l'école était destinée aux gosses. Et je me disais que quand j'étais jeune j'avais raté mon tour. Je ne connaissais pas l'existence de l'éducation pour adultes, et je n'avais jamais eu assez d'argent non plus pour m'offrir un professeur particulier. Ceux qui m'ont rendu visite chez moi ont vu le plafond affaissé, la fenêtre fendue, le plâtre abîmé sur les murs, et ils le savent bien. Donc je n'avais aucun espoir.

Et puis un jour, comme tombé du ciel, un jeune homme a frappé à ma porte. Il m'a tendu un papier. Ce fut une chance que je sois chez moi, car dans le cas contraire je l'aurais jeté comme le reste des prospectus que j'étais incapable de lire. Il m'a parlé des cours pour adultes. On pouvait apprendre à lire. Dans l'école même qu'avaient fréquentée mes enfants, à six pâtés de maisons de chez moi. Je pouvais m'y rendre à pied. Selon Junior, ce gars-là avait dû penser que certains de mes petits-enfants habitaient avec moi. Mais non, je vis tout seul aujourd'hui. Je lui serrai la main en lui disant :

– Je viendrai !

Mon tour était enfin arrivé et le 4 janvier 1996 fut mon premier jour de classe. J'avais quatre-vingt-dix-huit ans, et depuis j'y suis allé tous les jours. Je n'ai raté les cours que pour trois enterrements. On commence à neuf heures. Mais je ne peux pas attendre. Je me lève à cinq heures trente pour préparer mes sandwiches, ranger mes livres et jeter un dernier coup d'œil à mes devoirs. J'ai toujours été en avance à l'école.

– L'apprentissage de la lecture est problématique à n'importe quel âge, dit Richard. Tout le monde ne réussit pas. Mr. Dawson, vous n'avez pas eu un peu peur d'échouer ? Vous n'avez jamais douté ?

– Fils, j'ai toujours estimé que j'étais capable de planter un clou aussi bien que n'importe quel homme et de cuisiner comme n'importe quelle femme. Alors je me suis dit que si les autres pouvaient apprendre à lire, eh bien moi aussi !

– Ça a été difficile ?

– Oh oui ! Mais j'ai travaillé dur toute ma vie. Je suis habitué et ça ne m'effraie pas. Mr. Henry, mon professeur, est un type formidable et un bon pédagogue. Demain, vous m'accompagnerez si vous voulez.

Le jour suivant, Richard est donc venu avec moi et je lui ai montré ma classe. Comme il enseigne lui-même dans une école élémentaire, je pense que ça a dû lui faire une drôle d'impression. Nous sommes dans un lycée mais tous les élèves sont adultes. Ils ont une vingtaine d'années et ils essaient de reprendre leurs études.

Pendant le repas, Richard demanda à Mr. Henry :

– Si j'ai bien compris, ils ont abandonné leurs études secondaires et veulent s'y remettre ?

– Oui, un grand nombre d'entre eux avaient laissé tomber l'école et ils reviennent pour obtenir leur diplôme de fin d'études.

– Et les autres ?

– Oh ! ils l'avaient déjà, mais ils ne savaient pas lire, répondit Mr. Henry.

– Comment est-ce possible ?

– Promotion sociale*. Même s'ils ne maîtrisent pas la lecture, ils continuent à passer dans les classes supérieures et, dans certains cas, ils parviennent à décrocher leur diplôme. Aujourd'hui, ils reviennent de leur propre chef pour essayer de combler ce handicap. Je travaille depuis trente-trois ans dans le système éducatif de Dallas, poursuivit Mr. Henry, j'ai enseigné quinze ans la musique, puis j'ai été nommé responsable du programme musical dans les écoles publiques de la ville. Une fois à la retraite j'ai eu envie de m'impliquer dans l'éducation pour adultes et j'ai accepté de remplacer un jeune homme à qui il ne manquait plus qu'un seul examen pour obtenir un poste. Il l'a passé et moi je suis toujours là. Ça fait plus de trois ans.

– C'est du temporaire qui dure ? demanda Richard.

Mr. Henry éclata de rire.

– Comme vous dites ! Mais depuis que Mr. Dawson est avec nous je ne me sens plus tellement vieux ! La

* Il s'agit là d'un principe du système éducatif américain : les élèves passent automatiquement dans la classe supérieure. Le président Clinton a lancé une campagne pour mettre un terme à cette « promotion sociale ». *(N.d.T.)*

retraite, c'était bon quelques mois, mais ça ne me plaisait pas.

La classe a repris et j'ai laissé Richard visiter les lieux tout seul.

Je viens ici depuis des années mais je me souviens toujours très exactement de ma première journée. Je fus accueilli par Mr. Henry et on se mit à discuter. Il me demanda si je connaissais l'alphabet.

– Non, fils, répondis-je.

Mr. Henry pensa que ce serait bien de le séparer en tranches et de me montrer six lettres à la fois. Mais je dis :

– Non, fils ! Je veux voir toutes les lettres. Je veux pouvoir les assembler.

– On a donc fait comme il souhaitait, reprit Mr. Henry. Quarante-huit heures plus tard, Mr. Dawson était prêt. Il avait réussi à connaître son alphabet en un jour et demi ! Alors, on s'est attaqués à l'étude des phonèmes – vous savez, quand on coupe les mots en petits morceaux pour apprendre à les prononcer. Mais Mr. Dawson a protesté : « J'ai attendu trop longtemps, fils. Montrez-moi plutôt des mots qui ont un sens. » L'apprentissage de la lecture est généralement fondé sur la répétition, mais quand j'indique un mot à Mr. Dawson il est capable de l'épeler aussitôt. Cependant ça n'est pas tellement la vitesse à laquelle il progresse qui compte. En fait, la simple présence de Mr. Dawson parmi nous a modifié la vie de notre classe et l'ensemble de notre programme.

À cet instant, P. J., un de mes camarades d'école, entra dans la salle.

– Venez un peu par ici, P. J., dit Mr. Henry. Je vous présente Mr. Glaubman. Expliquez-lui comment le cours a changé depuis que Mr. Dawson est parmi nous.

– Bon, on est plus nombreux, ça c'est certain.

– Mr. Dawson est une sorte d'aimant, pour notre programme, reprit Mr. Henry. Ils le voient et ils se disent : « Je n'ai plus d'excuses. Si ce gars-là est capable de faire ça à quatre-vingt-dix-huit ans, alors moi aussi. » Du coup, nos effectifs ont doublé depuis qu'il est là.

Dès que j'ai commencé à apprendre à lire, les gens se sont mis à parler de moi, et je m'y suis habitué. Ça ne me dérange pas. Je les regarde et j'écoute. Le cours allait commencer et les élèves arrivaient. Quelqu'un ajouta :

– Les mamans disent à leurs gosses : « Chéri, si Mr. Dawson peut le faire, alors toi aussi tu le peux. Mets-toi au travail. »

– Il a donné des idées à des tas de gens, poursuivit Mr. Henry. Mais ce n'est pas tout. Son sérieux et son enthousiasme soutiennent les autres. Beaucoup n'ont jamais réussi à l'école parce qu'il leur manquait justement cela, l'enthousiasme. Et puis ils le voient arriver pour étudier et ça leur parle. Ils viennent plus tôt le matin pour pouvoir s'asseoir à côté de lui, alors qu'auparavant ils étaient souvent en retard. Donc, lui aussi il nous enseigne des choses. L'autre jour, par exemple, on parlait des présidents des États-Unis. Mr. Dawson a évoqué celui qui avait été assassiné à Buffalo. Mais ici, à Dallas, un attentat contre un président nous fait obligatoirement penser à John F. Kennedy. Ça fait partie de notre histoire.

– Quand Mr. Dawson a commencé à nous expliquer qu'après ce meurtre Roosevelt s'était installé à la Maison-Blanche, on a vraiment été paumés, intervint Teresa, une autre élève. On a été obligés d'aller à la bibliothèque.

– Ouais, et ça aussi, c'est nouveau, dit P. J., cette envie qui nous prend de faire des recherches par nous-mêmes...

– Robin, dit Mr. Henry, expliquez donc à Mr. Glaubman ce que vous avez trouvé.

– Le président McKinley a été assassiné par un anarchiste à Buffalo, État de New York, en 1901. C'est Theodore Roosevelt qui lui a succédé.

– Nous on pensait à Franklin Roosevelt, celui de la Seconde Guerre mondiale, reprit Mr. Henry. Mais non, il s'agissait de Theodore Roosevelt et de la guerre avec l'Espagne.

– Cette guerre a éclaté en 1898, dit Richard. Comment pouvez-vous vous en souvenir, George ? C'est l'année de votre naissance.

– Je me rappelle mon père nous disant que les gens portaient le deuil du président, répondis-je.

– Quand Mr. Dawson est avec nous, on plonge vraiment dans l'histoire, murmura P. J. Ça devient réel.

Je suis à l'école pour apprendre, mais c'est encore mieux si je peux aider les autres. Ça me fait me sentir bien. Si j'aime l'école ? Chaque matin, je me lève et je me demande ce que je vais découvrir aujourd'hui. Et c'est toujours une surprise ! Et puis je suis si reconnaissant à tous ces gens qui me permettent d'être ici…

Je suis meilleur en lecture silencieuse. Mr. Henry m'a demandé de lire à haute voix le jour où Richard est venu, mais je bute encore sur beaucoup de mots. Richard était assis à côté de moi. Comme lui aussi est prof, je lui ai dit après l'exercice :

– Je progresse. Mais à haute voix ça n'est pas encore ça.

Richard a haussé les épaules.

– C'est comme quand on apprend à faire du vélo ! Au début on a du mal à conserver son équilibre, et puis un jour ça devient évident... Vous vous en souvenez ?

– Non. Mais je me rappelle la première fois où je suis monté sur un mulet.

On parle la même langue tous les deux, mais il arrive qu'on doive s'y reprendre à deux fois pour se comprendre. Ce n'est facile ni pour lui ni pour moi, mais on fait des efforts.

Je l'ai emmené à la cafétéria où on déjeune chaque jour. J'ai pris mon sandwich au bœuf. Lui, il en avait un à la dinde dans un sac en papier. J'ai toujours faim à l'école, si bien que j'apporte aussi un dessert. De la tarte, en général, et quand je n'en ai pas envie, je peux toujours l'échanger avec quelqu'un contre des biscuits ou de la génoise. Je fais ça quelquefois. Ce jour-là, Richard n'avait pas de dessert.

– Vous voyez, dis-je, sans un dessert vous n'avez aucune monnaie d'échange.

– La prochaine fois, j'y penserai, répondit-il.

Junior est passé au moment du repas, et Richard et lui sont rentrés chez moi tandis que je reprenais la classe pour l'après-midi. Je les ai retrouvés dans la soirée à la maison. Quand Richard me rend visite, il loue une jolie petite voiture ou une camionnette et on va faire un tour en ville ensemble. C'est P. J. qui me ramène de l'école. Il a une grosse vieille auto. Mais pour moi, aujourd'hui, elles se ressemblent toutes. J'ai du mal à faire la différence entre une Chevy et une Ford, et puis il y a tant d'autres marques...

Junior et Richard étaient donc là, assis à la table de la cuisine. En général, mon fils passe me voir après mon retour de l'école.

– Je viens presque tous les jours, expliquait Junior à Richard. Maintenant je fais un saut quand il rentre de l'école. C'est sympa. Il semble qu'on a plus de choses à partager.

– Je lui raconte ma journée et ce que le prof nous a appris, dis-je.

– Et même ce qu'il a mangé à midi ! ajouta Junior. Et je lui demande : « Papa, tu as travaillé dur aujourd'hui ? »

– Ma réponse est toujours oui.

– Alors je dis à mon père : « L'école c'est très important. Il y a tant à apprendre ! Je suis fier de toi. »

CHAPITRE XXI

Le vieil homme qui a appris à lire à touché le cœur de tous ceux qui ont entendu son histoire. Quand l'Associated Press a repris notre article du 15 janvier sur George Dawson, qui est retourné à l'école à quatre-vingt-dix-huit ans, des centaines de lecteurs enthousiastes lui ont envoyé des lettres et des cartes postales.

En fait, la vie de Dawson est un vrai roman. Dès son jeune âge, George, petit-fils d'esclaves, a été obligé de travailler au lieu d'aller à l'école. Quand il en a eu assez de sa retraite et de ses sempiternelles journées de pêche, il a appris à lire et à écrire. Pour son centième anniversaire, le 17 janvier, il savait lire comme un élève de fin de primaire.

Les cartes et les lettres ont continué d'affluer. La dernière en date vient d'enfants de Californie qui ont décidé d'offrir aux écoles de Dallas cent cinquante-sept dollars et dix *cents* en l'honneur de George. « C'est vraiment gentil », a déclaré Mr. Dawson. Devant une classe, il a dit aussi : « J'essaie d'avoir ce dont vous ne voulez pas, la chance d'aller à l'école. »

George Dawson suit ses cours du lundi au vendredi. Il n'est jamais absent.

Forth Worth Star-Telegram, 11 mai 1998.

J'avais mis de côté un gros paquet d'articles pour que Richard y jette un œil. Tandis qu'il les feuilletait, je lui dis :

– Vous n'êtes pas le seul à me poser des questions. Maintenant que je suis centenaire, les gens font attention à moi. Mais ça ne me dérange pas.

J'ai même des photos de Mr. Henry et moi lorsque la NASA nous a invités à une célébration en l'honneur des pionniers. Il y a des sénateurs et des politiciens avec nous sur ces clichés. Personne ne m'avait jamais accordé la moindre attention avant, et voilà qu'aujourd'hui tout le monde veut me rencontrer ! Ils nous ont fait visiter le site de lancement. On a vu d'énormes fusées. Ils nous ont assuré qu'un jour les gens pourraient vivre là-haut. Moi, je ne crois pas que ça marchera. Dieu ne nous a pas donné des ailes. On peut voyager en avion, d'accord, mais s'installer dans l'espace, c'est une autre histoire !

Ils m'ont même offert une photo de Mars. Le sol n'a pas l'air très fertile. Trop de pierres pour y cultiver du maïs ! Ils ont l'intention d'emporter leur nourriture avec eux. Mais même comme ça, je ne le sens pas. On sortira sur la véranda et on n'aura rien à faire. Il n'y aura personne avec qui discuter. Bien sûr, je n'ai pas évoqué mes doutes avec les gars de la NASA. Ils avaient l'air d'aimer leur travail. Je n'avais aucune envie de leur casser la baraque. Si leur boulot ne fait de mal à personne, il n'y a pas de raison de s'en mêler. Pourtant, s'ils espèrent aller vivre là-haut, je pense qu'ils vont être sacrément déçus. Mais ils s'en rendront compte tout seuls bien assez tôt.

On a passé un bon moment à la NASA et on a dû faire vingt bons kilomètres à pied pour voir tout ce qu'ils avaient à nous montrer. C'était impressionnant, d'accord. Je pense qu'on est passés aux infos. Mais ce n'est pas la première fois qu'on me voit à la télévision. Au printemps dernier, j'ai même eu la visite de Dan Rather* à la maison. Depuis que je suis centenaire et que je fais les gros titres, je suis très occupé. Souvent, après mes cours, je pars en déplacement. La plupart du temps, je me rends dans d'autres écoles et je parle aux gamins. Je leur dis ce qu'ils veulent savoir et je réponds à leurs questions. En général, j'y vais avec un des élèves de ma classe, ou alors c'est Junior qui m'accompagne.

– Les gosses adorent, dit Junior. La semaine dernière on était dans un cours moyen.

– Ils me demandent comment était la vie dans ma jeunesse.

– Ils ne savent pas à quel point elle était dure ! ajouta Junior.

– Ni comme elle était belle ! m'exclamai-je. La vie n'est pas toute bonne ou toute mauvaise. C'est un mélange de tas de choses.

– L'autre jour, on s'est rendus dans un centre de rééducation pour jeunes drogués, reprit Junior. Un conseiller d'éducation avait vu papa à la télé et l'avait appelé, pensant qu'il pourrait aider ces gamins. De fait, ils avaient l'air suspendus à ses lèvres. Ils étaient une centaine, mais ils l'ont écouté dans le plus grand silence puis ils lui ont posé des questions.

L'un d'eux m'a demandé si je m'étais déjà défoncé ! Un autre a voulu savoir où je cachais ma drogue. Je leur ai répondu que la vie était magnifique sans ça. Qu'il ne fallait pas la gaspiller. Pas une seule minute. Ils étaient durs, mais ce n'étaient que des enfants. Je voyais bien qu'ils souffraient. À tous il manquait quelque chose à l'intérieur. Ils avaient tellement envie que je leur apporte des réponses ! Le conseiller m'a dit ensuite qu'il ne les avait jamais vus écouter quelqu'un avec autant d'attention.

* Journaliste vedette de CBS. *(N.d.T.)*

Les gens appellent en si grand nombre que Junior pense que je devrais limiter mes déplacements. Mais tant de personnes ont besoin d'aide ! J'ai néanmoins commencé à ralentir la cadence après mon centième anniversaire. Et puis j'ai eu cent un ans. Pour mes cent ans j'avais eu droit à une belle fête. À cent un j'en ai eu deux. Une à l'école avec un gros gâteau et quelques cartes vraiment très gentilles. Je les apprécie d'autant plus que désormais je suis capable de les lire. Toute ma famille était là et les responsables des écoles de Dallas ont fait des discours.

Pour l'autre fête, on a dû louer une salle le weekend au centre de loisirs. Deux cents personnes environ sont venues. Les employés de la laiterie où j'ai longtemps travaillé m'avaient vu aux informations. Ils ont organisé une collecte et m'ont offert une grosse télévision. C'était super. On a tous passé du bon temps ensemble ! Chacun avait apporté quelque chose à manger et on n'est pas morts de faim ! On a chanté et dansé. Les gens étaient heureux. Pour certains, je les connaissais à peine, pour d'autres c'était carrément la première fois que je les voyais. Ils voulaient juste être avec moi.

Junior voudrait que je m'arrête un peu. Pas moi. Quand je suis fatigué je fais une petite sieste, mais tout ça ne me dérange pas, au contraire. Toutes ces personnes essaient juste d'être gentilles avec moi. J'apprécie beaucoup et du coup elles se sentent bien. Je ne voudrais pas les priver de ce plaisir. Les gens sont si adorables avec moi. Et ça n'arrête plus !

Prenez le mois dernier, par exemple. On est allés à un match de base-ball. J'ai beaucoup pratiqué ce sport dans ma jeunesse. Je ne prétends pas avoir été extraordinaire, mais comme la plupart des gosses blancs j'aurais rêvé de jouer un jour dans une *major league*... J'ai toujours aimé ce jeu. Je regarde notre équipe, les Rangers, chaque fois qu'il y a un match à la télé. Autrefois, j'étais receveur et mon surnom c'était Pudge*. Aujourd'hui le receveur des Rangers, Ivan Rodriguez, porte le même, alors je le soutiens tout particulièrement. Mais je les applaudis tous autant qu'ils sont.

J'avais raconté tout ça à Richard. Imaginez-vous qu'il a écrit sans me le dire aux Texas Rangers. Et un jour j'ai reçu un coup de téléphone d'un certain Norm Lyons. Il travaillait pour les Rangers et il avait des billets à m'offrir pour un match contre les New York Yankees ! J'admets que les Rangers n'ont jamais été très bons contre New York, mais j'avais quand même très envie de voir ça.

J'emmenai avec moi Mr. Henry, Junior et Richard. Pour cette visite, Richard avait loué un minibus et on monta avec lui. Le seul problème, c'est qu'il n'est pas habitué à nos autoroutes ni à notre trafic. Alors on partit tôt pour éviter le gros de la circulation. Du coup, on arriva carrément avant l'entraînement, mais cela ne me gênait pas.

Notre stade est assez récent et les habitants de Dallas en sont fiers. On nous traita comme des rois. On eut droit à un voiturier – un gars qui vient chercher ton auto et qui la gare pour toi ! Il fallut marcher un moment pour trouver le bureau de Mr. Lyons, qui était complètement à l'opposé de l'entrée. Il nous attendait et nous offrit des casquettes de Rangers. Elles sont rouges avec un grand T. Il m'avait promis au téléphone que j'aurais de bonnes places derrière la *home plate*, la plaque de but. Je pensais qu'il allait simplement nous donner nos billets et qu'on filerait s'installer.

– Suivez-moi, nous annonça-t-il, je vous ai réservé une suite de luxe.

* Grassouillet. *(N.d.T)*

Pour cela on dut retourner de l'autre côté du stade. Vous pouvez me croire, c'est un endroit immense et j'avoue que j'ai eu un petit coup de barre. Mais rien de grave : dans ce cas-là, je m'assois et je me repose un moment. Mr. Lyons essaya de m'aider comme le font souvent les gens.

– On a des chaises roulantes, me dit-il. Je vais vous en chercher une. (Et il ajouta en me montrant le terrain du doigt :) C'est carrément en face, là-bas. Il faut faire tout le tour. Je peux vous en ramener une.

– J'ai besoin de m'arrêter une minute, annonça Richard. La journée a été longue.

On s'assit. Mr. Lyons reprit :

– Je peux téléphoner tout de suite et…

Je l'interrompis d'un geste de la main :

– Ne vous dérangez pas. Je fais juste une pause. Mais si vous voulez vraiment demander une chaise roulante, c'est parfait. Vous pouvez la garder pour vous. Moi, je n'en ai pas l'utilité.

Les gens sont comme ça. Impossible de leur en vouloir de chercher à vous aider. Mais dans ce cas ils n'ont qu'à réserver leur bonne volonté à ceux qui en ont vraiment besoin. Moi, ça va. Ce n'est pas de ma faute si j'ai cent deux ans.

On regarda les employés ôter la bâche qui protégeait le terrain. Au bout d'un moment, on se remit en route et on arriva à destination avant le début de l'entraînement. Ce n'étaient pas seulement des places assises que nous offrait Mr. Lyons. On avait l'impression d'être dans le salon de quelqu'un, et un joli salon par-dessus le marché ! Oh oui, et il y avait aussi une salle de bains et une cuisine. Vraiment magnifique ! De l'autre côté des grandes baies vitrées s'étendait une petite terrasse avec de bons fauteuils – une sorte de véranda confortable. Si on préférait profiter de l'air conditionné, on pouvait aussi suivre le match depuis le salon. En cette soirée de printemps la température était parfaite, dans les vingt-sept degrés. On s'installa donc dehors. Mr. Lyons nous indiqua la suite d'un geste et ajouta :

– Le dîner sera servi dans une heure environ.

On le remercia chaleureusement :

– On risque de s'habituer à ce luxe, dis-je.

Mr. Lyons répondit en riant :

– Ce n'est pas une bonne idée. Hélas ! je ne pourrai pas vous offrir une suite d'entreprise chaque fois que vous viendrez nous voir. Mais profitez-en ce soir. Maintenant, je dois y aller, messieurs.

– Oh ! on en profitera, lui promis-je. Vous revenez tout à l'heure, Mr. Lyons ?

– Eh bien j'essaierai de repasser pendant le match.

Junior considéra les chauffe-plats sur le comptoir et dit à Mr. Lyons :

– J'ai l'impression qu'il va y avoir des tas de choses à manger. Pourquoi ne pas partager ce repas avec nous ?

La proposition eut l'air de le surprendre, mais il murmura :

– D'accord, je vais essayer…

On prit des sodas dans le frigo et on sortit sur la terrasse. On était tous du Texas, sauf Richard, mais c'était le seul d'entre nous à être déjà venu dans ce stade. Il nous montra les gradins du doigt.

– Vous voyez, c'est là que j'étais assis la dernière fois.

– Quand ça ? demandai-je.

– Lors de ma première visite chez vous. Le seul avion pour Dallas que j'avais trouvé arrivait le samedi alors que je n'avais rendez-vous avec vous à l'école que le lundi suivant. Je n'avais rien à faire et je ne connaissais personne dans cette ville. Alors je me suis offert un match le dimanche après-midi.

– Bon, dis-je, maintenant vous avez des amis à Dallas, et vous n'êtes plus obligé de vous installer dans les gradins. Comme vous voyez, nous faisons ça avec panache, nous !

– Je préfère le basket, avoua Mr. Henry, mais je m'habituerai au base-ball. Peu de nos étudiants noirs y jouent pour l'instant.

On assista à l'entraînement pendant que Richard filait acheter des tee-shirts pour ses gosses. Ce garçon a toujours la bougeotte. Il ne reste jamais en place très longtemps. À son retour, j'examinai les vêtements et lui demandai :

– Celui-là n'est pas un peu grand pour vos enfants ?

– Je n'ai pas pu m'en empêcher, répondit-il en souriant. Je m'en suis aussi payé un pour moi !

Pendant le match on nous servit le dîner. Des travers de porc, de la salade de chou, des saucisses et, bien sûr, des hot-dogs puisqu'on était à un match de base-ball. C'était vraiment gentil de la part de nos hôtes. Mr. Lyons passa voir comment on allait. Bientôt, il était installé avec nous et on s'appelait par nos prénoms respectifs. En plus de Norm, d'autres personnes firent un saut « pour une minute » et restèrent finalement avec nous – un espoir du base-ball avec un poignet cassé et des employés du stade. Il y avait assez de nourriture et de boissons pour tout le monde et on aurait dit une petite fête privée. On parlait, on mangeait, on buvait et on applaudissait les Rangers.

Un journaliste sportif d'une télévision locale débarqua. Il s'installa à côté de moi et m'interviewa entre deux tours de batte. Je suis habitué. Maintenant, ça m'arrive partout où je vais. Il me posa des questions sur mon école et sur le base-ball. J'aime les deux.

Les Rangers perdirent au neuvième tour. On rentra à la maison à minuit passé.

Le lendemain matin, j'étais debout à cinq heures trente. Je devais traverser la chambre de Richard pour aller à la cuisine. Il grommela :

– On s'est couchés tard. J'avais pensé qu'on pourrait faire un peu la grasse matinée.

– Eh non, dis-je. J'ai école aujourd'hui.

Au petit déjeuner, chocolat chaud pour moi et café pour lui. Comme toujours. Je replie mes trois tranches de pain blanc pour les tenir à la main. Richard, lui, aime le pain complet. Quand il vient, c'est la première chose qu'il achète à l'épicerie, ça et du café. Il met du beurre. Moi, je mange mon pain sans rien dessus.

Quand il me rend visite, on est comme deux célibataires. On a des habitudes différentes. Mais on s'entend bien. Ce matin-là, Richard considéra mon chocolat et me demanda soudain :

– Pour vous, cette tasse est à moitié pleine ou à moitié vide ?

– Je vois simplement que j'en ai assez, dis-je. Alors, c'est parfait pour moi.

À cet instant, une souris passa en trottinant le long du comptoir.

– Vous avez vu, Mr. Dawson ? Je crois que vous avez des souris.

– Oui, j'ai vu. Et je sais que j'en ai.

– Je pourrais vous acheter des pièges.

– J'ai ce qu'il faut dans la remise.

– Je vous aide à les poser, si vous voulez.

– Ce n'est pas la peine, fils. Elle s'est attaquée un moment à mon garde-manger, la farine et tout ça, mais j'ai réglé mon problème avec elle.

– Que voulez-vous dire ?

– Vous voyez cette pomme de terre, là, dans le coin ? C'est ça qu'elle grignote désormais. Je la lui laisse là et du coup elle ne m'embête plus. Elle sort aux aurores, à peu près à l'heure où je prends mon petit déjeuner. Il y a des années, je l'aurais tuée. Aujourd'hui, je me dis qu'elle a besoin de manger un peu et qu'elle ne m'ennuie pas plus que ça. Une pomme de terre lui dure un bon moment. Et quand elle l'a terminée je lui en mets une autre.

En général, le matin, on parle pendant des heures, Richard et moi. Mais ce jour-là il devait rentrer chez lui en avion. Il quitta la table pour préparer ses bagages. Si ç'avait été moi, ils auraient été prêts depuis longtemps, mais Richard fait toujours tout à la dernière minute. Si ça lui convient, je n'ai rien à y redire. Pourtant je lui demandai :

– Vous avez prévu de me rebrancher la télévision avant de partir ?

– Oh, oui, absolument. Je fais ça tout de suite. Mais d'abord, je range mon billet dans mon sac à dos.

Quand il avait mis en marche le magnétoscope, l'image de la télévision était devenue floue. Je ne l'allume pas très souvent lorsque Richard est là. Je regarde parfois les informations, encore que je préfère les lire dans le journal maintenant que j'en suis capable.

Bref, Richard réussit à régler mon problème d'écran, puis il retourna à ses bagages. Lors de sa dernière visite, il était arrivé avec une valise neuve. Bien obligé : il avait cassé la fermeture Éclair de la précédente parce qu'il mettait trop de livres dedans. Je ne fis aucun commentaire, mais j'avais peur qu'il abîme aussi celle-là avec tous ses bouquins ! Or cette fois il en mit un certain nombre dans son sac à dos, ce qui sauva sans doute sa valise.

– C'est parfait, dis-je quand il eut terminé. Allons-y ! Je ne veux pas être en retard à l'école !

Et voilà que soudain il se mit à palper ses poches en s'exclamant :

– Je ne trouve plus mon billet !

– Vérifiez votre sac à dos, lui conseillai-je.

– Non, il ne peut pas être...

– Vérifiez-le.

– Vous croyez ?

Je hochai la tête. Et bien sûr, le billet était là, sur le dessus. Je l'aidai à porter ses affaires. Le jour était à peine levé. Les feux d'un gros avion clignotaient dans le ciel, juste au-dessus de nous.

– J'espère que ce n'est pas le vôtre, dis-je.

– Moi aussi. Il ne décolle que cet après-midi.

– Je serai rentré, alors. Ils passent à la verticale de ma maison. Faites-moi un signe de la main.

– Promis.

– Combien d'heures de vol ?

– Quatre environ.

– Et en voiture ?

– Il y a plus de trois mille kilomètres. Il faudrait rouler au moins quarante heures. Ça fait pas mal de beaux paysages à traverser, remarquez.

– C'est beaucoup quand même. Si je vous rends visite cet été, je prendrai l'avion.

– C'est sans doute préférable, assura Richard.

– Fils, l'école commence tôt. Vous feriez mieux de charger la voiture. Et puis vous me déposerez, sinon je risque d'être en retard.

Les cours débutent à neuf heures. En général, je suis là-bas à huit heures trente. Ce matin-là, on arriva juste avant neuf heures. À notre entrée, les autres élèves nous acclamèrent.

– On a besoin de vous, Mr. Dawson, me dit l'un d'eux. Si vous pouvez apprendre à lire, alors nous aussi !

Richard eut un petit rire.

– C'est à cause de moi que vous avez failli être en retard, George. Je vous promets que ça ne se produira plus.

– Parfait, fils. Y a trop de gens qui comptent sur moi, maintenant !

CHAPITRE XXII

LIVRES

Votre alimentation : *La Révolution diététique du Dr. Atkins, Le Régime des accros aux hydrates de carbone, Soignez votre cholestérol en huit semaines, La Nouvelle Diététique de Beverly Hills, Le Pouvoir des protéines, Votre Régime miracle en cinq jours.*

Votre argent : *Le temps c'est de l'argent, La Bourse ou la vie, Guide de la retraite argentée, Comment tirer le meilleur profit de votre argent, Le Courage d'être riche, Comment vivre riche, Les Neuf Marches de la liberté financière, Ne mourez pas ruiné.*

Les livres m'ont manqué si longtemps... Quand Richard me rend visite, ils s'entassent dans le salon ou ils envahissent la table de la cuisine. Ça ne me dérange pas, au contraire. La plupart sont énormes. Cette fois, il avait emprunté à la bibliothèque des ouvrages sur l'argent et la diététique. On regarda leurs fiches, à la dernière page.

– Les gens lisent de si gros pavés ? m'étonnai-je. Ces bouquins sont beaucoup sortis, on dirait.

– Ouais, répondit Richard. Ces ouvrages-là ne sont pas souvent disponibles. On a intérêt à leur sauter dessus quand ils rentrent !

On fit deux tas : argent d'un côté, alimentation de l'autre. J'en pris un dans la seconde pile. Une fois que j'ai vu un mot, en général, je m'en souviens. Mais dans celui-là il y en avait beaucoup que je ne connaissais pas.

– C'est quoi ce terme ? demandai-je. Il y a un chapitre entier là-dessus.

Richard regarda.

– Cholestérol, dit-il.

Je le retrouvai dans presque tous les autres livres de la pile.

– Ça a l'air de les obséder ! dis-je.

– Oui, beaucoup d'Américains se soucient de leur taux de cholestérol, ces temps-ci. Ils voudraient bien ne pas en avoir. Mais la plupart cherchent surtout des recettes pour rester en bonne santé et vivre plus longtemps. À vrai dire, tout le monde aimerait savoir comment vous faites pour vous porter si bien.

– Là, je vous vois venir ! Vous allez me demander conseil. Avec les autres, c'est pareil. Ils commencent toujours par : « Vous êtes en si bonne santé… » et puis…

– C'est juste que les gens s'interrogent, protesta Richard. Ils essaient de comprendre et ils veulent que ça leur serve.

– Et vous aussi ?

– Ouais, j'imagine.

On abandonna un moment tous ces livres et on sortit sur la véranda.

– Vous voyez cet homme assis devant chez lui de l'autre côté de la rue ? dis-je. On est voisins depuis des années. C'est un gars plutôt sympa. Là, en cet instant, quand je le regarde, je me dis que sa vie s'améliorerait peut-être s'il y changeait certaines choses. Je pourrais sans doute lui expliquer quelques trucs qui l'aideraient. Mais c'est hors de question.

– Et pourquoi donc ?

– Parce qu'il ne me l'a jamais demandé.

– Ainsi, vous ne donnez de conseils qu'à ceux qui vous sollicitent ?

– Vous voyez, je pourrais très bien m'imaginer que je sais ce qui est le mieux pour lui... Sauf que je ne connais pas ce qu'il y a vraiment dans le cœur de cet homme. Je lui dirai de faire ceci ou cela. Il acquiescera. Mais si au fond de lui il n'est pas prêt à changer, ça ne fera aucune différence. Ça risque même de créer des tensions entre nous.

– Des tensions ? Alors que vous auriez juste essayé de l'aider ?

– Tant qu'un homme ne vous demande pas de conseils, il n'a pas vraiment besoin de votre avis. Pourquoi vous remercierait-il pour quelque chose dont il se moque ? C'est comme ça. Tout au long de ma vie, personne ne s'est intéressé à ce que je pensais. Les gens me regardaient et ils avaient devant eux un vieillard, un vieux Noir ou un pauvre gars qui ne savait pas lire. Ils voyaient ce qu'ils voulaient bien voir. Personne ne m'a jamais interrogé sur quoi que ce soit.

– C'est exactement le contraire aujourd'hui. On vous demande des conseils tout le temps.

– Maintenant je sais lire, et pour certains ça fait une sacrée différence, en effet. Pour d'autres, ça a été un gros changement quand je suis devenu centenaire.

– Et donc, lorsque quelqu'un vous sollicite…

– Non, fils. Il faudrait que ce quelqu'un soit vraiment concerné. La plupart des gens posent une question et ils ont déjà dans leur tête la réponse qu'ils veulent entendre. Dans ce cas-là, ce n'est pas exactement une question, n'est-ce pas ? Ils souhaitent seulement que vous les aidiez à se prouver à eux-mêmes qu'ils ont raison. Je ne trouve pas le mot pour ça. Vous voyez ce que je veux dire ?

– Que vous serviez de justification ?

– Oui, c'est exactement ça. Parfois vous vous débrouillez bien avec le vocabulaire, fiston !

– Pourtant, Mr. Dawson, certaines personnes ont vraiment besoin d'un conseil car elles ont de vrais problèmes à résoudre…

– Pardi ! Tout le monde a ses problèmes. Vous voyez, si quelqu'un est honnête je suis ravi de l'écouter et éventuellement de lui dire ce que je pense, mais je ne peux rien résoudre à sa place. Ça ne marche pas comme ça.

On retourna au salon.

– Et pourtant certains aimeraient en apprendre davantage, insista Richard.

– Tant mieux ! Mais regardez un peu tous ces bouquins qu'ils achètent juste pour savoir quoi manger ! Ils se font trop de souci. Vous avez vu celui-là ? Hydrates de carbone, graisses, vitamines, calories... Vous savez ce que ça va vous faire ?

– Améliorer ma nutrition ? M'aider à équilibrer mon poids ?

– Peut-être. Mais, plus vraisemblablement, ça va juste vous inquiéter.

– Il faut bien manger ! protesta Richard. Alors autant que ce soit sain !

– Fils, je suis en bonne santé, d'accord ? Et j'ai une nourriture tout ce qu'il y a de plus normale.

– Expliquez-moi.

– Je mange ce que je veux et quand je veux. S'il est deux heures du matin et que j'ai envie de haricots et de pommes de terre, eh bien ça n'est pas un problème pour moi. Et si je ne me sens pas de faire cuire les patates, je peux tout aussi bien les manger crues ! Vous êtes souvent venu et vous avez vu comment je me nourrissais. Du poulet grillé ? C'est O.K. ! Si je veux cuisiner du jarret de porc et du chou, c'est O.K. aussi. D'ailleurs, maintenant que j'y pense, peut-être que je vais nous mijoter un petit pain de maïs...

À cet instant, Junior et Sallie arrivèrent.

– Hé ! on dirait bien qu'on débarque pour mettre les pieds sous la table ! s'exclama Junior.

– Mais non ! dis-je. On ne mange pas. On parle juste de nourriture.

– Oh, encore ! souffla Junior.

– Pardon ? fit Richard.

– Ces temps-ci, tout le monde veut savoir quel régime suit papa et comment il s'alimentait dans sa jeunesse.

– Que des choses normales, répondis-je. Et ma mère faisait une cuisine très simple.

– Quoi, par exemple ? s'enquit Richard.

– Parle-lui des gâteaux de maïs cuits sous la cendre, dit Junior.

– Vous faisiez ça dans votre famille ? demanda Sallie.

– Je pense bien, et c'était bon, dis-je. Quand les flammes avaient un peu baissé, maman mettait une pierre plate dans la cheminée, et puis elle y posait une grosse boule de pâte. Dès qu'une croûte légère apparaissait sur le dessus elle la recouvrait avec de la cendre.

– Et c'est tout ? demanda Sallie. Il n'y avait rien d'autre à faire ?

– Rien d'autre. On laissait cuire et ensuite on se contentait de gratter la cendre.

– Il devait en rester, non ?

– Oui, mais ça avait bon goût. Maman nous préparait ça régulièrement. C'était excellent.

– Cette cendre, ça devait être mauvais pour les intestins, intervint Junior.

– Mes intestins vont bien, assurai-je. Et je n'ai jamais eu mal à l'estomac de ma vie.

– Ça me paraît quand même un peu dur, murmura Junior.

– Je peux manger ce que je veux, j'ai encore toutes mes dents et mon estomac ne m'a jamais posé le moindre problème. Au petit déjeuner j'ai toujours pris trois tranches de pain blanc et un chocolat chaud. Je ne mange jamais trop, juste assez pour calmer ma faim. À l'école, j'emporte un sandwich au bœuf grillé et une brique de lait. Pour le dîner, je me contente des restes. Si je suis allé à la pêche, je me fais du poisson-chat. Je le cuis à la poêle avec du lard. Je cuisine depuis la mort de ma dernière femme, il y a onze ou douze ans. Vous voyez ces casseroles accrochées à la porte ? Je n'ai pas besoin d'autre chose.

– Et cet extincteur, sur le comptoir ? s'enquit Richard.

– C'est pour les feux de graisse. Ils sont parfois difficiles à éteindre. Y a quelque chose là-dessus dans les livres de cuisine que vous m'avez apportés ?

– Je ne crois pas. Vous mangiez quoi d'autre quand vous étiez jeune ?

– On élevait des cochons et des poulets, et on avait des légumes de saison. On n'était jamais malades. Chaque matin mon père nous donnait un doigt de whisky. Il disait que c'était un tonique. Lui en prenait un peu plus. Je n'ai jamais bu d'alcool de ma vie. Je n'ai été soûl qu'une seule fois, un soir où j'ai descendu quelques bières avec des copains de travail. Rien d'extraordinaire, mais je suis rentré tard à la maison. Notre première fille était née, à l'époque. Elzenia n'a fait aucun commentaire, mais j'ai compris que ça n'était pas un bon exemple pour la gamine. Après je n'ai plus jamais bu. Ça doit bien faire soixante-dix ans. Quant au café, on en a déjà parlé tous les deux.

Lors d'une précédente visite, en effet, Richard a eu du mal à croire que je pouvais faire tant de choses en une seule journée sans boire une goutte de café. Je lui ai expliqué que je m'offrais de temps en temps un petit somme et qu'ensuite j'étais parfaitement reposé. J'ai bien vu qu'il en doutait. J'ai fermé les yeux dans mon fauteuil. Richard, assis sur le canapé, a lutté un moment et puis il s'est endormi lui aussi. Selon mon habitude, je me suis réveillé quelques minutes plus tard. Richard, lui, a continué à pioncer jusqu'à ce que la moustiquaire claque à l'arrivée d'un visiteur. Il s'est levé d'un bond, ne sachant plus où il était.

– Que dit votre médecin de votre état de santé ? demanda-t-il encore.

– Je n'ai pas de médecin.

– Papa, tu en as vu un une fois ! corrigea Junior.

– Oh, ça ! Je ne me sentais pas très bien et Junior m'a convaincu.

– À mon avis c'était la meilleure chose à faire, assura mon fils. Le problème, c'est que papa n'avait pas de docteur attitré et pas d'argent non plus. Donc je l'ai emmené aux urgences de l'hôpital.

– Je n'ai pas eu le temps de dire « ouf ! » que j'étais déjà presque nu, à part une espèce de chemise de nuit qui n'avait même pas de boutons dans le dos. Puis les toubibs ont commencé à me poser des questions, dont certaines très indiscrètes. Pour ces gars-là, il était impossible que je sois encore vivant sans avoir jamais été suivi par un médecin. Il y avait de plus en plus de médecins et d'infirmières autour de moi. Ils voulaient voir le phénomène… Ils ont vérifié mon cœur, mes oreilles, mes genoux et tout ça. Et ils m'ont donné quelques pilules.

– Ils ont dit qu'il souffrait d'une infection mais qu'il avait la forme d'un homme de soixante ans, ajouta Junior.

– J'ai balancé leurs pilules à la poubelle et je me suis senti mieux, repris-je. Avec moi, les vieux remèdes marchent. Je sors dans le jardin et je prends certaines herbes si j'ai besoin de vomir, par exemple, ou alors je me fais une infusion pour tel ou tel petit bobo. C'est aussi efficace que leurs cachets ! Ce sont mes grand-mères qui m'ont appris tout ça.

Inutile de se pourrir l'existence. La vie n'est pas parfaite, mais les choses finissent toujours par s'arranger. Aux personnes qui me rendent visite je répète de ne pas se faire de souci. Si vous avez à manger, alors tout va bien, et soyez-en reconnaissant. Regardez-moi tous ces livres ! Ce n'est pas de nourriture qu'ils parlent, mais des inquiétudes qu'elle suscite.

La seconde pile de bouquins apportés par Richard concernait l'argent. Je parie que pour les gens c'est le stress ultime ! Ils achètent ces livres dans l'espoir de gagner assez de fric et de ne plus avoir à s'occuper du lendemain. Tout ça ne m'intéresse pas. Ces bouquins font juste carburer l'esprit trop vite. À cause d'eux les gens sont encore plus mal. Si on passe son temps à penser au lendemain, comment apprécier ce qu'on est en train de faire aujourd'hui ? Il n'y a pas de mal à avoir des projets. Mais vouloir toujours plus vous gâche la vie. On ne devrait s'occuper que de ce qu'on a. Et oublier le reste.

Je regardai le calendrier. C'était bientôt le premier du mois et j'allais recevoir mon chèque. Je décidai donc d'emmener Richard à l'épicerie mardi après l'école. Ce jour-là, Junior nous attendait à la maison. Il avait posé sur la table basse toutes mes factures du mois, téléphone, électricité, mazout.

– Papa, me dit-il, ton chèque est arrivé. J'ai fait la liste de ce que tu dois payer. N'oublie pas d'acheter trois timbres-poste. Faut que je me dépêche pour attraper mon car. De toute façon Richard va t'emmener, non ?

J'apportai mon chèque au bureau de poste du centre commercial. Le premier du mois, il y a toujours une longue queue au guichet. Ça ne me dérange pas. Pendant qu'on attendait, je montrai le chèque à Richard. C'est le même chaque mois. Cinq cent vingt dollars. La queue s'allonge entre les cordes, mais tout le monde est content d'être là. C'est comme un jour de paye.

Quand ce fut mon tour, je donnai à la préposée la liste de mes mandats postaux à envoyer, puis je posai mon chèque devant elle. Alors vint l'instant que je préfère : je signai de mon nom en écriture cursive.

Elle me dit en souriant :

– Merci, Mr. Dawson.

– Tout le plaisir est pour moi, m'dame.

Et c'était vrai. Après avoir signé pendant toutes ces années avec un X, j'étais fier de pouvoir écrire mon nom !

Je règle d'abord mes factures, et tout ce qui me reste c'est pour l'épicerie. En général, je profite de ce jour-là pour faire mes courses. J'achète ce dont j'ai besoin une fois par mois. Quand il n'y a plus d'argent il n'y en a plus, point final. J'essaie d'en mettre un petit peu de côté chaque fois que c'est possible, comme ça je peux acheter quelques légumes frais. Ou si quelqu'un a un problème, j'ai moyen de l'aider en lui payant un ticket de bus et tout ça.

En principe je dépense presque tout en une fois. De toute façon je n'ai pas envie de perdre mon temps à faire des courses chaque jour. Les produits frais sont les premiers à me manquer mais j'ai un jardin. Je vais aussi à la pêche. Et puis beaucoup de gens me rendent visite. Ils savent que j'aime les fruits et ils m'en apportent. Un jour, mon placard est presque vide, et voilà que l'après-midi quelqu'un arrive avec des fruits ou un chou, ou même un pot de miel. Ça se passe comme ça depuis des années. Pourquoi m'inquiéter alors ? Ça ne m'apporterait rien. Je m'en fiche. Je sais que les choses s'arrangent toujours. J'essaie seulement d'éviter les complications.

À part l'épicerie je ne fais jamais de shopping. Je

n'ai pas besoin de vêtements. Dans mon armoire j'ai quelques chemises, quatre ou cinq pantalons et un costume et une cravate pour l'église. C'est plus qu'il ne m'en faut puisque je ne porte qu'une chemise et un pantalon à la fois ! Ma fille m'a offert un chapeau il y a une dizaine d'années et je le mets tous les jours. Il n'est pas encore usé. Je n'ai pas besoin d'en avoir un second. Certaines personnes prétendent que mes vêtements ont l'air un peu loqueteux, mais je fais de mon mieux.

Je ne fume pas et je ne bois pas. Donc je n'ai pas besoin de courir au bureau de tabac ou au magasin d'alcools. Un jour j'ai expliqué à Richard :

– Si on investit son argent au lieu d'aller boire un coup, alors on a quelque chose.

– L'investir dans quoi ? m'a-t-il demandé.

– Les caleçons.

– Les actions, vous voulez dire ?

– Non, les caleçons.

– Les caleçons ?

– Ouais. On n'achète pas à boire et on se paye des caleçons, et alors il vous reste quelque chose. Les caleçons, ça dure longtemps.

Je n'ai jamais eu d'actions. Ce n'est probablement pas plus mal. Du coup, je n'ai perdu aucune fortune pendant la Grande Dépression. Je n'ai ni compte en banque ni chéquier. Ma dernière femme en avait un, mais moi je me suis toujours débrouillé sans. Pas de carte de crédit non plus.

Je fais au plus simple. De cette façon, je n'ai pas de soucis.

CHAPITRE XXIII

Cher Mr. Dawson,

Je suis heureuse que vous sachiez lire et je suis ravie que vous aimiez l'école. Moi aussi j'aime ça. Je suis au cours moyen.

Votre amie,
Alexa.

Cher Mr. Dawson,

Je suis au cours élémentaire. Je vis dans le Wisconsin. Je suis content que votre cerveau fonctionne encore. Joyeux anniversaire !

De la part de Jimmy.

Cher Mr. Dawson,

J'espère que vous aurez une nouvelle canne à pêche pour votre anniversaire, parce que c'est ce que j'ai dessiné pour vous. Ma maman met mes dessins sur la porte du frigo. Vous pouvez faire ça aussi si vous voulez.

Affectueusement,
Amanda.

Dans mon salon j'ai plusieurs gros sacs d'épicerie bourrés de lettres et de cartes d'anniversaire. Et il y en a encore plus dans ma chambre. La plupart sont écrites par des écoliers. Parfois je reçois une grosse enveloppe avec dedans l'ensemble des cartes d'une même classe. Je garde tout. Certaines personnes aiment bien y jeter un œil quand elles me rendent visite.

Je pense que tous ces amis inconnus ont appris que c'était mon anniversaire en feuilletant le journal ou en me voyant à la télévision. Je lis tout ce qu'ils m'envoient et c'est mon plus grand plaisir – car maintenant j'en suis capable !

Richard aussi aime bien parcourir ces cartes. Celle de Jimmy est sa préférée – parce qu'il me dit qu'il est content que mon cerveau fonctionne encore ! Moi aussi je l'adore ! Mais c'est vrai, la plupart des gens pensent que je n'arrive plus à réfléchir ou que j'ai besoin d'une canne ou d'une chaise roulante parce que je suis centenaire... Eh bien non : mon esprit marche bien et je me débrouille parfaitement sans canne. Je n'en ai jamais utilisé de ma vie et voilà que soudain tout le monde a décidé qu'il m'en faudrait une !

J'expliquai une fois à Richard que la plupart de ces personnes me voyaient comme un vieillard mais ignoraient qui j'étais vraiment.

– J'ai l'impression que ça change avec tous ces articles, me répondit-il.

– Exact, dis-je. C'est comme ça qu'on s'est rencontrés tous les deux. Vous aviez lu quelque chose sur moi dans un journal.

– Oui, une reprise du *Forth Worth Star-Telegram* dans l'édition du dimanche du quotidien de Seattle. Ça m'a travaillé. J'ai essayé d'imaginer quel effet ça faisait de commencer l'école à quatre-vingt-dix-huit ans, d'apprendre à lire et à écrire, de faire ce dont on avait envie depuis près d'un siècle. Et puis je me suis dit que ça serait peut-être une bonne chose pour mes élèves, dont la plupart n'ont que des vedettes du show-biz pour héros, de savoir ce que vous aviez accompli. L'auteur de ce papier, Larry Bingham, m'a conseillé de vous appeler.

– Et vous l'avez écouté ?

– Non, parce que je ne fonctionne pas comme ça. Je ne téléphone pas à des gens que je ne connais pas. J'ai laissé tomber. Trois semaines plus tard, j'étais dans mon jardin, derrière la maison, et je tondais la pelouse. Tout à coup, j'ai commencé à carburer sérieusement, alors j'ai arrêté la machine et je me suis assis sur les marches de la véranda pour réfléchir. Mon père était mort depuis presque un an. Je pensais à lui régulièrement mais toutes les images que j'en avais s'effaçaient peu à peu…

– Vous vous entendiez bien ?

– Oui, et je sais qu'il m'aimait.

– Vous alliez à la pêche tous les deux ?

– Non, parce que ce n'était pas son truc. Quand j'avais douze ans, on est tous partis camper dans le Montana. Pendant sa maladie, on a beaucoup parlé de ce voyage et du plaisir qu'on avait eu. C'étaient de bons souvenirs et on s'était promis de repartir quelque part, juste tous les deux. On n'a jamais pu le faire. Il m'a laissé sa voiture, sa vieille Ford. Et l'été qui a suivi sa mort, mon fils et moi on a refait ce voyage. On s'est baladés ensemble pendant deux semaines. On s'est même arrêtés dans le camping du Bighorn Wilderness où j'étais venu avec mes parents trente ans plus tôt. Dans le Wyoming, on a attrapé un paquet de poissons.

– Finalement, on peut considérer que votre papa a tenu sa promesse. Sauf que cette fois c'était vous le père et que vous étiez avec votre fils...

– Je n'avais jamais vu la chose sous cet angle. Si j'avais compris ce qu'il m'a donné, je l'aurais remercié.

– Ça ne marche pas comme ça la plupart du temps. Vous avez deux enfants et c'est ce qui compte, maintenant. Mon gars, j'ai cent deux ans et je suis toujours papa moi aussi. C'est un boulot qui ne s'arrête jamais. Et ce n'est pas facile. J'imagine que votre père a fait de son mieux. Sinon vous ne vous en seriez pas tiré aussi bien.

– Merci. C'était un type super et je n'ai pas à me plaindre.

– Je sais. Vous avez pu parler avec lui avant sa mort ?

– On a passé quelques semaines ensemble vers la fin, et je me suis occupé de lui. Il était très mal mais il m'a avoué un jour que c'était le plus beau contact qu'on ait jamais eu tous les deux. Et d'une certaine façon il avait raison. J'ai pensé qu'il allait peut-être me dire d'autres choses. Mais non. La vie l'abandonnait trop vite et on n'avait plus de temps. J'aurais voulu qu'il me raconte son histoire. J'aurais peut-être eu des réponses à certaines questions que je n'avais même pas posées.

– Fils, j'ai été témoin de beaucoup d'agonies mais je n'ai jamais obtenu la moindre réponse.

– Je me suis demandé s'il avait eu envie de me transmettre une chose particulière. Si oui, je n'ai jamais su ce que c'était. Je crois qu'on a attendu trop longtemps. J'ai l'impression qu'il y a un trou en moi. Je ne veux plus jamais attendre trop longtemps. Il m'avait toujours encouragé à écrire. Et pour en revenir à votre question, c'est en repensant à mon père que je me suis décidé à vous appeler. J'imagine que pour n'importe quel livre, le plus difficile c'est de se lancer. J'ai modifié plusieurs fois mon billet d'avion. Je me demandais si je devais venir au Texas. Après tout, des tas d'articles avaient déjà été écrits sur vous, et par des professionnels en plus. Je ne voyais pas ce que j'aurais pu apporter de neuf. J'avais le sentiment que c'était un long voyage pour une simple interview… J'ai trouvé des tas d'excuses pour rester chez moi. Mais je suis ravi d'avoir sauté le pas.

– Moi aussi, je suis heureux que vous soyez venu. Ça a marché, non ?

– C'est vrai, mais ç'a été dur au début. Je m'étais fait une idée très précise de ce bouquin. Je vous ai posé les questions que j'avais prévues et j'ai eu les réponses que je voulais entendre. Et puis vous m'avez raconté quelque chose qui m'a fait dérailler… Vous avez été obligé de quitter les vôtres à douze ans et de travailler pour moins de deux dollars par semaine. Je vous ai donné l'occasion de me dire ce que vous feriez si vous vous retrouviez devant votre Mr. Little aujourd'hui. Je voulais vous offrir la chance d'exprimer votre colère et de partager avec nous votre indignation d'avoir perdu votre enfance.

– Sauf que je ne ressentais aucune colère…

– Voilà ! Vous ne m'avez pas dit ce que j'attendais, et du coup mes questions suivantes n'avaient plus aucun sens. J'étais venu écouter le récit d'une vie de misère et je n'étais pas prêt à entendre parler de gratitude. J'ai perdu l'histoire que j'avais en tête et il a fallu que je recommence à zéro et que je revienne vous voir.

– Et pas qu'une fois ! J'ai même arrangé la pièce où je stockais mon matériel de pêche pour que vous ayez une chambre ! Il m'arrive parfois d'avoir l'impression que vous vivez ici, avec moi.

– C'est vrai. Et j'ai été obligé de trouver d'autres questions.

– Ouais, et celles-là étaient meilleures. J'imagine que vous n'avez pas renoncé à l'idée de faire un livre. Votre projet avance ?

– Oh ! le livre… Oui, j'y travaille.

– Vous aurez un éditeur ?

– Je ne sais pas. Mais si c'est le cas je pense qu'on devra signer un contrat tous les deux.

– Fiston, on s'est déjà serré la main.

– Je sais, mais l'éventuel éditeur qui acceptera de faire ce bouquin nous demandera un accord écrit.

– Les gens sont comme ça aujourd'hui, j'imagine. On sera associés, alors ?

– Exact. C'est votre vie. Je vous ai seulement aidé à la raconter. Peut-être que vous avez envie d'en parler avec Junior et Sallie ou même avec Mr. Henry avant de vous décider ?

– Oh ! c'est déjà fait. Ils pensent que c'est une bonne idée. On reverra Mr. Henry lundi. C'est seulement que j'aime bien prendre le temps de réfléchir aux choses.

– C'est parfait pour moi. Qui sait ? Peut-être qu'on en fera un film. Vous aimez le cinéma, Mr. Dawson ?

– Je n'ai vu que deux films dans ma vie. Un muet en Californie dans les années vingt et un autre dans les années trente, parlant celui-là. Je ne me souviens pas de leur titre. Payer pour voir quelque chose qui n'avait aucune réalité, quelle folie ! Mes enfants sont allés au cinéma avec plaisir, pourtant. Leur mère leur donnait une pièce pour la double séance du samedi. Bien sûr, ils devaient monter au balcon, la zone réservée aux Noirs.

– Vous avez envie que quelqu'un en fasse un sur votre vie ? Vous iriez le voir ?

– Ça ne me dérangerait pas, mais je suis déjà plutôt occupé avec mes cours et tout ça. Je ne sais pas. Je préférerais retourner au stade de base-ball plutôt que de me voir dans un film. Quand vous suivez un match, là, oui, c'est réel.

Là-dessus, Junior arriva avec O.J., son gendre, et Shetora, sa petite-fille. Shetora est mon arrière-petite-fille. Elle a eu trois ans à peu près au moment de mon anniversaire. Junior et O.J. allaient acheter un nouveau radiateur pour la voiture de ce dernier.

– Papa, tu peux t'occuper de Shetora ? Ça va bientôt être l'heure de sa sieste et au garage elle ne dormira pas.

De toute façon, Shetora est presque tout le temps fourrée chez moi. Elle y a ses habitudes. Au moment où j'allais recommencer à discuter avec Richard, elle me tira par la manche et me demanda :

– Lis-moi une histoire, *Jump Daddy. Une histoire, Jump Daddy !*

– Pourquoi vous appelle-t-elle « Saute-Papa » ?

– Tous mes petits-enfants me surnomment ainsi. Il y a longtemps, alors que mes gosses jouaient à je ne sais plus quel jeu avec ma première petite-fille, je les ai rejoints, et ils m'ont crié : « Jump Daddy ! Jump Daddy ! » Cette gamine apprenait à parler à cette époque. Elle a entendu ça et elle l'a répété. Depuis c'est resté. Certains de mes petits-enfants qui sont grands aujourd'hui ne n'ont jamais appelé autrement que Jump Daddy.

– J'aime ça, dit Richard.

– Personnellement, ça ne me dérange pas non plus.

Shetora grimpa sur mes genoux et s'installa. Elle portait des livres d'images avec des mots écrits gros.

– Tu as l'air fatiguée, lui dis-je.

– Non, je ne suis pas fatiguée, répondit-elle.

Mais avant la fin de son premier petit bouquin elle dormait déjà. Je l'allongeai sur le canapé avec un oreiller sous la tête.

– C'est ce que je préfère… dis-je à Richard.

– Quoi ?

– Être capable de lire des histoires à mes petits-enfants. Je n'ai jamais pu le faire avec mes propres gosses.

On continua à discuter à voix basse, alors que rien n'aurait réveillé Shetora une fois qu'elle s'était endor-mie. Je jetai un coup d'œil au gros titre du journal que Richard parcourait pendant que je faisais la lecture à Shetora : QUINZE ENFANTS ASSASSINÉS AU LYCÉE DE COLUMBINE.

– Des enfants qui tuent des enfants, c'est affreux… murmurai-je.

– Qu'est-ce qui ne va pas, d'après vous ? me demanda Richard.

– Ce n'est pas seulement une histoire de gosses. Les adultes sont concernés eux aussi. Certains élèvent leurs gamins mais ils ne les éduquent pas, et ça fait une sacrée différence.

– Que voulez-vous dire ?

– Eh bien, il y a des gens qui élèvent des porcs. On leur installe un enclos, on leur donne la nourriture dont ils ont besoin et on veille à ce qu'ils ne soient pas malades. Les enfants, en revanche, il faut les éduquer. Bien sûr, on doit aussi les nourrir et les vêtir, mais les parents doivent surtout prendre le temps de leur enseigner le bien et le mal. Et la discipline. Et il faut qu'ils soient là, aussi, pour les écouter et les aider à résoudre leurs problèmes. Je pense que la plupart des gens font de leur mieux, mais qu'aujourd'hui certains parents se contentent d'élever leurs gosses. Et c'est triste. Car ces enfants ont tout ce dont ils ont besoin pour grandir, mais ils ont une faille à l'intérieur. Sans doute qu'ils souffrent énormément. Personne ne leur a appris comment vivre. Leur acheter de quoi manger, des fringues rigolotes, voire une voiture, ça ne les aidera pas s'ils ont mal… Bon sang, fiston, voilà que vous me faites philosopher de nouveau !

– C'est ma faute. J'ai posé la question.

– En effet. Bon, je crois que je vais aller me coucher. Demain j'ai école.

Pourtant, ce soir-là, quand le silence reprit possession de la maison, je restai debout encore un moment à réfléchir à tout ça. Soudain je me replongeai dans mes souvenirs. Quand j'étais petit, mon père m'avait dit :

– Les Blancs et les Noirs ne sont pas faits pour se mélanger. C'est ainsi. Si tu t'opposes à ça, c'est que tu cherches des ennuis. Et quelqu'un en subira les conséquences.

Papa a vécu avec cette idée-là pendant quatre-vingt-dix-neuf-ans, et jusqu'à présent je l'ai écouté. Entre mon père et moi, si on fait l'addition ça fait bien des années d'existence qui m'ont conduit là où je suis aujourd'hui. Et ça a marché. J'ai toujours suivi ses conseils. Comme il me l'a enseigné, je n'ai jamais jugé personne, mais je n'ai jamais eu non plus l'occasion de signer un contrat avec un Blanc ! Tant mieux, dans un certain sens, parce que autrefois je n'aurais pu mettre qu'un X sur un tel document. Ça change tout, et des changements de cette importance ne se produisent pas en un jour.

Je décidai de me coucher. La nuit porte conseil. Être capable de signer de mon nom, c'était nouveau pour moi et cela me mettait en face de choix que je n'avais jamais affrontés auparavant. Richard est un honnête homme, ça n'était pas lui qui posait problème, c'était la façon de vivre à laquelle j'étais habitué et qui m'avait toujours convenu. Il comprendrait si je ne changeais pas de méthode et si je ne signais rien pour le livre. Je continuerais simplement à suivre les conseils de mon père. Sauf qu'à mes enfants je n'ai jamais enseigné ces règles-là. Les choses ont évolué et la vie, pour eux, a été différente. Et ça me fait plaisir. Moi, en revanche, j'en suis encore à l'ancien temps.

Richard et moi, on partit tôt pour l'école. Junior nous y retrouva.

– C'est bien, papa, dit-il. Vous êtes des associés, maintenant. Et si Richard publie ce livre, peut-être que tu auras assez d'argent pour réparer ton toit !

– J'ai vérifié, c'est un accord honnête, ajouta Carl Henry.

– Je sais, dis-je. Mais si je ne signe pas ?

Richard haussa les épaules.

– Ça n'est pas grave, Mr. Dawson. Je finirai le livre. Ça ne changera rien.

– Papa, dit Junior, il pourra l'écrire en effet, mais aucun éditeur n'acceptera de le publier.

Je repensai à ce que disait mon père :

– Ne traite aucune affaire avec les Blancs. Voilà le meilleur moyen de survivre, et le plus sûr.

Il fallait que je réfléchisse davantage à tout ça. Personne n'ajouta rien. Je savais que j'étais avec mon fils et des amis proches. Quoi que je décide, ce serait O.K. Continuer comme dans l'ancien temps ou changer – changer énormément. On resta silencieux un long moment. C'était à moi de choisir.

Je mis mes lunettes et je signai mon nom d'une traite. J'avais mes habitudes, d'accord, mais tout le monde doit évoluer un jour ou l'autre.

C'était bien que Junior et Carl signent aussi, comme témoins. Ce fut une sorte de cérémonie, quelque chose de spécial pour nous tous. Peut-être que ce livre ne serait jamais terminé, mais on décida d'aller fêter ce qu'on venait de faire tous ensemble. On alla manger chez *Sweet Georgia Brown*. Richard nous assura que chez lui on ne mangeait pas comme ça, mais il connaissait le chou vert et le gombo cuit au four. Les portions étaient si généreuses qu'on en rapporta suffisamment pour dîner chez moi.

Ce soir-là, Richard me demanda si à cet instant je me souvenais d'un événement particulier de mon existence. En général je ne regarde pas en arrière. Je n'ai pas le temps. C'est pourtant assez drôle de comparer ce qui compte pour moi aujourd'hui et ce qui comptait il y a des années.

– Je me rappelle quand j'ai été mordu à la cheville par un serpent à sonnettes. Je me promenais pieds nus au bord du lac. J'ai ramassé un bâton et je l'ai tué. Très vite, ma cheville a commencé à enfler. Je suis retourné à la maison en boitillant. Maman m'a fait un garot au-dessus de la blessure et elle a rempli une bassine avec du kérosène. J'y ai trempé mon pied. Bientôt, on a commençé à voir le sang qui sortait de la plaie. J'imagine que le poison est venu avec. C'était encore un peu gonflé. Je n'ai pas pu marcher pendant deux jours, mais je ne suis pas mort. J'avais treize ans à l'époque. Ça s'est passé il y a longtemps… Je suis content que ce bon vieux serpent ne m'ait pas tué. Pensez un peu à tout ce que j'aurais raté sinon ! Quand j'ai eu vingt et un ans, papa m'a dit : « L'homme est né pour mourir. Garde ça à l'esprit. Ne fais pas de bêtises, et ton père sera fier de toi. » C'est marrant de voir comment ça marche. Papa m'a dit ça il y a quatre-vingts ans. Et finalement mon tour est venu de faire passer le message. C'est à vous d'écouter, et je vous le transmets. C'est comme ça que fonctionne le monde, j'imagine.

– Et un jour, ça sera à moi de prendre le relais ? demanda Richard.

– Oui, vous offrirez à quelqu'un ce que vous aurez appris. Mais ce quelqu'un devra d'abord venir vous voir avec une question et être prêt à vous écouter. Je suis sûr qu'il arrivera au moment opportun. Ce sera dans longtemps et jusque-là il vous faudra ouvrir grands vos yeux et vos oreilles, exactement comme je l'ai fait toute ma vie. De cette façon vous aurez appris quelque chose et vous serez prêt à le transmettre.

– Vous avez des regrets ?

– Un seul : avoir éborgné notre mulet, Blue. J'ai perdu patience ce jour-là mais ça ne me donnait pas le droit de faire du mal à cette pauvre créature. J'avais seize ans. Là encore ça remonte à très longtemps, mais tout ce que nous faisons nous accompagne jusqu'au bout de notre vie. Je ne peux pas revenir en arrière, mais depuis je n'ai plus jamais frappé un animal. Je ne regarde jamais derrière moi, fiston. J'ai cent deux ans, et à mon prochain anniversaire je pourrai dire que j'ai vécu à cheval sur trois siècles. Pour le moment, je vis comme j'ai toujours vécu, en appréciant une seule journée à la fois.

La plupart du temps je me lève vers cinq heures, mais le lendemain matin on fut réveillés par le téléphone. Richard sauta du lit et décrocha. C'était mon neveu. Il m'appelle souvent avant de partir au travail. Il dit qu'il veut juste s'assurer que je suis levé et que je ne serai pas en retard à l'école, mais je ne suis pas dupe : il cherche surtout à savoir si je suis encore vivant. Grâce à son réveil en fanfare, on ne risquait pas d'être en retard.

On prit notre petit déjeuner : pain blanc et chocolat chaud pour moi, pain complet, beurre et café pour Richard. Plus un melon qu'il avait acheté au marché. Il était très tôt et il faisait encore nuit, mais Richard avait déjà la tête farcie de questions.

– Comment voyez-vous le futur, Mr. Dawson ?

– Aucun moyen de le connaître, fiston.

– Vous pensez rester dans cette maison ?

– Oh oui ! J'apprécie mon indépendance et ça ne me dérange pas de vivre tout seul. Mes gosses m'ont demandé de m'installer chez eux, mais je suis en bonne santé et tant que ça durera j'habiterai ici. En plus, je ne veux être un fardeau pour personne.

– Pourtant ils seraient heureux de vous avoir avec eux, dit Richard.

– Oui, ils m'ont même proposé de rester quelques jours chez l'un puis d'aller chez un autre, et ainsi de suite. Mais je suis bien tout seul chez moi.

Richard ajouta en souriant :

– Sauf que vous n'êtes jamais vraiment tout seul.

– Qu'est-ce que vous voulez dire, fils ? C'est vrai que vous êtes là assez souvent en ce moment, mais le reste du temps il n'y a personne, je vous assure. Vous vous imaginez que je vous cache une femme ou quoi ?

Il éclata de rire.

– Non, mais quand vous avez reçu ce coup de fil ce matin...

– Mon neveu fait ça souvent.

– Je sais. C'est là que j'ai compris que vous n'étiez pas seul. Des gens vous téléphonent et passent vous voir tous les jours. Il y a toute une communauté qui vous entoure et prend soin de vous. Vous vivez seul chez vous, d'accord, mais vous ne l'êtes pas.

– Vous avez raison. Oui, c'est merveilleux que toutes ces personnes me rendent visite. Mais elles le font parce qu'elles en ont envie. Je n'ai rien à leur donner et cependant elles se sentent toujours mieux quand elles s'en vont.

– Ça ressemble à une énigme, dit Richard.

– N'est-ce pas ? Mais je vais vous fournir la réponse. Tout au long de ma vie j'ai été bon avec les gens. Pendant toutes ces années, j'ai traité avec respect chacun des êtres humains que j'ai rencontrés. Et aujourd'hui on me rend la pareille.

– On récolte ce qu'on a semé...

– Exact. On récolte absolument tout ce qu'on a semé... Sauf que parfois ça peut prendre longtemps. Je dis aux gens de ne pas s'inquiéter : tout finit par s'arranger. Ils ont besoin d'entendre ça. La vie est belle comme ça. Dans la mienne, il n'y a rien que je veuille changer.

– On se fait trop de soucis ?

– Exact. Soyez heureux de ce que vous avez. Essayez d'aider quelqu'un, au lieu de vous ronger les sangs. On se sent mieux à ce moment-là. C'est bon d'être généreux. Même le plus pauvre des hommes peut prendre le temps de dire bonjour, et ça peut servir à quelqu'un. Ayez de la compassion pour le malheur des autres. Ce n'est pas une question d'argent. Donnez ce que vous pouvez. Et si vous n'avez rien, priez au moins pour quelqu'un. Ayez des pensées positives.

– Vous allez rester à l'école ?

– Comme mes camarades de classe, je vise mon diplôme de fin d'études. En lecture je fais des progrès, ça va. Je travaille l'écriture tous les jours et elle aussi s'améliore. Mais j'ai appris qu'il y avait une rédaction à l'examen final. Ensuite, je serai obligé d'étudier les sciences et j'aurai du mal avec les chiffres.

– Vous vous y êtes mis très tard.

– C'est vrai.

– Étant donné les circonstances, peut-être qu'on pourrait vous remettre un diplôme spécial, disons un diplôme honoraire ?

– Non ! Ce que j'ai, je veux bosser pour l'avoir et le mériter. Mais de temps en temps, je l'avoue, j'en ai un peu marre de l'école. J'y vais chaque jour depuis plus de quatre ans, même pendant l'été. Notre cerveau a parfois besoin de se reposer, exactement comme le corps. Il est plus efficace s'il se met un peu en congé... L'autre jour j'ai ressorti mon équipement de pêche. J'ai graissé les cannes et nettoyé les lignes. Ça ne me gênerait pas de retourner au bord du lac.

– Peut-être pourriez-vous prendre quelques jours de vacances ?

– Vous avez vu ce qui se passe avec mes camarades lorsque je risque simplement d'être en retard ? Ils comptent sur moi, et ils ne sont pas les seuls.

– Qui d'autre ?

– Beaucoup de gens. Je reçois des lettres tout le temps. L'autre jour une femme m'a écrit. À soixante ans elle pensait être trop vieille pour retourner à l'école. Et puis elle a lu quelque chose à mon sujet et elle a changé d'avis. Elle s'est inscrite et elle m'a envoyé un mot pour me dire que c'était la meilleure chose qu'elle ait jamais faite. Trop de gens ont besoin de moi. Il faut que je fasse de mon mieux.

– Donc, vous restez à l'école.

– J'irai à la pêche un week-end, peut-être à l'occasion de votre prochaine visite. Je me reposerai à ce moment-là. Fils, j'ai encore tellement de choses à apprendre ! Et vous ? Vous bossez toujours sur votre livre ?

– Je pense bien ! Vous ne voulez pas le voir terminé ?

– J'aimerais beaucoup, mais tant pis si vous n'y arrivez pas.

– Il me semble que vous aviez envie de faire un livre avec moi… Je pensais que vous aimeriez qu'on le finisse.

– Exact, c'est ce que j'ai dit, que ça serait bien. Vous avez travaillé si dur…

– Attendez, ce n'est pas pour moi. Je m'en souviens, vous m'avez expliqué un jour que pour changer le monde il fallait convaincre une personne à la fois. J'imagine donc que votre histoire pourrait aider quelqu'un qui la lirait.

Je sentais l'esprit de Richard carburer, comme ça lui arrive parfois. Dans ces moments-là, il s'excite et n'écoute plus correctement. Je levai donc la main pour l'interrompre. Il obéit.

– Je serais heureux si le seul homme que ça puisse aider à changer était l'auteur de ce bouquin… Si vous aviez besoin d'écrire un livre pour ça, alors parfait !

Il coupa son magnétophone et me serra dans ses bras en m'annonçant :

– Dans ce cas le livre est terminé. Je pense que nous avons fini.

– Non, fils, nous n'avons pas fini. Simplement, nous n'avons plus l'utilité d'un livre... Désormais, vous pouvez me rendre visite sans avoir besoin d'un prétexte. Et moi j'irai voir votre famille. Il paraît qu'il y a de bons coins de pêche par chez vous. Nous avons fait ce bouquin exactement comme nous l'avions dit. Maintenant, je me moque bien qu'il reste dans un tiroir ou que quelqu'un en imprime une centaine d'exemplaires. Moi j'aurai le mien, et je sais lire.

– Vous avez accompli beaucoup de choses.

– C'est vrai. Pourtant, ne me jugez pas sur des actes mais sur l'ensemble de ma vie. Fils, les gens pensent que cent deux ans c'est long. Beaucoup ne comprennent pas, tout simplement. Ma vie n'a pas été si longue que ça. Elle m'a même paru plutôt courte. Tout est allé trop vite. La vie est belle et elle le devient encore plus chaque jour, ça oui.

REMERCIEMENTS

Comme toutes les belles histoires, celle-ci n'aurait jamais vu le jour sans le soutien d'un grand nombre de personnes. Depuis le début, j'ai bénéficié de l'aide de ma famille, d'amis et de collègues de travail.

Au fur et à mesure que ce récit progressait, j'ai eu la chance de rencontrer des gens merveilleux qui ont été présents à chaque difficulté et m'ont aidé à passer à l'étape suivante. Les connaître fut pour moi la meilleure récompense – et la plus inattendue – de la rédaction de ce livre.

Le jour où j'ai terminé mes dernières corrections, j'ai eu un coup de téléphone de Larry Bingham. Il venait de rece-voir le Missouri Lifestime Journalism Award, le plus ancien prix de journalisme de la région. C'est son texte, paru dans le *Forth Worth Star-Telegram* et accompagné d'une photographie signée Carolyn Bauman, qui m'a donné le courage de me lancer dans ce projet. Je serai toujours reconnaissant à Larry de m'avoir convaincu d'aller rendre visite à George Dawson.

Carl Perch, de mon atelier d'écriture, fut enthousiaste dès le début. Tony Prior m'a guidé quand je me suis lancé dans ce texte – ou plutôt dans un véritable voyage. Karen Tangorra a lu les premiers chapitres et a témoigné d'un intérêt véritable pour l'histoire à un moment où la moindre critique m'aurait sans doute fait beaucoup de mal. Plus tard, Andy Meyer a eu aussi la gentillesse de me donner son avis. Frank Brou, mon principal, a soutenu mes efforts et, au moment opportun, m'a poussé à prendre un congé pour terminer cet ouvrage. J'apprécie en outre la confiance de mon inspecteur, Gene Medina, et celle aussi que le comité de gestion de mon école a placée en moi en accédant à ma demande.

À mon arrivée au Texas, j'ai rencontré un homme intègre et dévoué, Mr. Carl Henry, le professeur de George Dawson. Il a pris le temps de discuter avec moi et il m'a si bien accueilli dans sa communauté scolaire que j'ai souvent eu l'impression de participer à sa classe et non d'être un simple visiteur. George Dawson, et particulièrement son fils George Jr. et sa femme Sallie, m'ont reçu chez eux comme un membre de leur propre famille – je me suis vraiment senti le bienvenu.

Mon agent, Harriet Wasserman, m'a fait confiance en acceptant un manuscrit encore incomplet. Son intérêt pour cette histoire et son soutien m'ont toujours accompagné. Lorsque j'eus soudain conscience, à la moitié du livre, de l'énormité de la tâche que j'avais entreprise, elle m'aida à relativiser les choses. Harriet fut toujours là au bon moment pour suggérer une correction ou simplement m'écouter.

Mon éditeur, Kate Medina (aucune parenté avec mon inspecteur), m'a donné d'excellents conseils qui m'ont permis d'avori une vue d'ensemble de ce récit, et son enthousiasme m'a encouragé. Meaghan Rady, son assistante, a toujours été disponible pour les petits problèmes quotidiens et a permis de maintenir ce projet sur la bonne voie. Dennis Ambrose et Karen Richardson, respectivement responsables de la fabrication et des corrections, m'ont beaucoup aidé aussi. J'ai appris que de nombreux héros méconnus travaillent dans les coulisses à la naissance d'un livre. Qu'ils en soient tous ici remerciés.

Mon épouse, Jody, a lu le premier jet du manuscrit et m'a conseillé certaines coupes – un processus douloureux qui s'est transformé en une fructueuse collaboration. Et cependant, pendant près de deux ans, j'ai conscience que ce ne fut pas toujours facile pour elle : j'ai dû beaucoup voyager, et parfois, même quand j'étais chez nous, mon esprit oubliait le présent pour revivre des incidents vieux de soixante ou soixante-dix ans. Mais Jody a supporté tout cela avec beaucoup d'humour.

Tanya Jimenez m'a aidé pour les recherches historiques. J'aimerais remercier aussi Jim Oliphant, de la Marshall Historical Society. À Washington, Beth DeJarnette m'a procuré de la documentation. Et malgré l'augmentation de mes exigences informatiques, Mary Stolaas ne m'a pas laissé tomber.

L'excitation que l'on ressent à terminer un livre, je le sais, finit toujours par s'estomper. George Dawson est un homme remarquable. L'avoir rencontré et être devenu son ami ont changé ma vie, et c'est cela qui, avant tout, comptera toujours pour moi.

En toute humilité, ce livre est une offrande à George Dawson pour la vie qu'il a vécue.

Richard GLAUBMAN.

REMERCIEMENTS DU TRADUCTEUR

Cette traduction est pour mes enfants, Ludovic et Matthias. Merci à Angela Kincaïd, de Colorado Springs, qui m'a aidé de ses lumières américaines.

Bernard BLANC.
berblanc@club-internet.fr

Petite Bibliothèque Payot / Voyageurs

Edward Abbey, Désert solitaire / **228**
John James Audubon, Journal du Missouri / **142**
Nicolas Baïkov, Dans les collines de Mandchourie / **380**
Nicolas Baïkov, Des tigres et des hommes / **435**
Nigel Barley, Un anthropologue en déroute / **176**
Nigel Barley, Le retour de l'anthropologue / **267**
Nigel Barley, L'anthropologie n'est pas un sport dangereux / **365**
Nigel Barley, L'anthropologue mène l'enquête / **438**
Jean-Michel Barrault, *Le Sacre* et *La Pensée* / **282**
Sybille Bedford, Visite à Don Otavio / **102**
Nicole-Lise Bernheim, Chambres d'ailleurs / **363**
Nicole-Lise Bernheim, Saisons japonaises / **424**
Alain Blottière, L'oasis / **210**
Jean-Claude Bourlès, Retours à Conques / **242**
Jean-Claude Bourlès, Le grand chemin de Compostelle / **341**
Jean-Claude Bourlès, Une Bretagne intérieure / **404**
Jean-Claude Bourlès, Passants de Compostelle / **406**
Nicolas Bouvier, Chronique japonaise / **53**
Nicolas Bouvier, L'usage du monde / **100**
Nicolas Bouvier, Journal d'Aran et d'autres lieux / **155**
Rupert Brooke, Lettres d'Amérique / **433**
Bill Bryson, Motel Blues / **260**
Frank Bullen, La croisière du Cachalot / **147**
Robert Byron, Route d'Oxiane / **137**
Pino Cacucci, Poussières mexicaines / **307**
René Cagnat, La rumeur des steppes / **408**
B. Chovelon / C. Abbadie, La Chartreuse de Valldemosa / **412**
Jean Clair, Le voyageur égoïste / **364**
Jean Clausel, Indes / **372**
Jean-Luc Coatalem, Mission au Paraguay / **346**
Anita Conti, Géants des mers chaudes / **322**
Anita Conti, Racleurs d'océans / **339**
Anita Conti, L'océan, les bêtes et l'homme /**440**
Jules Crevaux, Le mendiant de l'Eldorado / **135**
Jules Crevaux, En radeau sur l'Orénoque / **193**

Petite Bibliothèque Payot / Échecs

Assiac, Plaisir des échecs / **430**
Michel Benoit, Les échecs en trois jours / **215**
Bernard Cafferty, Les 100 meilleures parties de Spassky / **290**
Max Euwe / Walter Meiden, Maître contre amateur / **156**
Max Euwe / Walter Meiden, L'amateur devient maître / **216**
E. Goufeld / N. Kalinitchenko, Encyclopédie des ouvertures / **371**
A. Haïk / C. Fornasari, Les échecs spectaculaires / **347**
Alexandre Koblentz, L'école des échecs, I / **217**
Alexandre Kotov, L'école des échecs, II / **225**
Bent Larsen, Mes 50 meilleures parties d'échecs / **116**
Emanuel Lasker, Le bon sens aux échecs / **178**
Pierre Meinsohn, Les secrets des maîtres d'échecs / **296**
Aaron Nimzowitsch, Mon système I / **157**
Aaron Nimzowitsch, Mon système II / **158**
Aaron Nimzowitsch, Pratique de mon système / **261**
Ludek Pachman, Les ouvertures / **173**
G. Renaud/V. Kahn, L'art de faire mat / **323**
Richard Réti, Les idées modernes aux échecs / **315**
Richard Réti, Cours scientifique d'échecs / **336**
Michael Stean, Les échecs simples / **114**
Siegbert Tarrasch, Traité pratique du jeu d'échecs / **117**
Xavier Tartacover, Tartacover vous parle / **115**

Achevé d'imprimer en octobre 2009
sur les presses de Normandie Roto Impression s.a.s.
61250 Lonrai
pour le compte des Éditions Payot & Rivages
106, bd Saint-Germain - 75006 Paris
Dépôt légal : avril 2002
N° d'imprimeur : 09-3756

Imprimé en France